La avaricia en la historia de España

Historia

Juan Eslava Galán

La avaricia en la historia de España

Un repaso histórico por los escándalos de corrupción más célebres de nuestro país desde el siglo XIX *hasta hoy*

Planeta

PEFC Certificado

Este libro procede de bosques gestionados de forma sostenible

PEFC

PEFC/14-38-00305 www.pefc.es

eBook
DISPONIBLE

La lectura abre horizontes, iguala oportunidades y construye una sociedad mejor.
La propiedad intelectual es clave en la creación de contenidos culturales porque sostiene el ecosistema de quienes escriben y de nuestras librerías.
Al comprar este libro estarás contribuyendo a mantener dicho ecosistema vivo y en crecimiento.
En **Grupo Planeta** agradecemos que nos ayudes a apoyar así la autonomía creativa de autoras y autores para que puedan seguir desempeñando su labor.
Dirígete a CEDRO (Centro Español de Derechos Reprográficos) si necesitas fotocopiar o escanear algún fragmento de esta obra. Puedes contactar con CEDRO a través de la web www.conlicencia.com o por teléfono en el 91 702 19 70 / 93 272 04 47

Avda. Diagonal, 662-664, 08034 Barcelona (España)
www.planetadelibros.com

Diseño de la cubierta: Booket / Área Editorial Grupo Planeta
Ilustración de la cubierta: © Look and Learn / Bridgeman Images / ACI
Iconografía: Grupo Planeta
© de las ilustraciones del interior: archivo del autor, © Icastro, © Akg-images / Album, © Archivah / Alamy / ACI, © CNP Collection / Alamy / ACI, © D and S Photography Archives / Alamy / ACI, © Prisma / Album, © The Print Collector / Heritage Images / Album, © BTEU / AUSMUM / Alamy / ACI, © Oronoz / Album, © Historic Images / Alamy / ACI, © World History Archive / Alamy / ACI, © The Picture Art Collection / Alamy / ACI, © The History Collection / Alamy / ACI / ACI, © General Photographic Agency / Getty Images, © Biblioteca Islámica (Biblioteca AECID), © Juan Barrera / Archivo ABC / Album, © Index / Heritage Images / Album, © sfgp / Album, © EFE, © BRIAN ORMEROD PHOTOGRAPHER / Alamy / ACI, © Universal Images Group / Universal History Archive UIG / Album, © Central Press / Getty Images, © Europa Press Reportajes / Europa Press / ContactoPhoto, © Edificio Iwer, © Archivo ABC, © D.BELTRÁ / EFE, © OSCAR MORENO / EFE, © Werner Forman / akg-images / Album, © G. CAMPOS / EFE, © EDUARDO ABAD / EFE, © Juan Carlos Hidalgo / EFE, © Archivo ABC, © ALEJANDRO GARCÍA / EFE, © AL / EFE / lafototeca.com, © Tom Stoddart / Getty Images, © ARTURO RODRÍGUEZ / AP, © Gtress, © esfera / Shutterstock, © J.J. Guillén / EFE, © Wolfgang List / Action Press / Gtress, © Lightspring / Shutterstock, © Europa Press / ContactoPhoto, © Archivo *El Mundo*, Cortesía de © Herederos de Forges, © Andrea Comas / Reuters / ContactoPhoto
Primera edición en Colección Booket: mayo de 2024

Depósito legal: B. 6.514-2024
ISBN: 978-84-08-28748-3
Composición: Moelmo, SCP
Impresión y encuadernación: Rodesa, S. L.
Printed in Spain - Impreso en España

Biografía

Juan Eslava Galán es doctor en Letras. Entre sus ensayos destacan *Historia de España contada para escépticos* (2017), *Una historia de la guerra civil que no va a gustar a nadie* (2005), *Los años del miedo* (2008), *El catolicismo explicado a las ovejas* (2009), *De la alpargata al seiscientos* (2010), *Homo erectus* (2011), *La década que nos dejó sin aliento* (2011), *Historia del mundo contada para escépticos* (2012), *La primera guerra mundial contada para escépticos* (2014), *La segunda guerra mundial contada para escépticos* (2015), *La madre del cordero* (2016), *La Revolución rusa contada para escépticos* (2017), *La familia del Prado* (2018), *La conquista de América contada para escépticos* (2019), *La Biblia contada para escépticos* (2020), *La tentación del Caudillo* (2020), *Enciclopedia nazi* (2021), *Viaje a Tierra Santa* (2022), junto con Antonio Piñero, *La Reconquista contada para escépticos* (2022) y *La Revolución francesa contada para escépticos* (2023). Es autor de las novelas *En busca del unicornio* (Premio Planeta 1987), *El comedido hidalgo* (Premio Ateneo de Sevilla 1991), *Señorita* (Premio de Novela Fernando Lara 1998), *La mula* (2003), *Rey lobo* (2009) y *Últimas pasiones del caballero Almafiera* (2011), entre otras.

Más información en su página web: www.juaneslavagalan.com

Índice

Defecto de la raza española cuando se ha padecido pobreza y hambre: codicia y avaricia.

ALEJANDRO LERROUX,
Mis memorias, 1963, p. 647

En realidad lo que interesa no es tener dinero, sino ganarlo. No poner límite a eso de ganar dinero.

JUAN MARCH, financiero,
a Dionisio Ridruejo, idealista,
en la entrevista que mantuvieron
en Burgos en 1938

La codicia está muy arraigada en este reino, siendo tan apetecible el dinero que para no aprovecharse de él es menester que un hombre se convierta en ángel.

PEDRO VÁZQUEZ DE VELASCO,
informe del 15 de septiembre de 1561,
recogido en el Archivo General de Indias

Hay algo de cornudos apaleados en quienes cumplen sus obligaciones. En un país que no se perdía los episodios de *Curro Jiménez,* que aplaudió al célebre Dioni por haberse llevado 300 millones de la empresa de seguridad en la que trabajaba [...], a nadie extraña, e incluso nadie repudia, el impago de impuestos, la evasión de capitales, el timo a la Seguridad Social, el doble sueldo en que a veces se convierte el subsidio de desempleo, el cobro «en negro» o la frase «estamos abiertos a cualquier negociación», lo que da lugar a toda clase de prácticas corruptas. ¿Qué pueden pensar aquellos bienintencionados que regularizaron sus cuentas con Hacienda desde el principio de las numerosas, sempiternas y sucesivas amnistías fiscales?

JAVIER LORENZO, *La España hortera,*
1996, p. 67

Introito

La otra tarde, en mi semanal retiro con mi director espiritual, le pregunté:

—Padre Fornell S. J., ¿en qué pecado nos ejercitamos más los españoles?

—La envidia, sin duda —respondió sin pensárselo.

—¿Y después de la envidia?

Meditó gravemente unos segundos.

—Contra lo que puedas pensar, no es la lujuria, hijo mío, sino la avaricia: el afán desordenado de acumular riquezas —declaró—. Ahí sucumbimos todos los naturales de esta bendita tierra de María Santísima, las diecisiete autonomías y dos ciudades autónomas embuchadas en la misma tripa, desde el demagogo de Marinaleda, con su pañuelo bufanda palestina y su dentadura equina, hasta el constructor analfabeto que apalea a millones, pasando por los que predicamos contra ese pecado y luego no nos aplicamos el sermón.

—¿Los presbíteros? —manifesté mi extrañeza.

—Sí, hijo mío, no me seas simple: un cura se podría muy bien mantener con los estipendios que percibe por bautizos, responsos, misas, entierros y otras ceremonias, dado que no tiene familia que mantener y que la casa parroquial le sale gratis. Pues no, el curita no tiene bastante y sueña con alguna canonjía. Y si el canónigo quiere ascender a obispo, el mitrado..., ¿pensarás que se conforma con su vida regalada? Pues no, todos quieren llegar a arzobispos, y los arzobispos a cardenales, y los cardenales... ¿Qué cardenal no ha soñado en la intimidad de su alcoba con vestirse de blanco y bendecir *urbi et orbi* desde el balcón de San Pedro como el peronista argentino...?

—O sea, papa.

—¡Claro, criatura, y más ahora que tenemos dos, el emérito y Francisco, el felizmente reinante!

—O sea, que la codicia es normal, consuetudinaria como si dijéramos.

—No, no es normal: es avaricia, el afán desordenado por poseer: pisos, coches, relojes, mansiones, títulos, honores, mujeres... ¡Sumar más y más de aquello que ambicionas! Acuciado por su codicia, el avaro no conoce ningún límite, nada colma su apetito. ¿Tú has estudiado griego?

—Tres cursos solo, a trancas y barrancas. Era un estudiante negado —confesé.

—Los antiguos griegos (poco que ver con los actuales) apreciaban sobre todas las virtudes la sobriedad, la mesura, la moderación. Decían *παν μέτρον άριστον (pan metron aristón)*, o sea, cada cosa en su justa medida, nada en exceso. Y ahí entraba también la riqueza. El codicioso, el avaro, incurren en la *hybris*, la desmesura, y por ello merecen el castigo de los dioses.

Me despedí con el corazón un poco encogido, regresé a mi honesto y valetudinario Simca 1000.[1] De regreso a casa puse la radio. Salió ese grupo vasco, El Consorcio, cantando:

Todos queremos más,
todos queremos más,
todos queremos más
y más y más y mucho más.

1. Digo «honesto» en el prístino sentido de la palabra, decente, decoroso, y no en el sentido de honrado como ahora se usa, especialmente entre políticos que no son ni una cosa ni otra (ni honestos ni honrados). La honestidad del Simca 1000 se patentizó en su momento en la canción de Los Inhumanos «Qué difícil es hacer el amor en un Simca 1000». El que lo probó lo sabe.

El pobre quiere más,
el rico mucho más
y nadie con su suerte
se quiere conformar.

El que tiene un peso
quiere tener dos,
el que tiene cinco
quiere tener diez,
el que tiene veinte
busca los cuarenta,
y el de los cincuenta
quiere tener cien.

La vida es interés,
el mundo es ambición,
pero no hay que olvidarse
que uno tiene [un] corazón.[2]

La tele estaba fatal: tertulianos sabelotodo y desveladores de follendas de famosos o famosillos. Un poco deprimido, apagué el receptor, le cambié el agua al canario, cené temprano y frugal —la ropavieja del cocido de ayer— y me fui a la cama. Desvelado, me puse a darle vueltas a lo de la avaricia/codicia y compuse este dictado incompleto, pero representativo, que a continuación detallo.

2. El vals *Todos queremos más* es original de Ángel Condercuri y Rodolfo Sciammarella. Sus primeros intérpretes fueron el grupo musical Los Halcones, Raúl del Castillo y su Orquesta. Lo editó la Compañía del Gramófono Odeón, Barcelona, en 1958.

La avaricia, rodeada de riquezas, sigue sentada en un lecho de espinas porque ambiciona más. Xilografía de Petarca Meister, hacia 1540.

CAPÍTULO 1

El caso de la prestamista impaciente

Baldomera Larra (hija del famoso articulista que a veces firmaba como Fígaro) había triunfado en la vida: casada con el médico de Amadeo de Saboya (el rey del que su hermana Adela era amante), gozaba de una buena posición entre la nueva clase burguesa que alardeaba de posibles paseando por el Prado en carretela propia y luciendo vestidos que sus modistas copiaban de figurines de moda parisinos.

Esa vida regalada de doña Baldomera se torció cuando Amadeo dijo «ahí os quedáis» y regresó a Italia. Cataclismo en la corte. Su médico cesante emigró a Cuba, a probar fortuna, llevándose la llave de la despensa. Quiero decir que doña Baldomera quedó desasistida y en francos apuros económicos.

Doña Baldomera era mujer de recursos y no se amilanó. Pidió prestada a una amiga una onza de oro y al mes siguiente le devolvió dos.

—¿Cómo has conseguido tanta ganancia? —inquirió la amiga, que ya daba la onza por perdida.

—Invirtiendo con cabeza.

—¿Y si te doy más dinero me lo inviertes?

—Bueno.

Al mes siguiente, la inversora recuperó su dinero más el 30 %.

—Vuélvelo a invertir, por favor.

La noticia de los beneficios de doña Baldomera atrajo a otros pequeños ahorradores que le confiaban su dinero contra el correspondiente recibo y al cabo del mes recibían el aumento. Un 30 % de ganancia mensual era mucho más de lo que los incipientes banqueros

Baldomera Larra.

de la época podían ofrecer, de modo que el negocio de doña Baldomera creció como la espuma.

—¿Cómo es posible que el dinero rinda tanto? —le preguntó su amiga.

—¡Ah, ese es mi secreto! Y puedo asegurarte que es tan simple como el del huevo de Colón.

—Pero ¿qué garantía tenemos los impositores en caso de quiebra?

—La única garantía es tirarse del viaducto —respondió doña Baldomera—.[3] El que no se fíe de mí que no me dé el dinero. Yo a nadie se lo pido.

Pronto doña Baldomera no dio abasto por sí sola para administrar el negocio. Tuvo que abrir una oficina en la calle de la Greda, la Caja de Imposiciones, con cinco empleados: el apoderado Saturnino Iruega, los escribientes Enciso, Rojas y Casanova, y un recadero, Nicanor.

3. No hacía mucho que habían inaugurado el viaducto y ya era el lugar favorito de los suicidas madrileños.

El fluido de *cash* era constante. Hasta de los pueblos venía gente a confiarle sus ahorrillos. Con los ingresos de los nuevos impositores, doña Baldomera pagaba las mensualidades de los antiguos y aún sobraba en el cajón. Esto duró hasta que un aciago día de diciembre de 1876 un humilde impositor madrugó para retirar su rentita mensual y le dieron largas.

—Todavía no tenemos fondos —se excusó el escribiente—. Venga más tarde u otro día.

Por los mentideros de Madrid corrió la noticia de que doña Baldomera no estaba pagando los réditos de las imposiciones. Cundió el pánico entre los impositores. A media mañana una multitud enfurecida se agolpaba a la puerta de la Caja.

Nada tan espantadizo como el dinero, especialmente cuando lo has adelantado a cambio de un papel. La justicia intervino la Caja.

—¿Caja? ¿Qué Caja? Los anaqueles estaban vacíos y en el cofre fuerte solo había un número atrasado del *Semanario Satírico* y un dedo de polvo.

Doña Baldomera había huido a Francia con documentación falsa y 22 millones de reales (un fortunón para la época): los ahorros que le habían confiado unos cinco mil impositores. Atando cabos, la justicia llegó a la conclusión de que el milagroso negocio de doña Baldomera consistía simplemente en pagar las rentas de los antiguos impositores con el dinero que ingresaban los que en número creciente se iban incorporando. Mientras el volumen de ingresos superó al de los pagos, todo fue bien, pero cuando el número de los nuevos impositores decreció, la Caja se declaró en suspensión de pagos.

La clásica estafa piramidal.

Doña Baldomera vivió dos años en Auteuil (Francia). Descubierto su paradero, la justicia española obtuvo su extradición. En el juicio, doña Baldomera culpó de la ruina de su empresa a los periódicos que sembraron el pánico entre sus impositores. La condenaron a seis años de prisión, pero solo cumplió uno porque mucha gente convencida de su inocencia se sumó a la campaña de recogida de firmas solicitando su indulto.

La industriosa inversionista se retiró de la vida pública y no se volvió a saber de ella. Unos dicen que vivió el resto de su vida con su hermano, el compositor Luis Mariano Larra; otros, que se reunió con su marido en Cuba y que emigró a Buenos Aires, ciudad en la que fallecería muy anciana.

Los inversores quedaron con un palmo de narices.

CAPÍTULO 2

El caso de la estafa celestial

Más ingeniosa y productiva que la estafa piramidal de doña Baldomera fue la estafa celestial gracias a la cual la Iglesia acumuló el mayor patrimonio de España, juntando en una sola talega los dos emparentados conceptos de *codicia* y *avaricia.*

En el siglo XIX, la Iglesia española era el mayor propietario de suelo tanto urbano como rústico (casi un tercio del territorio nacional cultivable).

Este inmenso patrimonio acumulado a lo largo de siglos procedía de donaciones pías y, por lo tanto, era inalienable (no se podía vender). Por eso se llamó de *manos muertas*, porque era una riqueza estancada que apenas producía nada.

¿Cómo amasó la Iglesia su inmensa fortuna?

Mediante la invención de una máquina de hacer dinero llamada purgatorio, la mayor estafa de todos los tiempos, sí, pero también el mejor negocio y el más saneado que se ha conocido en la historia de la humanidad.[4]

¿En qué consistía el purgatorio? Era un lugar intermedio, una especie de infierno provisional, en el que todas las almas pasaban una cuarentena hasta que purgaban sus pecados.

4. Esta estupenda argucia recaudatoria tomó forma definitiva en el Concilio de Florencia (*Decretum pro Graecis*, 1304) y se reguló en el de Trento (*Decretum de justificatione,* 1547, y *Decretum de purgatoriom*, 1580).

¿Alguien se salvaba del purgatorio? Nadie, en realidad. Todos somos pecadores (la rigurosa moral cristiana no consiente que nadie discurra por este valle de lágrimas sin pringarse), por lo tanto, debíamos pasar por el purgatorio antes de alcanzar el cielo.[5]

Imaginen el panorama: gentes ignorantes y supersticiosas a las que al menos una vez por semana sermonea el cura o el fraile describiéndoles vivamente los horribles padecimientos con los que pagarán sus pecados en el purgatorio. Una vez acojonados les ofrecen un posible escape: las almas penadas se pueden rescatar mediante donaciones y limosnas entregadas a la Iglesia y mediante la adquisición de indulgencias.[6]

Resultado: el rebaño cristiano se resignó a entregar su lana en esta vida para librarse de la chamusquina en la siguiente.

—Mira, hijo mío —le decía el padre confesor al anciano rico próximo, por tanto, a palmarla—: si pones a nombre de la Iglesia esa finquita te son perdonados los yerros de tu vida pecadora y vas directamente al cielo.

El atribulado pecador, las meninges estragadas por la vejez y por la enfermedad, se veía ardiendo en el purgatorio. ¿Quién le aseguraba que la viuda y los hijos iban a respetar las cláusulas testamentarias relativas a los oficios fúnebres? El muerto al hoyo y el vivo al bollo, decían. ¿No reducirían los deudos el número de misas, de hachones de cera, de oficios, para ahorrar dispendios? Esta sospecha explica que

5. La purificación «por el fuego» (1 Cor 3, 15). También se prueba la existencia del purgatorio en 2 Mac 12, 46; Mt 5, 26; 1 Cor 3, 11-15. Me baso en la familiar iconografía cristiana. La amenaza de pasar largos años en un brasero ardiente persuadía a los cristianos a aflojar la bolsa para ganar indulgencias (el precedente espiritual de la cuenta ahorro) y, sobre todo, a sufragar los gastos de la Iglesia.

6. «La indulgencia es la remisión ante Dios de la pena temporal por los pecados, ya perdonados en cuanto a la culpa, que un fiel dispuesto y cumpliendo determinadas condiciones consigue por mediación de la Iglesia, la cual, como administradora de la redención, distribuye y aplica con autoridad el tesoro de las satisfacciones de Cristo y de los santos» (Código de Derecho Canónico de 1983, libro I, título IV, capítulo IV, canon 992).

el atribulado le cediera a la Iglesia parte de su patrimonio sin que sus afligidos herederos pudieran evitarlo.

El abuso alcanzó tales cotas que Carlos III tuvo que emitir una cédula prohibiendo a los confesores aprovechar el estado de los moribundos para convencerlos de que testaran a favor de sus conventos.[7] Naturalmente, nadie le hizo el menor caso.

Así fue como, tacita a tacita, un siglo tras otro, el clericato español llegó a acumular un fabuloso patrimonio que, mal administrado, paralizaba la economía del país.

Hasta que la avaricia rompió el saco: el Estado ahogado de deudas dejó de creer en excomuniones y pamemas, y confiscó a la Iglesia buena parte de sus bienes con la desamortización.[8]

¿Se enmendó la Iglesia en su afán recaudador?

Solo un poco. Medio siglo después de las sucesivas desamortizaciones Alejandro Lerroux denunciaba: «Los curas se apoderan de las herencias, se procuran donaciones piadosas, catequizan a las hijas de las familias ricas (por la codicia de la dote, se entiende) y las sepultan en sus monasterios».[9]

Hoy sabemos que el purgatorio no existe,[10] pero el engaño que lo creó todavía se practica en múltiples residencias de ancianos regidas

7. Leemos: «Muchos confesores [...] con varias sugestiones inducen a los penitentes, y lo que es más grave, a los que están en artículo de muerte, a que les *dexen* sus herencias [...], de donde proviene que los legítimos herederos, la jurisdicción real y derechos de la Real Hacienda queden defraudados...» (cédula de 18 de agosto de 1771).

8. En realidad hubo varias desamortizaciones: la de Mendizábal (1836); la de Surra Rull (1841), que no prosperó, y la de Madoz (1855). Este expolio de los bienes eclesiásticos aspiraba a cumplir un objetivo social: poner el campo improductivo en manos de personas emprendedoras que pagaran impuestos, lo que generaría una riqueza que buena falta hacía para apoyar a la raquítica industria.

9. Casanova, 2009, p. 186.

10. Los modernos teólogos reducen su castigo a una mera «pena de ausencia», porque las almas están temporalmente privadas de la visión beatífica de Dios que se disfruta en el cielo. Ese es el primer paso para cerrarlo definitivamente, y «donde dije digo, digo Diego».

por religiosas, en las que, a poco que se descuide la familia, convencen al viejo para que legue sus bienes a la comunidad. Esta situación provoca gran indignación de los legítimos herederos que, en su egoísmo materialista, preferirían no compartir los bienes con la Iglesia.

CAPÍTULO 3

El caso de la viuda insaciable

La reina María Cristina de Borbón-Dos Sicilias, una napolitana alta, morena, de anchas caderas y nada mojigata, pudiera ser la reina más despabilada y liberal de cuantas calzaron corona en la historia de España. A los tres meses justos de quedarse viuda (de su tío y esposo Fernando VII) se casó en secreto con un sargento de su guardia de corps, Agustín Fernando Muñoz y Sánchez, con el que consagró el resto de su vida a tener hijos (parió ocho) y a amasar una bonita fortuna procedente, toda ella, de tráfico de influencias y de negocios más o menos turbios. La insaciable señora comenzó saqueando el tesoro real y, tras arramblar incluso con las cuberterías de plata, no vaciló en desviar fondos estatales para sus inversiones particulares.

El político Leopoldo O'Donnell denunció en una carta a Isabel II «la insaciable sed de oro de que la reina madre está devorada. Mientras V. M. fue niña, ni se cuidó más que acumular oro y de preparar desde temprano un peculio crecido a su futura prole [...]. Apenas ha habido contratas lucrosas de buena a mala ley, especulaciones onerosas, privilegios monopolizadores a que no se haya visto asociado el nombre de la reina madre. El resorte para que un ministro o un hombre público haya obtenido la protección y apoyo de esa señora, o provocado su animadversión, ha sido pactar o no con ella el servicio de sus intereses. Esto lo sabe el pueblo».[11]

11. Carta fechada el 16 de julio de 1840 (Burdiel, 2010).

María Cristina de Borbón-Dos Sicilias.

Alude O'Donnell a la gestoría u oficina de influencias que la reina madre estableció en su residencia, el palacio de las Rejas (frente al actual Senado, a dos pasos del Palacio Real). Allí, en distintos negociados correspondientes a otros tantos ministerios del Estado, se atendía a todo el que deseaba que sus asuntos no se eternizaran de una ventanilla a otra («vuelva usted mañana»). Previo pago de un estipendio proporcional al favor requerido, los trámites se agilizaban y se facilitaban permisos autorizados con los correspondientes sellos y plácemes ministeriales.

Doña María Cristina y su morganático esposo, bien relacionados con la banca nacional e internacional (los Rothschild, los Laffitte y nuestro marqués de Salamanca), invirtieron sabiamente sus copiosas ganancias en los negocios más pingües, especialmente el ferrocarril, las minas asturianas[12] y el estanco de la sal (cinco años de mono-

12. El periódico *La Ilustración* del 24 de julio de 1854 la acusa de «monstruo de inmoralidad que, en unión de su gerente, el marqués de Salamanca, capitanea

polio), sin por ello dejar de enredar en la política nacional e incluso en la internacional (intentaron entronizar a su hijo Agustín Muñoz y Borbón en un hipotético Reino Unido de Ecuador, Perú y Bolivia). También se convirtieron en los mayores propietarios de esclavos de Cuba.[13]

—¿Esclavos en tiempos de nuestros abuelos?

Sí, en aquel tiempo de miriñaque, rigodón y rimas de Bécquer todavía llegaban a la isla antillana, joyel de la Corona de España, cargamentos de ébano traídos de África en barcos negreros para surtir de mano de obra los «ingenios» del tabaco y el azúcar. Lo detallaremos más adelante.

Expulsada de España (en 1840 por el general Espartero y en 1854 por O'Donnell), María Cristina se ciscó en los liberales y regresó, como hacen siempre los Borbones. Ahora descansa en el Panteón de El Escorial, que para eso ha sido esposa, madre y abuela de reyes.

---

todos los negocios que el país paga con su sangre. Presentarse al negocio de los ferrocarriles en la España comercial y abalanzarse a todos la comandita como manada de lobos hambrientos, fue cosa que a nadie admiró, porque no era de admirar». Además de los ferrocarriles y las obras públicas, el emprendedor matrimonio de los Muñoz explotó, con criterios modernos, las minas de carbón de Siero y el valle del Nalón por medio de la Asturiana Mining Company, posteriormente Fábrica de Mieres. Dueña de información privilegiada, María Cristina se desprendió de sus acciones en la minería asturiana unos meses antes de que se promulgara el Real Decreto que reducía los aranceles sobre los productos siderúrgicos. Más lista que el hambre.

13. La regente y su esposo explotaron el comercio negrero a través de la sociedad Agustín Sánchez y Cía. (formada por la primera palabra y la última de Agustín Fernando Muñoz Sánchez). Sus haciendas Santa Susana y San Martín empleaban a ochocientos esclavos suministrados por el tratante Julián Zulueta. El número de braceros aumentó cuando las dos haciendas se fusionaron en La Gran Azucarera, que llegó a ser la mayor productora de Cuba.

CAPÍTULO 4

El caso de los negreros que blanquearon sus dineros y se volvieron respetables

Examinemos este caso en el que la avaricia y la codicia se combinan con la falta de escrúpulos para, disfrazadas de cualidades positivas (constancia, perseverancia, espíritu emprendedor, progreso...), enriquecer a una minoría de emprendedores capitanes de empresa que contribuyeron a la relativa industrialización de España.

Las dos regiones más aventajadas de España, Vasconia y Cataluña, deben buena parte de su prosperidad presente a las fortunas que sus industriosos hijos amasaron en Cuba a lo largo del siglo XIX.[14]

En aquellos tiempos en que el *hereu* se quedaba con todo el patrimonio familiar, muchos segundones impecunes se dejaban seducir por la cancioncilla:

A La Habana me voy
en un barco velero,
dejaré de ser pobre
y me haré caballero.

14. «Cuba y Puerto Rico parecían más colonias catalanas que españolas. En pocas palabras, entre las décadas del treinta y del sesenta del siglo XIX, Cataluña se hizo con las colonias españolas de ultramar» (Maluquer de Motes, 1974, p. 85). «El punto de partida invariablemente fue el comercio, desde allí se abrieron un amplio abanico de posibilidades a través de la participación en la trata de esclavos africanos, a través del crédito y la refacción, de la inversión en obras públicas y ferrocarriles, de la propiedad de ingenios azucareros y fábricas de tabaco. Los que consiguieron escalar hasta la cima, personajes de la talla de Salvador Samà, Josep Baró, Pancho

Al albur de la mudable fortuna, unos se hacían caballeros, en efecto, y otros no salían de pobres.[15]

Muchos capitales indianos invertidos en la creación de industrias, bancos y sociedades españolas tienen su origen en el tráfico de esclavos y en las plantaciones de azúcar y tabaco, los dos grandes negocios cubanos de aquel tiempo.[16] Incluso algunas respetables estirpes nobiliarias arrancan de traficantes de esclavos ennoblecidos por la Corona.

Negreros y propietarios de ingenios estaban estrechamente relacionados porque las plantaciones de caña de azúcar se mantenían como el gran negocio que eran gracias a la mano de obra esclava. Los grandes propietarios de estas haciendas constituían una sacarocracia que no solo dominaba la política española en Cuba, sino también, mediante sobornos, la de Madrid.[17]

Los ingenios cubanos ¿hubieran podido emplear peones asalariados? Por supuesto. Fue la codicia la que aconsejó emplear esclavos que trabajaban de sol a sol sin más gasto que una taza de bazofia,

---

Martí, Josep Gener, pudieron combinar todas estas actividades y las complementaron con la influencia política sobre el palacio de los gobernadores generales de la isla de Cuba» (Yáñez, 2006, p. 707).

15. En 1847 escribe el naturalista Morelet: «El monopolio de comestibles reside en La Habana en las manos de los catalanes, raza ecónoma, industriosa y dotada de un carácter emprendedor. Esos catalanes desembarcan ordinariamente en la isla como verdaderos aventureros; después, al cabo de pocos años, se les ve en la abundancia e incluso al frente de una fortuna» (Morelet, 1990, p. 147).

16. «Es la esclavitud la que ha dado valor a las colonias [americanas], son las colonias las que han creado el comercio mundial y el comercio mundial es la condición necesaria de la gran industria del mundo moderno» (Marx, 1970, II, 4).

17. Negreros y políticos emparentaban frecuentemente. Una de las hijas del famoso negrero Julián Zulueta estaba casada con Romero Robledo, que fue sucesivamente ministro de Fomento, de Gobernación, de Ultramar y de Gracia y Justicia. El jefe del Partido Conservador y tantas veces presidente del Gobierno, Cánovas del Castillo, estaba emparentado con los Sotolongo. Además, su hermano José era director del Banco Español de Cuba y su cuñada Mercedes Tejada O'Farrill procedía de una ilustre familia negrera.

unos harapos y una ergástula construida con cuatro tablones donde se hacinaban durante la noche.

El tráfico de esclavos no era nada nuevo. América había importado esclavos africanos desde los tiempos de Colón. Durante siglos, los ingleses habían amasado ingentes fortunas como proveedores de las colonias españolas y portuguesas, pero en 1820 les interesó más prohibir la esclavitud e impartieron instrucciones a sus navíos para que patrullaran los mares interceptando y confiscando todo barco negrero.[18]

La declaración de ilegalidad de la esclavitud coincidió con el auge de las plantaciones de azúcar en Cuba, lo que determinó que el *lobby* negrero español eludiera los acuerdos abolicionistas internacionales.[19] Traer esclavos de África constituía un riesgo, pero, a pesar de ello, los negreros se aventuraban por los altos beneficios que les reportaba un cargamento llegado sano y salvo (el margen de beneficios se estimaba en un 259 % por persona).[20]

18. Otra forma de negocio para los altruistas británicos, pues además de quedarse con el barco interceptado se lucraban con su carga: desembarcaban los negros en sus posesiones del Caribe, donde los más robustos se alistaban en el ejército colonial (que los británicos utilizaban en sus conquistas de África o Asia) y a los más enclenques les buscaban un trabajo en el que pasaban la vida sin superar la calificación de aprendices (o sea, mantenidos, pero sin sueldo).

19. En 1817 España había firmado con Inglaterra un tratado por el que se comprometía a suprimir la trata y abolir la esclavitud en un plazo de tres años. La Real Junta de Comercio de Cataluña mostró su radical desacuerdo: «Este es uno de aquellos incidentes que es muy difícil tratar con templanza; sería preciso no tener una gota de sangre española en las venas para no sentir cierto coraje e indignación al ver hasta qué punto se quiere envilecer y ultrajar la independencia nacional» (Varela y González, 1842, p. 9). España abolió legalmente la esclavitud en 1837, pero solo en territorio metropolitano, no en las colonias de ultramar, donde era más significativa económica y demográficamente. Hasta 1867 no se impusieron penas para el tráfico negrero.

20. «Épocas ha habido —escribe Fernando Garrido Tortosa en 1867— cuando los negros costaban menos en África [...], en las que si de doce viajes uno daba buenos resultados, se recobraba lo perdido en los once y se realizaba además una fortuna considerable. [...] Solo así pueden explicarse las inmensas fortunas con que

Pío Baroja, en su obra *Los pilotos de altura* (1929), inspirada en las memorias del indiano vasco Pascual Abaroa Uribarren (1825-1890) cuyo manuscrito le prestó un amigo, cuenta cómo se fletaba un barco negrero: ocho o diez honrados comerciantes, bodegueros o almacenistas de La Habana, generalmente catalanes,[21] se constituían en sociedad con un capital de cien mil duros, por lo menos. El administrador y armador buscaba un buque de unas trescientas toneladas capaz llevar a bordo, entre el sollado y la cubierta, de quinientos a seiscientos negros, «estibados como si fueran vacas o caballos».

Este buque se llevaba al puerto de La Habana, donde un carpintero le instalaba un sollado de tablas desmontable sobre las barricas de la aguada y bajo la cubierta. Mientras se acondicionaba el barco, los armadores contrataban a un factor que adquiría las mercancías que el buque llevaría a África para trocarlas por los negros, especialmente aguardiente, que era muy apreciado en las orillas del Congo (allí lo llamaban *malafo*), piezas de telas de algodón, que en Cuba se llamaban *guineas* (porque servían para comprar negros en las costas

vuelven a España, convertidos en grandes personajes, tantos pelagatos que fueron allá, como suele decirse, con una mano detrás y otra delante, para enriquecerse merced a la perpetuación de un delito inhumano.»

21. Entre los catalanes enriquecidos por el tráfico negrero se cuentan los hacendados Pancho Martí, Pau Forcadé, Miró i Pié, Josep Maria Borrell, Miquel Pous, Joseph Baró de Canet, Josep Vidal i Ribas, Miquel Biada o los Samà. También entre los capitanes de los barcos negreros abundaron los catalanes. Solo del Masnou, se han documentado ocho, entre ellos, Joan Maristany, Francesc Maristany, Carles Maristany, Pere Estapé y Joan Curell. Uno de ellos, Joan Maristany y Galcerán, capitaneó en diciembre de 1862 la expedición esclavista que diezmó la isla de Pascua (Amorós, 2006; Muray, 2009, y Romero, 2011, *passim*). Esa preponderancia de catalanes en el negocio negrero originó cierta mala fama a los indianos de ese origen. Jordi Maluquer señala que *«gairebé tots els grans comerciants s'hi dedicaren en un moment o altre»* y añade que por eso los cubanos los conocían como «yanquis españoles», «judíos españoles», o «israelitas de la cristiandad». Incluso hubo una cancioncilla propia de negros que rezaba: *«Desde el fondo de un barranco / cantaba un negro en su afán: / "¡Ay madre, quién fuera blanco, / aunque fuera catalán!"»* (citada por Costa i Fernández, 2005).

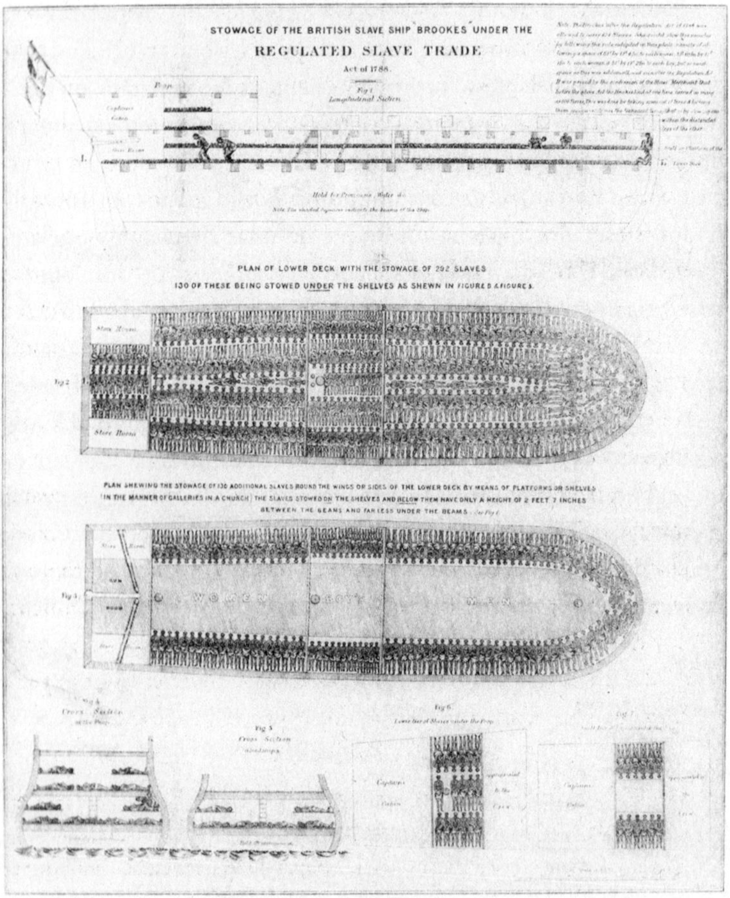

Cómo viajaban los esclavos en los barcos negreros.

de Guinea) y una variedad de chucherías apreciadas por los africanos. También se agenciaba trescientos pares de grillos dobles y cien pares de esposas para inmovilizar a los forzosos pasajeros.

Antes de salir del muelle de La Habana, los armadores daban un gran banquete a sus futuros clientes, al término del cual era costumbre tirar los cubiertos al mar para demostrar largueza y rumbo.

Cruzaban el océano cuidando de no toparse con ningún navío de guerra británico y se arrimaban a la costa de África en el segmento comprendido entre Sierra Leona a la desembocadura del río Congo.

No tenían que esperar mucho. Enseguida se acercaban dos o tres negros en una canoa con gallinas, huevos o pescado. El capitán los recibía a bordo, les compraba el género, los convidaba a aguardiente y se informaba sobre el mercado: qué buque salió el último, cuántos esclavos llevó, si iba a La Habana o al Brasil, si quedaban muchos negros en la plaza, a qué precio se cotizaban, cómo se llamaba el reyezuelo que los vendía.

Después, el capitán y el factor hacían el trato con algún reyezuelo y ajustaban el precio de los negros. Antes de comenzar a hablar era costumbre que le dieran la *cábala*: unos cuantos barriles de aguardiente, unos fusiles y un barril de pólvora.

Después, los negocios. Se discutía el precio de cada negro, cuanto más oscuro era y más robusto, valía más. [...] En ocasiones, un reyezuelo guardaba hasta doscientos presos de esta clase, y si no llegaba pronto algún buque de trata, el reyezuelo no encontraba mejor procedimiento de zafarse de ellos que cortarles la cabeza para evitarse la manutención.[22]

Los esclavos eran de distintas procedencias: unos persuadidos por la astucia del factor, otros prisioneros del reyezuelo y cautivados por él, algunos, criminales, ladrones y adúlteros que el gobierno de la tribu vendía. Había también esclavos nacidos de madre esclava, y algunos, muy raros, hombres libres que, impulsados por su pasión por el juego, se jugaban a sí mismos y a sus familias, convirtiéndose voluntariamente en esclavos.

Cuando estaba el cargamento completo, la nave se hacía a la mar para el viaje de regreso. En el viaje de vuelta, con la carga, los guardianes mantenían siempre «media caldera de agua hirviendo con sus grandes cucharones de hierro, pues en caso de sublevación, lo que más terror producía a los negros era el agua hirviendo, y con este procedimiento bárbaro se acababan sus batallas».

22. Baroja, 1995, pp. 107-116.

La desdicha del africano encadenado no les hacía mella: lo consideraban como a un animal. La codicia les impulsaba a no dejar a los negros en su barco más que un espacio parecido al que ocupa un muerto en su ataúd. Muchos negros estaban obligados a viajar siempre sobre un lado, replegados sobre sí mismos, sin poder extender los pies. Acostados, sin vestidos, sobre un suelo muy duro, traídos y llevados por el movimiento del barco, su cuerpo se cubría de úlceras y sus miembros no tardaban en ser desgarrados por los hierros y las cadenas que los tenían atados unos a otros.

Entre la marinería de los barcos negreros se notaban diferencias grandes: los franceses se mostraban reñidores y borrachos; los portugueses y gallegos, roñosos, disciplinados y un tanto serviles; los italianos, ladrones y vengativos; los brasileños y cubanos, gandules y perezosos, y los primeros más crueles, pues trataban a los negros peor que al ganado, como si tuvieran algún agravio que vengar de ellos.

Entre los españoles, los peores marinos para los viajes negreros eran los catalanes y los vascos. Los catalanes reclamaban siempre y creían que los engañaban, todo eran quejas. Los vascos se mostraban indisciplinados, desesperados, marineros rebeldes, marineros tigres. Creían, sin duda, que, fuera de su país y de su pueblo y en un barco dedicado a la trata, no quedaban en pie ni leyes ni respetos humanos. Probablemente, de ser marinero, yo hubiera creído lo mismo. Esta condición se sabía entre los negreros, y una tripulación completa de vascos no la hubiese aceptado ningún capitán, de miedo a la rebelión.[23]

El historiador Hugh Thomas nos completa la información:

Me interesó especialmente un vasco, Julián de Zulueta, el último gran negrero de Cuba (si se me permite el adjetivo) y por tanto de las Américas, un hombre que comenzó desde muy abajo, comerciando con toda clase de mercancías en La Habana de la década de 1830 y que a finales de la década siguiente era un hombre maldito en la mente y en los

23. Baroja, 1995, pp. 128-132.

diarios de a bordo de las patrullas navales británicas que intentaban impedir la trata, pues Zulueta poseía en Cuba sus propias plantaciones de caña de azúcar, a las que llevaba, en rápidos clíperes, a menudo construidos en Baltimore, cuatrocientos o quinientos esclavos, directamente desde Cabinda en la orilla septentrional del río Congo.

Como era hombre moderno, Zulueta solía vacunar a sus esclavos antes de que emprendieran el viaje a través del Atlántico y en la década de 1850 empezó a emplear vapores que podían transportar hasta mil cautivos. Como era católico, bautizaba a sus esclavos antes de que abandonaran África. Me preguntaba qué clase de hombre podía ser el que se dedicaba a la trata en una colonia cristiana cuatro siglos después de que un papa, Pío II, hubiese condenado la costumbre de esclavizar a africanos bautizados. ¿Y cómo podía Zulueta justificar su insaciable demanda de esclavos casi un siglo después de que Adam Smith hubiese insistido fríamente en que estos eran menos eficientes que los hombres libres? ¿Por qué el Gobierno español lo hizo marqués? Y cuando se llamaba a sí mismo marqués de Álava, ¿pensaba más en el nombre de su plantación de caña que en su provincia natal?[24]

Aquellas fortunas cubanas se amasaron al amparo de una legislación proteccionista que reservaba la riqueza de la isla para una minoría de capitalistas bien relacionados con el poder y con el comercio o la explotación de los esclavos negros que constituían la cuarta parte de la población. Los empresarios del *lobby* negrero apoyaban o derrocaban Gobiernos según convenía a sus intereses. Ennoblecidos por Isabel II y sucesores, sus descendientes conforman hoy buena parte de nuestra aristocracia.

En el Banco de La Habana crecían como la espuma los capitales de la familia real, de la burguesía catalana (los Güell, Antonio López,

24. Thomas, 1998, pp. 7-8. Añadamos que Julián de Zulueta hubiera podido titularse con toda justicia «proveedor de negros de la real casa», ya que surtía de esclavos los ingenios de la reina emérita María Cristina y su esposo, el Muñoz, con la intermediación de Juan Antonio Parejo, su agente en Cuba.

los Colomé, los Girona, cuyo patriarca, Manuel, era director del Banco de Barcelona) y de otros capitalistas de menor entidad.

Los que mantenían intereses en Cuba estaban afiliados a los círculos hispano-ultramarinos (los Güell en Barcelona, el marqués de Manzanedo en Madrid, otros capitalistas en Valencia, Sevilla, Jerez, etcétera) que en 1872 desataron una furibunda campaña contra la iniciativa gubernamental de abolir la esclavitud en Puerto Rico.[25]

Cuando surgieron movimientos independentistas en Cuba, el *lobby* negrero azucarero los reprimió primero por medio de mercenarios y «voluntarios españolistas»; después, con tropas de la metrópoli, quintos españoles procedentes de la clase obrera que no podían redimirse del servicio militar pagando una cuota, como hacían los jóvenes de clase acomodada.

A pesar de todos los esfuerzos y de todos los sobornos al Gobierno de Madrid, la isla se independizó después de la desastrosa guerra de 1898. Algunos indianos permanecieron en la isla y siguieron explotando sus ingenios, ya con trabajadores asalariados. Otros liquidaron su hacienda e invirtieron en la península: bancos, ferrocarriles, minería, solares en Barcelona, dehesas en Extremadura, etcétera.

Descabalgada de Cuba como san Pablo en el camino de Damasco, la burguesía catalana, que mientras se enriquecía con la explotación colonial estuvo a partir un piñón con Madrid, descubrió, de pronto, su pertenencia a una nación oprimida, Cataluña, y se afilió a la Lliga Regionalista.

25. Pagès i Blanch, marzo de 2004, señala que «durante muchos años la participación de los catalanes en el tráfico de esclavos fue, para la historiografía catalana, un tema prácticamente tabú». No es del todo cierto (Fradera, 1984, pp. 119-139 y 199).

CAPÍTULO 5

El caso del negrero que fundó una universidad pontificia

Tomen ejemplo aquellos que quieren ser algo en la vida de cómo, con mucho esfuerzo, sobrada perspicacia y escrúpulos los justos, uno puede prosperar hasta encumbrarse a la grandeza de España.

Nacido en Comillas (Santander), plebeyo y pobre (hijo de una pescadera), Antonio López y López (1817-1883) emigró a Cuba como tantos indianos en busca de más amplios horizontes. Allí se consagró al comercio menudo (pacotilla, tejidos, harina, bastimentos...) y cuando empezó a usar camisas inglesas y levitas americanas dio un braguetazo memorable al matrimoniar con Luisa Brú y Lassús, heredera de una rica familia cubanocatalana, lo que le permitió aumentar considerablemente su compañía de fletes marítimos, Antonio López y Cía. (después Compañía Transatlántica Española).

Al parecer, aunque la verdad solo Dios la sabe, el industrioso montañés consagró al comercio negrero uno de sus más veloces buques, el vapor General Armero, lo que le proporcionó cuantiosos ingresos con los que adquiriría «en poco más de dos años (entre diciembre de 1850 y enero de 1853) cuatro ingenios de azúcar y otros tantos cafetales».[26]

Inquieto y laborioso como pocos, nuestro hombre dilató su fortuna alquilando al Estado, en régimen de monopolio (¿conseguido mediante sobornos, quizá?), los buques necesarios para el transporte de tropas a África y después a Cuba. Es fama que estibaba a los soldados como sardinas en lata (quizá por una disculpable deforma-

26. Rodrigo y Alharilla, 2001, y Sánchez, 1999, pp. 20-22.

Antonio López y López,
primer marqués de Comillas.

ción profesional adquirida en sus tiempos de negrero), aunque luego cobrara los pasajes al precio normal.

Siguiendo el *cursus honorum* habitual de los grandes capitanes de empresa, don Antonio invirtió sus caudales en el negocio de los negocios, es decir, se hizo banquero (Sociedad de Crédito Mercantil y Banco Hispano Colonial, 1876). Hombre plural en sus intereses, lo mismo atendía a sus plantaciones cubanas de azúcar y tabaco que a sus inversiones en el ferrocarril y la hulla de Asturias (Compañía de los Caminos de Hierro del Norte de España y Hullera Española). Incluso prestó dinero al Estado para sostener la insostenible guerra de Cuba (en defensa de los intereses de la oligarquía financiera que ordeñaba aquella fértil vaca).[27]

27. En honor a la verdad, hay que reconocer que la guerra de Cuba tuvo también sus aspectos positivos. Para algunos españoles, el *desastre* solo lo fue a medias, que los duelos con pan son menos. Nos referimos a los que sacaron un beneficio de

Más rico que el rico Craso, su nombre ya engrandecido en el más sonoro Antonio Víctor López del Piélago y López de Lamadrid (aunque también lo conocían como el Negro Domingo o López el Negro), su respetabilidad, asegurada mediante la contratación de un capellán limosnero familiar,[28] Alfonso XII, que debía su trono al apoyo financiero de los negreros antillanos, lo ennobleció con el título de marqués de Comillas y con una grandeza de España vinculada al marquesado.

Cumplida la ambición de su vida, la garra peluda de su mano mercantil (exagero, lo sé) dulcificada por un sello con las armas ducales en el meñique, nuestro hombre sintió, como casi todos los indianos, la llamada del terruño. Retirado a Barcelona, se hizo construir una lujosa mansión en el paseo de Gracia, con un despacho espacioso forrado de maderas nobles desde el que administraba su cuantioso patrimonio.

Al regreso a España, estos indianos enriquecidos solían dedicar una parte de su caudal a fundaciones humanitarias.[29] O sea, hacían los pobres y luego los socorrían.

---

la situación bélica. Al marqués de Comillas, al de Urquijo, a Crédito Mobiliario, a la Duro Felguera y a otros millonarios y compañías que sufragaron el empréstito del Estado, pagando bonos de quinientas pesetas a cuatrocientas veinte o cuatrocientas cincuenta, además del 6 % de intereses, no les fue tan mal el conflicto de Cuba. O sea, se forraron con la guerra que el Estado reñía en defensa de los intereses de estos millonarios indianos.

28. Nada menos que el sacerdote, poeta y exorcista, ensalzado por el obispo Torras i Bages como «príncipe de los poetas catalanes», mosén Jacinto Verdaguer Santaló, el inmortal autor de *L'Atlántida*, poema épico que dedicó a su benefactor Antonio López (que además le costeó la edición). Su inestabilidad emocional le produjo quebraderos de cabeza en sus últimos tiempos, cuando el obispo de Vich lo suspendió *a divinis*.

29. Un ejemplo entre mil: el vasco Pascual Abaroa Uribarren (1825-1890) reedificó la iglesia de su natal Lequeitio, y donó generosas cantidades para el hospital, las escuelas, el hospicio, los lavaderos, el enlosado del paseo y numerosas calles. La Biblioteca de Temas Vascos se alberga en un majestuoso edificio que construyó Pedro Juan de Zulueta, otro negrero que después de amasar fortuna con la trata se convirtió en un respetable banquero avecindado en Londres, por lo que fue encausado por el Parlamento británico (Azpiazu, 1997, p. 34).

Como los otros indianos, no fue don Antonio López ajeno al reclamo de la filantropía, esa cualidad propia de las almas nobles o ennoblecidas que aconseja la realización de buenas obras, sea por legar el nombre del benefactor a la historia, sea en alivio de su conciencia. En 1881 conoció a un persuasivo jesuita que lo animó a fundar en su pueblo un Seminario de Pobres que, con el tiempo, se convertiría en la afamada Universidad Pontificia de Comillas.

Don Antonio falleció de repente en 1883 tras sentirse indispuesto cuando acababa de jugar su diaria partida de tresillo. Su antorcha, que dejaba alta y encendida, la recogió su hijo Claudio, el continuador de la saga.

Barcelona honró la memoria de este preclaro hijo adoptivo en 1884 consagrándole una de sus plazas en cuyo centro, rodeada de cuidados jardines, se podía admirar la colosal escultura del ilustre prócer con la leyenda «España ha perdido uno de los hombres que más grandes servicios le ha prestado», las palabras de Alfonso XII al conocer su deceso.

Ahora vienen los aguafiestas de SOS Racisme Catalunya en comandita con sindicalistas con sobrepeso liberados de Comisiones Obreras (CC. OO.) y la Unión General de Trabajadores (UGT) con el proyecto de cambiar el nombre de la plaza por el de Nelson Mandela, con el argumento de que el ilustre prócer fue negrero (y Nelson, el propuesto sustituto, fue premio Nobel de la Paz además de negro).

Naturalmente, Carlos Guëll de Sentmenat, tataranieto del ilustre amenazado en efigie, ha salido en defensa de su ascendiente:

—Yo siempre he tenido la convicción, y la familia también, de que en su tiempo transportó esclavos en alguno de sus barcos. Hizo ese tráfico porque era un tráfico legal, pero nada más. Y lo hizo al igual que otras compañías navieras. Pero esa no fue, ni con mucho, su principal ocupación ni se hizo rico con ella, eso sí que pertenece a la leyenda negra. ¿Cuántas cosas que hacemos ahora parecerán impensables dentro de cien años?

Muy razonable. Aparte de que ¿de qué vale remover asuntos turbios del pasado? Los protestones han conseguido que la avenida del

Marqués de Comillas se nombre ahora de Francesc Ferrer i Guàrdia, el pedagogo víctima de la Semana Trágica, y han suprimido también la notable estatua de Antonio, *el Negrero*, que adornaba la plaza.

El hijo y heredero del gran hombre, don Claudio López Bru (1853-1925), continuó la obra del padre y capitaneó con acierto sus empresas, especialmente la Compañía Trasatlántica Española, la Constructora Naval, el Banco Vitalicio (Compañía de Seguros), la Compañía General de Tabacos de Filipinas, la Compañía de los Caminos de Hierro del Norte de España y diversas minas asturianas agrupadas en Hullera Española. Casado, pero sin descendencia, continuó y acrecentó las fundaciones filantrópicas del padre hasta el punto de que a su muerte fue llamado «el limosnero mayor de España en el pasado y en el presente siglo». Una de sus iniciativas consistió en fletar unos cuantos barcos de su compañía para transportar a Roma dieciocho mil obreros y veinticuatro obispos que felicitaran a León XIII por su aniversario.

La Compañía Trasatlántica obtuvo, en 1887, la línea Barcelona-Guinea Española, lo que estimuló el establecimiento de numerosas empresas catalanas que cultivaban y comercializaban el cacao, entre otras, la propia Compañía Trasatlántica, que diversificó su actividad adquiriendo grandes fincas en la isla.

Don Claudio supo combinar la piedad con los negocios y apoyó decididamente a las misiones claretianas en Guinea. Como la mano de obra nativa, los negros bubis, resultaba insuficiente (aparte de que no se caracterizaban por su amor al trabajo), la propia Trasatlántica se encargó, subvencionada por el Gobierno, de llevar braceros de Liberia, unos por su voluntad y otros no tanto.

La Iglesia había encomendado a los claretianos la evangelización de los indígenas. La abnegada labor de liberarlos del paganismo se subvencionaba generosamente con entre dos mil y cuatro mil pesetas anuales por misionero. Juiciosos como las vírgenes prudentes del Evangelio, los claretianos redondeaban la ganancia explotando a sus catecúmenos bajo la advertencia de que la Virgen premiaba el trabajo y castigaba el ocio.

Preocupados por la optimización del negocio, en 1885 los claretianos fundaron Santa Isabel, un «pueblo cristiano» modélico que resultó subsidiariamente una inagotable cantera de peones para sus fincas y para la Granja Matilda, propiedad de la Trasatlántica.

Los negros isabelinos no eran esclavos, puesto que recibían un jornal. Una cantidad ridícula, admitámoslo, pero no por avaricia del pagador, sino por motivos pedagógicos: por el deseo de educar a los recipiendarios en la virtud del ahorro y hacer de ellos juiciosos administradores, dado que las larguezas solo invitan al vicio y al derroche. ¡Esfuerzo baldío! Como sembrar sobre piedras. Los nativos nunca asimilaron la virtud de guardar. Cuando iban a cobrar el jornal, un dependiente de gafitas y lápiz en la oreja les hacía las cuentas para que vieran que ya lo habían gastado en las bebidas y chucherías que retiraban de fiado en el economato de la hacienda.

—Y *a més a més*, te siguen faltando veintidós céntimos a cuenta de la semana que viene —advertía el pagador.

Este régimen paternalista de los hacendados y los misioneros fue a menudo malinterpretado por maliciosos funcionarios enviados por Madrid para gobernar la isla. Al gobernador José de Barrasa lo destituyeron fulminantemente (dos años duró) cuando elevó una protesta a la superioridad quejándose de que «el marqués de Comillas y el padre Mata (claretiano) eran en Madrid dos potencias que estaban por encima de la ley».

Falleció el segundo marqués de Comillas en 1925. Veinte años después, con el aplauso de Franco, se inició su proceso de beatificación, que lamentablemente anda hoy bastante estancado. Dado que no tuvo hijos, el marquesado de Comillas y la fortuna pasaron a su hermana Luisa Isabel López Bru, casada con el primer conde de Güell, Eusebi Güell i Bacigalupi, un empresario enriquecido con el algodón de los estados esclavistas de Norteamérica.

CAPÍTULO 6

El caso del marqués de Salamanca

José de Salamanca y Mayol (1811-1883) fue en su tiempo el hombre más rico de España. Si hubiera llegado a los altares podría ser el santo patrón de los codiciosos. Licenciado en Derecho por Granada («bachiller en Cabra y abogado en Granada, lo mismo que nada», se decía) no llegó a ejercer. Después de algunos coqueteos revolucionarios, disculpables por su juventud, sentó cabeza a los veintidós años cuando consiguió, por enchufe, la alcaldía de Monóvar (Alicante). Fue el comienzo de una brillante carrera política que lo llevó a las Cortes, diputado por Málaga, a los veintiséis años.

Siguiendo el *cursus honorum* habitual entre los arribistas, se casó con una rica heredera, Petronila Livermore y Salas, hija de un acaudalado comerciante inglés. El famoso banquero alsaciano José de Buschental, de cuyo salón era asiduo, lo introdujo en la bolsa y le hizo ver la estrecha relación de esta institución comercial con la política.

Tutelado por Buschental, Salamanca se metió en negocios y pronto dio señal de ser alumno aventajado, porque consiguió el monopolio de la sal. Ganó tanto que dos años después estuvo en condiciones de prestarle 400 millones de reales a la Hacienda pública. Para redondear el negocio aceptó que el Estado le devolviera el crédito en bienes inmuebles (procedentes de la desamortización), lo que multiplicó su capital hasta el punto de que los ceros se le salían del folio.

¿Dónde invertir la millonada? En un negocio de futuro, en los ferrocarriles. Fue a Inglaterra, se informó de en qué consistía eso del tren, contrató ingenieros ingleses y fundó una compañía para el tendido y la explotación de la línea Madrid-Aranjuez con prolongación hasta Albacete y Valencia, y después Madrid-Irún.

Inmensamente rico, se hizo construir palacetes en Madrid (el palacio de Recoletos, 10, actual sede de la Fundación BBVA), París, Lisboa, Berlín y Roma, que amueblaba espléndidamente y decoraba con magníficas pinturas (incluidas algunas de Murillo, Velázquez y Goya).

José de Salamanca y Mayol.

Aficionado a la ópera y a las mujeres, financió un teatro de la ópera (en la plaza del Rey, hoy desaparecido) y se rodeó de un harén de beldades a las que albergaba en distintos chalecitos de su propiedad en la cercana calle de la Ese (ya desaparecida, entre Castellana y Serrano). Fecundo también en su cumplimiento amatorio, dejó un reguero de bastardos que indefectiblemente nacían con seis dedos en cada pie, marca de la casa. No desatendió por ello a doña Petronila, su esposa ante Dios, una mujer tirando a triste que solo usaba el hábito del Carmen y consumió su vida en rezos para redimir el alma del esposo pecador. A pesar de que no se lo ponía fácil con tan desmotivadora actitud, cumplió como legítimo y le hizo dos hijos.

Habilísimo en la bolsa, en una sola sesión llegó a ganar tres millones de reales. Al día siguiente compareció ante sus apesadumbrados deudores y les anunció: «¡Perdono a *tutti*!». Era así de rumboso.

En 1863 la reina Isabel II lo ennobleció con los títulos de marqués de Salamanca y de conde de los Llanos, con grandeza de España.

Hasta aquí el auge de nuestro prohombre. Ahora viene su caída y la moraleja que se deriva de esta verdadera historia.

Salamanca era muy arriesgado en sus inversiones, lo que justificaba con un dicho: «Dos formas hay de hacerse rico, ahorrando ochavos o tirando onzas».

En sus viajes había admirado los nuevos barrios que se construían en Londres o París, las anchas avenidas y grandes plazas diseñadas por el barón Haussmann, las manzanas de edificios armónicamente alineados y dotados de todas las comodidades modernas (agua, gas, desagües). Salamanca concibió un proyecto grandioso para Madrid. En 1863 adquirió dos kilómetros cuadrados de solares en el actual barrio de Salamanca y proyectó la construcción de doscientas manzanas de edificios modernos entre las calles de Serrano y Claudio Coello.

El coste de tan ingente obra resultó excesivo incluso para las finanzas de Salamanca. Cuando le llegaron las vacas flacas vendió sus valores en bolsa y sus obligaciones en ferrocarriles, luego su magnífica pinacoteca, y sus residencias en el extranjero, finalmente tuvo que desprenderse incluso de su palacio en la Castellana (actual Casa de América).

Arruinado y abandonado de sus amigos de los tiempos de prosperidad, cuando ofrecía banquetes de más de cien comensales y todos se disputaban su amistad, falleció en su residencia de Vista Alegre, su última posesión, el 21 de enero de 1883. En el bolsillo le encontraron un billete de cien pesetas, pero debía seis millones de reales.

CAPÍTULO 7

El caso del discurso de Donoso Cortés contra la codicia

En el siglo XIX no estaba clara la separación entre la Administración pública y la empresa privada.[30] Muchos prohombres de aquellos Gobiernos de la Restauración, unos conservadores (Cánovas), otros liberales (Sagasta, Castelar, Canalejas, Romanones), eran, al propio tiempo, asesores de empresas beneficiadas con jugosos contratos estatales o se sentaban en los consejos de administración de empresas privadas con intereses estatales (ferrocarriles, minas, bancos...), una práctica que solo se limitaría en 1923, cuando el dictador Primo de Rivera promulgó una ley contra «la granjería de la carrera política», que señalaba una nutrida lista de incompatibilidades.[31]

30. La Ley de Administración y Contabilidad data de 1911, gobernando Canalejas.

31. El Real Decreto de 12 de octubre de 1923. Entre tanto político trincón, surgieron algunos servidores públicos, como don Antonio Maura, que «creían que la moralidad privada y la moralidad pública eran la misma, y tenían esa combinación de talento político y austeridad moral que es marca de los grandes estadistas del siglo XIX» (Carr, 1966, p. 477). Debo la cita a Ricardo de la Cierva. También es cierto que los políticos se defienden, en especial los que dejan bufetes de abogados prestigiosos, en los que ganan más dinero, para dedicarse a la política. Oigamos a Cambó, que en 1919 quería crear un gran partido de centro, pero antes quería asegurarse el respaldo de una fortunita decente para sentirse independiente de avatares políticos: «Pensaba en la necesidad de que yo tenga una situación económica que me quite toda preocupación de orden material porque desde que he dejado el despacho he tenido una gran merma [...]. Mi orgullo y mi dignidad no me permitían vivir a costa de donativos de particulares ni de sueldos de consejos de administra-

Nadie está bien donde está, todos aspiran a subir y no para subir, sino para gozar —clama el católico y conservador Donoso Cortés—. No hay español alguno que no crea oír aquella voz fatídica que oía Macbeth y le decía: «Macbeth, Macbeth, serás rey». El que es elector oye una voz que le dice: «Elector, serás diputado». El diputado oye una voz que le dice: «Diputado, serás ministro». El ministro oye una voz que le dice: «Serás...», yo no sé qué, señores.

¿Arroyo, en qué ha de parar
tanto anhelar y subir,
tú por ser Guadalquivir,
Guadalquivir por ser mar?

Yo sé, señores, adónde esto va a parar o, por mejor decir, adónde ha ido a parar; ha ido a parar a la corrupción espantosa que todos presenciamos, que vemos todos; porque el hecho hoy dominante en la sociedad española es esa corrupción que está en la médula de nuestros huesos. [...] Pensad en alguno de los escándalos, que son públicos y notorios, ocurridos en las últimas elecciones. No los creáis a unos ni a otros cuando se llaman enemigos; no son enemigos: son hermanos. [...] Todos los partidos alternativamente dominantes en España han creído que eran necesarias grandes garantías contra los abusos del poder. De estas garantías, unas son vanas y otras absurdas. [...] El nombramiento de todos los empleados públicos es un instrumento gigantesco de corrupción, pero no importa; si no nombro a todos los empleados, no puedo ser responsable.[32]

Ingenuamente creía Donoso Cortés que la solución era aplicar a la democracia electoral la moral católica predicada por la Iglesia.

ción como hizo Cánovas sin que nadie se lo criticara. Necesito hacer una fortuna que me baste para vivir confortablemente» (Cambó, 1987, p. 308).

32. Discurso pronunciado el 30 de diciembre de 1850, con motivo de solicitar el Gobierno la autorización para percibir los impuestos antes de que fuese aprobada la Ley de Presupuestos.

La tragedia del campo era que el trabajo no garantizaba el bienestar. Los métodos de cultivo eran tan arcaicos, las malas cosechas tan frecuentes y la productividad tan baja que los pequeños agricultores arrastraban una existencia casi tan dura como la de los jornaleros. Al propietario de una mediana hacienda le era más fácil arruinarse que prosperar. Cuando un año venía malo, los pequeños propietarios tenían que solicitar un préstamo al usurero del lugar, que era toda una institución y una plaga. Leemos en Almirall, que lo vivió de cerca:

> El campesino pobre no puede contar con ninguna institución que lo ayude o lo proteja, ya que los bancos agrícolas y demás establecimientos de crédito territorial le son completamente desconocidos [...], y aunque en Madrid, para cubrir la cara aparente, existe un pomposo Banco Hipotecario que goza de los mayores privilegios, no está al alcance de nuestros modestos labradores, los cuales, para sus asuntos, para cubrir las necesidades cotidianas, no tienen más remedio que caer en manos de los usureros. Por ejemplo, en la época de la siembra les prestan un hectolitro de trigo candeal con la condición de que les devuelvan tres, cuatro y hasta seis cuando recojan la cosecha, que, debido a tan enormes cargas, deja de ser para ellos una fuente de alegría y de prosperidad para convertirse en el principio de su ruina. Huelga decir que cuando el usurero no es el propio cacique, lo será un esbirro suyo, y, pase lo que pase, llevará siempre las de ganar ante la Administración y los tribunales.[33]

Los intereses, que entonces parecían razonables, oscilaban entre un 12 % mensual y un real diario por un duro. En algunas ocasiones se pagaba por un préstamo el 80 % anual.

La avaricia se alimentaba de la sangre de los infelices.

La sociedad lo encontraba natural.

33. Almirall, 1972, pp. 152-155.

Donoso Cortés.

Rebatiña de políticos por alcanzar cargos y honores.
Caricatura de la revista *La Flaca*, 1873.

CAPÍTULO 8

El caso de la Monja de las Llagas o los hábitos de La Garduña

La oficina de influencias de la reina regente María Cristina no fue la única que conseguía favores gubernativos a cambio de sobornos o mordidas. En ese oficio oficioso destacó también su venerable amiga sor Patrocinio, la famosa Monja de las Llagas, una falsaria que pasaba por estigmatizada y que se constituyó, ella sola, en próspera agencia de empleo a la que acudían cuantos aspiraban a una sinecura en la Administración (previo pago, naturalmente). Los ingresos de tan lucrativa actividad los invirtió en fundar conventos, como si no hubiera ya bastantes en España.[34]

Corrían malos tiempos para los cenobios. El Partido Progresista consideraba que estas piadosas instituciones se habían convertido en refugio de personas inactivas y estaba por suprimirlos en nombre del progreso. Entre los próceres del Partido Progresista se encontraban no solo Madoz, el desamortizador, y los generales Espartero y Prim, sino Salustiano Olózaga, prestigioso político que había recibido calabazas de sor Patrocinio cuando, antes de ingresar en religión, era una de las mocitas más vistosas de la corte. ¡El sexo siempre interfiriendo en la obra de Dios!

En 1830 la Virgen se había aparecido a una monjita francesa, Catalina Labouré (1806-1876) con excelentes resultados en cuanto a

34. *«Tuvo sobre Isabel mucho dominio / la milagrosa monja Patrocinio. / Quien el motivo averiguar anhele / cambie la P de Patrocinio en L»*, *La Iberia*, 24 de octubre de 1868.

aumento de fe y de ingresos. ¿Por qué no ayudar a que la Virgen se apareciera también en España?

El padre Joaquín Serrano no tuvo que buscarse a una monjita boba, porque entre sus hijas de confesión del convento de las concepcionistas descalzas figuraba sor Patrocinio, quien, a pesar de su juventud, comulgaba plenamente con la idea de que el liberalismo es pecado y que una mentira piadosa *(pia fraus)* se justifica plenamente si redunda en beneficios espirituales y en réditos para la Iglesia. De hecho, uno de sus personales vaticinios, ya de monja milagrera, fue el «triunfo de la cruz sobre la serpiente», con el liberalismo en el papel de ofidio.

El arzobispo de Toledo, Pedro Inguanzo Romero, y la abadesa del convento, la madre Pilar, estuvieron de acuerdo: demos hilo a la cometa y a ver qué pasa.

Sor Patrocinio, la Monja de las Llagas.

Sor Patrocinio, aunque lista como el hambre (vean su mirada en las fotos) era bastante despistada y proclive a los traspiés y a darse tozonazos contra los muebles. El curita no tardó en señalar que eso era obra del demonio: «Los malos tratos recibidos por sor Patrocinio del enemigo malo fueron extraordinarios».

Magros resultados. Pasaban los meses y las visiones de la influenciable monjita convenientemente publicitadas en los mentideros de la villa y corte no se traducían en una mayor afluencia de fieles ni en un aumento de las limosnas (es natural, había en Madrid no menos de treinta conventos, que se hacían ruda competencia y no faltaban en ellos imágenes milagrosas y monjas milagreras).

Urgía la madre Pilar al padre Serrano a que su pupila realizara más notables prodigios que redundaran en devotos y limosnas, pero él prefería introducir a su discípula en el mundo de la milagrería poco a poco, no fuera a malograrse el negocio con las prisas. Finalmente, la impaciente madre Pilar lo despidió y puso a sor Patrocinio bajo la dirección de un capellán más resolutivo, el joven capuchino Fermín de Alcaraz. Bajo la nueva gerencia, la monja no tardó en destacar y hacerse famosa.

¿Cómo lo consiguió? Por el camino más directo: con los estigmas de la pasión de Cristo.

Hacía unos años que la monja alemana Ana Catalina de Emmerick se había hecho mundialmente famosa por la aparición de las llagas de Cristo, a lo que siguió la vivencia de la pasión (que explicó pormenorizadamente en un libro, para deleite e información de Mel Gibson y de otros aficionados al género gore).

Sor Patrocinio no iba a ser menos, decidió el padre Alcaraz. En efecto: de la noche a la mañana le florecieron llagas sangrantes en los pies y en las manos, además de unas erosiones en torno a la cabeza que podían pasar por marcas de la corona de espinas. La noticia corrió por los mentideros de Madrid adobada con otros detalles: al parecer, el propio Lucifer había raptado a la monja santa y la había conducido por los aires a la sierra de Guadarrama, a los pinares de Aranjuez y a otros lugares no menos distantes y peregrinos, incluso a un estanque con patos, antes de devolverla al convento depositándola en un tejadillo, «llena de polvo y de materias verdosas y maltratada» (así lo aseveran las monjas interrogadas en la causa).

La multitud devota se agolpaba en la iglesia de las concepcionistas descalzas para solicitar favores de la monja milagrosa. El padre Alcaraz fue orquestando *in crescendo* las milagrerías de su pupila hasta culminar con el prodigio definitivo («a ver quién me lo iguala», debió pensar). En agosto de 1831, la Virgen en persona se le apareció a sor Patrocinio en el coro de la iglesia conventual y le entregó una imagen mariana que el arcángel san Miguel, del que se hacía acompañar en calidad de mozo de cuerda, depositó en el altar.

Permitamos que nos lo cuente la propia interesada en sus memorias, dictadas a una novicia:

> El 13 de agosto de 1831, estaba en conversación con Jesús cuando llegó la Virgen con una imagencita en sus manos y dijo a sor Patrocinio que no estuviera triste, porque por medio de aquella imagen iba a poner en sus manos las misericordias y tesoros de su Hijo. Sor Patrocinio repuso:
>
> —Señora y Reina mía, ¿no veis a España; no veis los males que nos afligen?
>
> —Hija mía, los veo; pero mi amor no puede ser más benéfico para con los hombres. Ellos se olvidan de mí y retiran las misericordias; y por esto, a esta imagen le darás el título misterioso del Olvido, para darles a entender que me han olvidado. Pero yo, que soy vuestra tierna y amorosa Madre, quiero poner a vista de todos los mortales, con esta imagen mía, que jamás mis misericordias se apartan de ellos.
>
> Miraba yo con gran ternura a tan divino simulacro; cuando vi que mi invictísima reina cogió un pañuelo de manos del príncipe san Miguel, y aplicándole a la soberana llaga del costado de nuestro amante Jesús, lo empapó la Divina Señora en sangre de aquel divino y deífico Corazón; y después, aquel pañuelo, así empapado, lo puso sobre esta encantadora imagen, y después vi que la soberana Reina rociaba a este pueblo con la sangre preciosísima. Díjome luego hasta tres veces:
>
> —Hija mía, ¿me amas?

Díjela:

—Señora mía, vos sabéis que os amo y deseo ser toda vuestra.

—Pues a tu solicitud y cuidado dejo el culto y veneración de esta sagrada imagen mía con el título de Olvido, Triunfo y Misericordias. Ella será la consoladora del mundo y todo afligido encontrará en mí el consuelo por la mediación de esta mi imagen. Al alma que rendida a sus pies me pidiese alguna cosa, jamás se la negará mi amor. Será el consuelo del mundo y la alegría de la Iglesia católica y, por su medio, mi Hijo y yo recibiremos culto. Tú, hija mía, alcanzarás victoria del poder de Satanás, y tu comunidad, perfección en servirme.[35]

Ese es el origen de la piadosa imagen de la Virgen del Olvido, Triunfo y Misericordias (así quiso sor Patrocinio que se titulara), hoy venerada en el convento de las concepcionistas franciscanas descalzas de Guadalajara.

Después de la adquisición de tan celestial dádiva, los milagros se sucedieron ininterrumpidamente, en cascada. También los ingresos, claro. Al convento y a sor Patrocinio concurrían señoras importantes de la corte en busca de conversación y consuelo, y ella, siguiendo los dictados del padre Alcaraz y los suyos propios, inculcaba en ellas la oposición a las políticas de los liberales.

Sintiéndose atacados, los liberales decidieron terminar con la «superchería de las llagas». La noche del 7 de noviembre de 1835, el ministro de Gracia y Justicia Mendizábal envió al convento un piquete de milicianos, con la correspondiente orden de detención.

Una comisión médica encabezada por el famoso cirujano Argumosa y dos colegas examinaron las llagas de sor Patrocinio. Las encontró causadas por medios naturales.

—Esto es una superchería, señora.

Sor Patrocinio se defendía como gato panza arriba. Alegó que «el fraile capuchino fray Fermín de Alcaraz le había facilitado una reliquia que aplicada a cualquier parte del cuerpo causaba una llaga que

35. Isabel de Jesús, 1991, pp. 49-50.

debía mantenerse abierta para seguir padeciendo y teniendo tal mortificación, ofreciendo a Dios los dolores».

El tribunal desterró a sor Patrocinio «por no resistirse al fraude». En cuanto a su compinche, el fraile, había huido y se hallaba en paradero desconocido.

Ocho años de aburrimiento cumplió la monja en el convento de las concepcionistas calzadas de Talavera de la Reina antes de que le permitieran regresar a Madrid, donde muchas señoras principales, entre ellas la reina emérita María Cristina y sus hijas, María Luisa Fernanda e Isabel II, la nueva reina, esperaban ilusionadas su regreso para solicitarle favores y milagros.

La Monja de las Llagas e Isabel II.

Sor Patrocinio cultivó con esmero la amistad de sus majestades, tanto emérita (María Cristina) como reinante (Isabel), a las que prestaba la imagen milagrosa del Olvido, Triunfo y Misericordias cuando se encontraban enfermas o parturientas. A la milagrosa imagen se atribuyó el fracaso del cura Merino cuando intentó apuñalar a la reina en 1852.[36]

36. En realidad no fue la sagrada imagen la que detuvo el puñal, sino las ballenas del corsé con que la reina entibaba sus abundancias, pero tampoco podemos

El resto de la vida de sor Patrocinio es una sucesión de destierros gubernativos (ocho en cuarenta y un años) y de readmisiones en la corte (cinco de ellas por real decreto de Isabel II).

Los liberales estaban seguros de que la monja era una conspiradora nata cuyo único oficio consistía en malquistarlos con los reyes y segarles la hierba bajo los pies. La suspicacia del partido llegó hasta el punto de que todo revés político se atribuía a los enredos de la monja.

Sor Patrocinio entregó su alma a Dios en 1891, aunque se ignora si Él le hizo la misericordia de recibirla. Cuando le retiraron las vendas de las manos, ya cadáver (toda la vida las llevó vendadas y ella misma se renovaba los vendajes), se manifestó su último milagro: ¡las llagas habían desaparecido, ni rastro de ellas!

Estampa de la Monja de las Llagas posando con la imagen que le trajo el arcángel.

---

descartar que la Virgen del Olvido, etcétera, dirigiera las puñaladas hacia las ballenas de acero, precisamente.

CAPÍTULO 9

El caso de doña Virtudes y la cómica

Antes y después de casado, Alfonso XII mantuvo diversas amantes ocasionales y una fija, la contralto Elena Sanz, a la que Castelar describe como «una divinidad egipcia, los ojos negros e insondables, cual los abismos que llaman a la muerte y al amor», y Pérez Galdós, más prosaico, «espléndida de hechuras y bien plantada».

Un trueno de hembra, y disculpen la manera inelegante y machista de señalar.

La cómica concibió dos bastardos reales, Alfonso y Fernando (mujer extremadamente liberal, antes había tenido otro, Jorge, de un amante casado).

La reina y esposa de don Alfonso, doña María Cristina, tan extremosa en todo, se enamoró ardientemente de su esquivo e infiel esposo y, aunque era mujer de carácter, soportó con resignación las infidelidades, si bien en un par de ocasiones estuvo por tirar la toalla y hacer las maletas.

Las reinas de origen germánico tienen esos prontos, pero luego recapacitan y se quedan en España impelidas por el sentido del deber y por la manduca.

Como doña María Cristina era una gran profesional, disimuló y continuó sonriendo en los actos oficiales, aunque la procesión iba por dentro. Solo cuando en 1885 el rey murió (de tuberculosis, a los veintiocho años) y ella accedió al poder como regente durante la minoría de edad de su hijo Alfonso XIII, manifestó sus reposados odios y su naturaleza vengativa apartando del Gobierno a cuantos habían amparado la vida tunante del difunto.

Elena Sanz.

También retiró la pensión que la casa real pasaba a Elena Sanz.

—¿Que me deja sin pensión esa raspa? —dijo la abundosa cantante.

Como tenía unos hijos a los que mantener, se buscó a un abogado famoso, Nicolás Salmerón (uno de los cuatro presidentes de la Primera República) y chantajeó al Gobierno con unas cartas íntimas del rey en las que se demostraba su paternidad de los reales bastardos.

Argumentaba Elena el lucro cesante que le había supuesto dedicarse en exclusividad al monarca: «Lo dejó todo: su carrera, el éxito y la fortuna que empezaba a ganar con el bel canto. ¿Puede haber mayor prueba de amor? Pienso que el rey también estaba enamorado. Fue la mujer con la que mantuvo una relación más larga, y la primera que le dio un hijo».[37]

37. Son palabras de la nieta de Elena, la señora María Luisa Sanz de Limantour, una dama octogenaria que vivía en Marbella y atesoraba algunas cartas de Alfonso XII entre sus recuerdos familiares. Falleció en 2012.

La relación de Alfonso con Elena fue muy pasional, pero también comercial. El rey le había asignado una pensión generosa, pero a veces se retrasaba en los pagos:

> Idolatrada Elena:
>
> Cada minuto te quiero más y deseo verte, aunque esto es imposible en estos días. No tienes idea de los recuerdos que dejaste en mí. Cuenta conmigo para todo. No te he escrito por la falta material de tiempo. Dime si necesitas guita y cuánta. A los nenes, un beso de tu
>
> Alfonso

> Querida Elena:
>
> Hasta hoy no te he podido remitir lo que va adjunto porque cerré el mes con deudas y sin un cuarto. Me castigo por el retraso, según verás, remitiéndote quinientas pesetas de plus. Seré más exacto en adelante. Me alegro de que el nene esté bueno. Mil besos de tu
>
> Alfonso

El Gobierno llegó a un acuerdo con los abogados de la cantante, la llamada Acta de París, firmada en 1866, por la que Elena entregaba al intendente de la real casa, Fermín Abella, ciento diez cartas que acreditaban la paternidad de Alfonso XII y a cambio recibía setecientas cincuenta mil pesetas (unos diez millones de euros actuales).

Dos tercios de esa fortuna, quinientas mil pesetas, se invertirían en un depósito de deuda exterior, que cuando los beneficiarios alcanzaran la mayoría de edad se habrían convertido en setecientas mil pesetas. Mientras tanto, el banquero de la familia real, Prudencio Ibáñez Vega, custodiaría el legado.

Vayamos ahora a la avaricia del caso. Cuando los hijos cumplieron la mayoría de edad y reclamaron su fortuna, encontraron que el dinero se había evaporado tras la quiebra del banco.

La señora María Luisa Sanz tiene su propia versión de los hechos:

—La reina y ese banquero, Ibáñez Vega, les quitaron todo. Lo malo es que mi abuela firmó documentos donde quedaba despojada de todo, incluso del título de conde de Valencia que Alfonso XII concedió a mi padre.

En 1903 los hijos de la Sanz demandaron por estafa a Ibáñez Vega. Nuevo arreglo: la casa real les entregaría trescientos mil francos si retiraban la demanda, pero como solo recibieron 72.000, demandaron de nuevo en más altas instancias convencidos por el abogado Nicolás Salmerón de que podrían exprimir el limón real, obtener una crecida pensión y el reconocimiento del apellido Borbón.

La nueva demanda, presentada en 1907, ante la Sala Primera del Tribunal Supremo resultó desestimada. El representante de la casa real empleó en su defensa tres argumentos que convencieron plenamente al tribunal:

1. Las medievales Leyes de Toro prohíben reconocer a otros hijos que los naturales. Los hijos de los reyes españoles fuera del matrimonio tienen la condición de bastardos, y no pueden ser reconocidos ni legitimados.[38]
2. La Constitución de 1876 declara a la persona del rey «sagrada e inviolable» (art. 48). Por lo tanto, «el rey no puede tener más hijos que los que le nacen dentro del matrimonio» y no se «consiente la injerencia de seres extraños» (sic).
3. El Código de las Partidas prohíbe a reyes, nobles y personas de gran linaje tomar como barraganas a siervas, taberneras, regateras, alcahuetas y juglaresas.[39]

Es evidente que Elena Sanz, contralto y mujer de teatro, encajaba en la versión moderna de la juglaresa medieval (también Bárbara Rey, por cierto). Los legisladores fallaron a favor de la casa real («un monarca no está sujeto al derecho común») y los Sanz quedaron compuestos, sin fortuna y sin apellido borbónico.

38. A la parte contraria no se le ocurrió argumentar que el propio Alfonso XII era de origen bastardo, hijo del amante de Isabel II Enrique Puig Moltó.

39. Fernández Barbadillo, 2015, *passim*.

Alfonso Sanz se dio esta vez por vencido y buscó realizarse por otro lado: se casó con una rica heredera mexicana, Guadalupe de Limantour, sobrina del ministro de Hacienda del presidente Porfirio Díaz.

CAPÍTULO 10

El caso de las finanzas de Alfonso XIII

Alfonso XIII tuvo, humano al fin, cualidades y defectos, y el que esté libre de ellos que tire la primera piedra. Es cierto que era cínico, maleducado, desagradecido, egoísta y caprichoso hasta extremos patológicos. Rey desde la cuna, estaba convencido de que todo se le debía, acostumbrado a una vida de placeres y caprichos. Por razón del cargo se veía forzado a inaugurar cuarteles, hospitales y monumentos al Sagrado Corazón de Jesús, así como a posar rodeado de ministros y cortesanos para las páginas de huecograbado de *Blanco y Negro*, pero lo que a él realmente le gustaba era la caza, los automóviles de alta gama, los caballos, los deportes elitistas y las mujeres de alto *standing* (sin que por ello le hiciera ascos a las de bajo *standing*).

Eludiremos aquí su historial de golferas y obseso sexual, que queda consignado en nuestro libro *Lujuria*, así que nos centraremos solamente en los aspectos económicos de su personalidad: ¿era avariento, era codicioso, metió la mano en los caudales públicos, se aprovechó de su privilegiada posición para forrarse con los negocios...?

Dijimos al principio que tenía cualidades y defectos, como cada quisque. Quedan consignados los defectos, pero seríamos injustos si olvidásemos las cualidades: acendrado patriotismo, gran amor a España y a los españoles manifestado repetidamente, aunque no acertara a demostrarlo con hechos, gran puntería con las escopetas,[40]

40. Tenía treinta y una escopetas de caza, que se dice pronto. De los mejores armeros del mundo, entre ellos James Purdey & Sons, de Londres, sin que faltara

admirable tolerancia a las bebidas alcohólicas, casticismo y campechanía borbónicos, golf hándicap 4,5 e imperturbable estoicismo a la hora de encajar la suerte adversa en el *bridge*, en el tresillo o en la ruleta.

En lo que se refiere a su atuendo, era el rey más atildado de Europa. Y eso que percha no le sobraba, dado que era algo escuálido y estrecho de pecho, pero lo compensaba sobradamente con su escogido guardarropa, en el que no faltaban las camisas de seda de Sulka, en la rue de Rivoli, ni los trajes cortados por Henry Poole, proveedor real de Savile Row, ni zapatos manufacturados por Guccio Gucci en Milán.

O sea, un pollopera que podía representar a España con la cabeza bien alta.

Y las finanzas. ¿Se ganaba el sueldo Alfonso XIII?

Alfonso XIII había heredado de su augusto padre el equivalente a 4,4 millones de euros, de un capital que en total se elevaba a 22,3 millones de euros.[41]

Aparte de esa fortuna, disponía de su asignación anual de la lista civil, por supuesto, pero además se metió en negocios sabiamente aconsejado por su camarilla (todos prebostes de la patria que disponían de información privilegiada) y amasó una interesante fortuna que cuando hubo de partir al exilio se cifraba en unos 16 millones de euros, depositados en bancos de París y Londres.[42]

Dado que este libro va de codicia y avaricia, preguntémonos: ¿hubo algo turbio en las finanzas reales? Lo hubo. A Alfonso XIII lo procesaron por un «supuesto delito de estafa y malversación, como parti-

---

Víctor Sarasqueta, de Éibar, proveedor de la real casa. El lote salió a la venta en 2014, en la casa de subastas Christie's con un precio inicial de trescientos mil euros.

41. Zavala, 2010, p. 89.

42. Según el historiador Guillermo Cortázar, que revisó las cuentas reales en un pormenorizado estudio que abarca la contabilidad general del patrimonio real y del caudal privado, con las inversiones del monarca en los más variados sectores: industrial, financiero, turístico, inmobiliario y espectáculos (Cortázar, 1986, *passim*).

cipante de un entramado ilegal de empresas que pretendía lucrarse con las apuestas de las carreras de galgos en pista».[43]

Vayamos a los detalles. En 1927 el rey y la camarilla de aristócratas que lo rodeaban fundaron el Club Deportivo Galguero, una sociedad benéfica, sin ánimo de lucro (esta expresión, ¿les suena familiar?) que solicitó al Estado la concesión en exclusiva de un sistema de apuestas destinado a la promoción del galgo español y a la beneficencia.

Pocos meses después, la sociedad «sin ánimo de lucro» concurrió en la fundación de las empresas Stadium Metropolitano y Liebre Mecánica, dedicadas a la explotación de carreras de galgos en pista, o sea, con ánimo de lucro.

La sociedad, uno de cuyos mayores accionistas era el propio rey, obtuvo su licencia, faltaría más, y resultó tan gananciosa que a los pocos meses se extendió por otras ciudades importantes de España. El negocio se mantuvo hasta 1932 en que el Ministerio de la Gobernación declaró caducada la concesión administrativa. Para entonces había ingresado una cantidad equivalente a 11,3 millones de euros actuales.[44]

Llegó la hora del triste exilio cuando se proclamó la República. El rey embarcó en Cartagena con destino a Marsella y el resto de la familia real marchó a Francia en tren.

Preocupado por la educación de su progenie, el destronado monarca procuró que esposa e hijos se adaptaran a la nueva situación familiar, y los instaló en el hotel Savoy de Fontainebleau, cinco francos la noche, un albergue que hoy oscilaría entre hostal y hotel de tres estrellas. Las habitaciones no disponían de baño y eran tan pequeñas que había que dejar parte del equipaje en el pasillo. Se le queja-

43. «El titular del Juzgado de Instrucción Número 10 de Madrid, Mariano Luján, consideró probada la participación del monarca en delitos de asociación ilícita, juego prohibido, malversación, estafa, prevaricación y falsedad. Así lo hizo constar en su informe elevado al Tribunal Supremo el 6 de diciembre de 1933» (Zavala, 2010, p. 16).

44. *Ibidem,* p. 262.

ron, claro, acostumbrados como estaban a los lujos del Palacio Real, pero el monarca se volvió gráficamente los bolsillos del revés y recomendó:

—Apretaos el cinturón. Estoy sin guita. ¡Soy un rey en paro!

Estaba en paro, ciertamente, pero como dijimos, tenía depositados en bancos extranjeros la guita equivalente a 16 millones de euros.

Alfonso XIII.

En los diez años que le restaban de vida, ya sin las interferencias del cargo, libre como los pájaros (incluso sin la presencia incordiante de una esposa enfadona),[45] el monarca español administró sus finanzas con juicioso desahogo y solo gastó en su persona unos tres millones de euros al año. No es una cifra excesiva cuando uno tiene que moverse con dignidad real por los hoteles y casinos más exclusivos.

No es este lugar para especificar sus gastos, pero diremos, por vía de ejemplo, que reservó una suite del hotel Le Meurice para recibir adecuadamente a sus citas galantes y que adquirió un automóvil Bugatti para su constante peregrinar de París a Roma, de Roma a la Riviera, de Montecarlo a Cannes. Sumemos a ello que el deporte ci-

45. Cesantes como reyes, ya no tenían que mantener la ficción matrimonial y se separaron. Victoria Eugenia puso en manos de abogados la reclamación de su dote y una pensión alimenticia que los tribunales cifraron en seis mil libras anuales.

negético es caro. Aguijado por su instinto de cazador, Alfonso XIII frecuentó los más exclusivos cotos de caza europeos, asiáticos y africanos en los escasos periodos vacacionales que le permitían los burdeles de París y los casinos de la Riviera.[46]

Aunque en ningún momento sucumbió a la tentación de dejarles algo a los herederos, lo cierto es que a Alfonso XIII le faltó vida para liquidar su patrimonio. A su muerte, prematura, a los cincuenta y seis años, aún le restaba un pico de 2.700 millones de pesetas de los que 1.250 millones (más de 7,8 millones de euros) correspondieron a su más directo heredero, don Juan, conde de Barcelona.[47]

46. No solo en la Riviera. En el casino Barrière de Deauville, Normandía, jugaba a *le chemin de fer*, con una apuesta mínima ochenta libras.

47. Zavala, 2010.

CAPÍTULO 11

El caso de los inversionistas en Marruecos

A finales del siglo XIX, en la euforia de la expansión industrial, todos los países de Europa dieron en formar imperios coloniales a costa del mundo subdesarrollado, especialmente África.

El objetivo era triple: obtener materias primas casi gratuitas, ganar mercados para los productos industriales e invertir la riqueza que se iba acumulando.

España, con el paso cambiado respecto a Europa, como casi siempre, perdió los restos de su Imperio colonial (Cuba y Filipinas) precisamente cuando sus vecinos construían los suyos. Al final, lo más parecido que había a un Imperio colonial era Marruecos, que, aparte de naranjas, dátiles y artesanía bereber, atesoraba una gran riqueza mineral, en cuya explotación se invirtió mucho capital español (y sangre española).

En 1908, un antiguo conocido nuestro, Eusebi Güell i Bacigalupi, casado con la hija del marqués de Comillas, se asoció con el conde de Romanones para fundar una sociedad anónima, la Compañía Española de Minas del Rif S. A. (CEMR), para la explotación de las ricas minas de hierro recientemente descubiertas en las montañas Uixán y Axara.[48]

48. La CEMR, constituida el 21 de julio de 1908 mediante escritura pública, reconocía un capital fundacional de seis millones de pesetas. En el primer consejo de administración encontramos a Manuel Villanueva y Gómez, presidente; el duque de las Torres, vicepresidente; Jerónimo Roiz de la Parra, secretario. Disimulado entre los vocales figuraba Güell.

El negocio prometía ser boyante, pero antes de emprenderlo había que realizar ciertas inversiones: untar convenientemente al sultán, dueño nominal del territorio, y tender un ferrocarril de vía estrecha (un metro, el ancho de una vagoneta) que permitiera sacar el mineral hasta su embarcadero, en el puerto de Melilla, distante treinta kilómetros.

Después de enconado regateo, el sultán recibió cuatrocientas mil pesetas en duros españoles de veinticinco gramos (o sea, dos mil kilos de plata acuñada que le transportaron en varias mulas).

—También quiero una participación del 20 % sobre los beneficios —exigió el moro—. Y ya me estáis dando doscientas cincuenta mil pesetas a cuenta de lo que me corresponda este año.

—Pero si la mina todavía no da beneficios —argumentaron—. Por ahora todo son gastos.

—Eso es cosa vuestra. Lo mío es cobrar. Alá es grande.

Un digno antecesor de Mohamed VI, hoy felizmente reinante en las noches de París y en Marruecos.

Tuvieron que aflojarle la cantidad requerida en dos plazos de ciento veinticinco mil pesetas.

La rapiña del comendador de los creyentes fue un problema menor. Las verdaderas complicaciones estaban por llegar.

La noticia de que los españoles iban a sacar hierro de sus montañas soliviantó a las cabilas de la zona, cuyos jefes también querían obtener tajada del negocio. En otoño de 1908 se rebelaron contra el sultán (al que derrocaron) y hostigaron a los trabajadores españoles que tendían el ferrocarril. La compañía negoció con los jefes cabileños y les prometió parte de las ganancias.

Con esa conformidad se reanudaron los trabajos, pero pocos días después, el 9 de julio de 1909, los cabileños atacaron a una cuadrilla de catorce trabajadores españoles que construían un puente para el ferrocarril, mataron a cuatro e hirieron gravemente a tres.

Henchidos de patriótica indignación, Güell y Romanones presionaron al presidente del Gobierno, el conservador Antonio Maura, para que enviara tropas que garantizaran la reanudación de su negocio. De la misma opinión era el general Marina, gobernador de Melilla, deseoso de castigar a los moros «desleales a la generosa nación española».

Cedió Maura y envió tropas a sofocar la revuelta.

En 1912, en virtud del Tratado de Fez, el sultán cedió a Francia la soberanía del sur de Marruecos en calidad de protectorado y el norte, más improductivo, a España.

—A España le ha tocado el hueso de la chuletilla marroquí —comentó el rey de Italia.

Los nacionalistas marroquíes protestaron por esa intromisión extranjera y soliviantaron contra el ocupante a las tribus rifeñas. Lo que había empezado como una rebelión cabileña sin mayor importancia fue complicándose hasta convertirse en una verdadera guerra que duró, con intermitencias, entre 1919 y 1926.

Moros del Rif.

La protección de los intereses de las compañías mineras (de cuyas acciones detraían buenos dividendos los bancos y muchos altos funcionarios del Gobierno) podía plantearse de dos maneras: por las buenas, sobornando a los jefes de las cabilas rifeñas, que es lo que proponían los políticos, o por las bravas, metiendo a los rebeldes en collera, como proponían los militares.

Debemos entender a las dos partes. Los financieros querían ganancias seguras sin meterse en líos; los militares anhelaban sacarse la espinita del descalabro de la guerra de Cuba, diez años antes, y recuperar el prestigio perdido. Esto lo veían fácil, pues se enfrentaban a un enemigo mal armado y poco numeroso (eso creían).

También, lógicamente, lo hacían por la codicia de ascender, de ganar medallas y estrellas. Franco y sus colegas africanistas son un buen ejemplo de esa variante de avaricia que alentaba a muchos militares españoles.

La corrupción generalizada fue una de las causas de que el Ejército español encajara tantos reveses. «Mandos corruptos se quedaron con parte del presupuesto asignado a carreteras, blocaos y fortines. En Larache, donde se movían unos 15 millones de pesetas anuales, se sustraían 3,6 con una media de trescientas mil pesetas al mes, una barbaridad, teniendo en cuenta que un capitán ganaba seiscientas pesetas al mes.

«Los conchabamientos con los suministradores eran escandalosos: facturas falsas por suministros que no se habían servido; comerciantes obligados a consignar el doble de lo que habían entregado.»[49]

En la guerra de Marruecos hubo «corrupción institucionalizada —apunta Ángel Viñas—. Los métodos no eran demasiado complicados. Uno muy frecuente consistía en desviar camiones de suministro para el Ejército cargados de aceite o de cualesquiera otros productos comestibles hacia hoteles o restaurantes en las desabastecidas capitales».[50]

Durante dos decenios, la avaricia de la minoría poderosa se alimentó con la sangre de los humildes, porque las fuerzas terrestres del Ejército colonial español eran, en su singularidad, una injusticia uniformada. La ley prescribía que todo español estaba obligado a servir a la patria, pero como el cupo de soldados anuales andaba en torno a los setenta mil y el servicio militar era de tres años, en realidad la

49. Ordóñez, 2014, p. 192.
50. Viñas, 2015, p. 331.

quinta anual necesaria para mantener esa cifra rondaba los treinta mil hombres.

El Ejército llamaba a filas a más de cien mil soldados cada año. Como existía la posibilidad de eximirse pagando una cuota (seis mil reales desde 1860), los hijos de las clases acomodadas se libraban del servicio. Solamente los hijos de la clase obrera que no podían pagar la cuota servían a la patria.

«Así pues, el Gobierno puede embolsarse bonitamente una suma de 12 a 15 millones de francos —denuncia Almirall, y añade—: El pobre ha de cubrir por fuerza y gratuitamente la plaza que el rico deja vacante [...]. Es la inmoralidad elevada al rango de institución. Para la constitución de nuestro Ejército no se ha seguido el sistema alemán, que se basa en el servicio general de instrucción militar obligatoria; ni el inglés, de voluntarios, ni el antiguo sistema de sorteo. Parece más bien que se haya hecho un revoltijo con los inconvenientes y las injusticias de todos los sistemas, y el resultado haya sido este Ejército, formado casi exclusivamente por la juventud más mísera de todo el país.»[51]

Mesa petitoria de tabaco para los soldados de Marruecos.

51. Almirall, 1972, pp. 121-126.

Mal que bien, la CEMR se mantuvo hasta su definitiva liquidación por la junta de accionistas el 16 de octubre de 1984.

El tiempo lo borra todo, hasta las coplas que se cantaban entonces en el campo andaluz:

Los obreros de la mina
están muriendo a montones
por sacar de la ruina
al conde de Romanones.

CAPÍTULO 12

El caso de la corrupción en la Segunda República

Un historiador tan poco sospechoso de simpatías republicanas como Ricardo de la Cierva reconoce que los políticos más importantes de la Segunda República «eran honrados a carta cabal tanto en su actuación pública como privada; eran honrados los políticos de la derecha, el centro y la izquierda, republicanos, monárquicos, socialistas, autonomistas vascos y catalanes. Con una excepción: una gran parte del Partido Republicano Radical presidido por Alejandro Lerroux, que ya desde el principio de siglo, cuando sus políticos ocupaban cargos municipales, se había distinguido por su corrupción descarada y [...] ahora se llevaba hasta la moqueta de los ministerios».[52]

Otra cosa es que los partidos aupados al poder colocaran en sinecuras a sus afiliados y clientes siguiendo la tradición del enchufe que se inicia desde la alternancia de la Restauración y perdura hasta nuestros democráticos días.[53]

Enchufe y subvenciones, como el lector no ignora.

¿Pudo el enchufismo lastrar a la República hasta el punto de hacerla zozobrar? Es la tesis de Félix de Azúa elaborada tras leer, con asombro y aprovechamiento, los *Diarios* de Azaña:

52. De la Cierva, 1992, p. 236.

53. «Con un éxito enorme, acaba de crearse una nueva palabra, *enchufismo*, que podrá causar muchos estragos morales. Para enchufarse, para tener no solamente un cargo sino dos, hay mucha gente» (Josep Pla, 1936).

Innumerables personajes con nombre de calle aparecen en estas páginas. Pero la figura sobreabundante, oceánica, es la del pedigüeño. El mendigo con polainas. El pordiosero de purpurina.

Es tan descomunal el monto de recomendaciones que aparecen, que renuncio a detallarlas. Ni siquiera citaré las auténticas, porque se mezclan todas en la memoria como el bramido del mar compuesto de infinitas olas. Llamo la atención sobre una erosión que acabó como el rosario de la aurora; acabó con el desgarramiento del tejido social. Y ello con la mejor voluntad del mundo.

Ya como ministro de la Guerra, Azaña consumía más del 80 % de su horario de despacho en atender solicitudes. Un coronel pedía la concesión de un estanco para su cuñada, un general codiciaba un rinconcito en abastos, un capitán general se interesaba por un puesto de lotería, un brigada se dolía de que le hubieran retirado el permiso de su quiosco de altramuces. Azaña, con el aplomo que confiere la diosa Razón, y sabiéndose hombre honesto, libre y benéfico, rechazó todas y cada una de las mendiguerías. Lo hizo sin altivez; su gesto fue ecuánime y neoclásico, como el de un personaje del pintor J.-L. David. Pero el lector se va diciendo por dentro: «¡Dios mío, hemos perdido la capitanía general de Zaragoza! ¡Cielos, nos hemos indispuesto con el Regimiento Zamora Número 25! ¡Solo faltaba esto, ya no podemos confiar en la zona del Estrecho!». Y así sucesivamente.

En dos años, Azaña ha acompañado hasta la puerta, con ánimo patriarcal y dándoles palmaditas de consuelo en la espalda, a Queipo, a Sanjurjo, a Cabanellas, a Franco, al otro Franco, a Goded, a Mola..., ¡yo qué sé! En esos dos años, el laborioso tejido de prebendas, enchufes, sinecuras y chollos, trabajosamente urdido desde nuestro imponderable Fernando VII, se ha venido abajo, y los patriotas miran asustados a su alrededor, mientras se palpan el bolsillo.

No solo eso. Ahora acude el señor arzobispo de Sigüenza; luego, el cardenal primado; más tarde, el abad de Silos... Uno pregunta por esas tasas que oprimen la confección de rosquillas, inocente industria de unas monjitas de Valladolid; el otro se interesa por unos terrenitos expropiados en su diócesis; todos especulan con las propiedades de los jesuitas, cuyo trance es apurado. Y el lector va reflexionando: «Ahora se nos cae encima la orden general de los jesuitas, pues estará bueno el nuncio; se va a cabrear la superiora de las clarisas». Y así, sucesivamente.

¡Pero si solo fuera eso! En el interior del propio Gobierno republicano el tráfico es denso. Los radicales advierten que no se le toquen fincas a Romanones; el financiero balear señor March llena bolsillos de diputados por la derecha, por la izquierda y por el centro; Companys trae facturas hasta en los zapatos; los vascos, no digamos; y el mismísimo presidente, Niceto Alcalá-Zamora, coloca a un sobrinito, empuja a un lejano pariente, exige, implora, pordiosea... Aquello era un zoco. Y mientras tanto, el Estado se iba a pique. En plena guerra, con las diversas patrias patas arriba, la CNT no actuará de distinta manera. A todo lo largo del *Diario* de Azaña se advierte que en este tremendo país (¿en aquel tremendo país?) la urgencia de un estanquero o de una vigilanta de mingitorio público debía resolverse antes que nada. Su prioridad era absoluta. Les iba en ello la vida.

Yo no sé si, pasados cincuenta años, ha desaparecido ya aquella tela de araña espesa, asfixiante, o bien si el uso arcaico de la protección ha sufrido por fin su última convulsión. Lo cierto es que, por el momento, una cierta mayoría parece satisfecha con lo que ha arramblado. Esta sería una constatación estupenda. Tras mi lectura histórica, yo le rezo mucho a san Mateo, que era de la tribu de Leví e inspector del fisco, por lo que tiene muy buena mano en el comercio, para que el Gobierno conceda quioscos, urinarios, loterías, exclusivas, traspasos, exenciones y toda suerte de favores, y aun de favoritismos. Es el único modo de mantener nuestro patriotismo. En realidad, ese es nuestro verdadero patriotismo.[54]

En 1931 el abogado y publicista Joaquín del Moral y Pérez Aloe denunció las cantidades percibidas por las minorías del Gobierno: el Partido Republicano Radical (PRR), el Partido Socialista Obrero Español (PSOE), el Partido Radical Socialista (PRS), Acción Republi-

54. Azúa, 1986.

Don Manuel Azaña.

cana (AR) y Esquerra Republicana de Catalunya (ERC) se repartían 24 millones de pesetas (unos 41 millones de euros actuales).[55] En otras instancias se denunciaba que los gastos del Gobierno habían aumentado más de 1.000 millones de pesetas con el cambio de régimen.

En la época de Alfonso XIII solo había en Madrid 58 coches oficiales. Con la República, este número aumentó a 741, que gastaban unos 3.000 litros diarios de gasolina. Solo en coches oficiales se habían invertido 11.295.000 pesetas.[56]

En palabras de Julio Camba: «Una cosa es tener automóvil cuando se es, por ejemplo, ministro, y otra cosa es hacerse ministro para tener un automóvil. El automóvil de los ministros no puede ni debe ser nada más que un instrumento de trabajo y, si en rigor, es admisible el que, dentro de un régimen cualquiera, se haga ministro a un

55. Conferencia de Joaquín del Moral titulada «Inmoralidad política», impartida el 5 de octubre de 1931 en el Ateneo de Madrid. Dos años después la amplió y recogió en el libro *Oligarquía y enchufismo*, 1933.

56. Treinta y un Chrysler salieron por 950.000 pesetas. Ocho de ellos eran del modelo Imperial, con motor de ocho cilindros y radio incorporada, a 70.000 pesetas (120.000 euros) la unidad.

señor cuyo programa político se reduce a pasear a la familia dentro del coche oficial, la cosa, en cambio, resulta inadmisible de todo punto cuando para hacer ministro al señor en cuestión ha habido necesidad de transformar por completo los fundamentos del Estado [...]. Está muy bien, en fin, que los servicios públicos se retribuyan con holgura; pero si se hace una revolución para encargarse de los servicios públicos y luego resulta que al encargarse de estos servicios públicos no se perseguía otra finalidad más que la de retribuirlos con holgura, la cosa varía».[57]

57. Camba, 2006, p. 137.

CAPÍTULO 13

El caso de don Juan March

Juan March Ordinas era hijo de un tratante de cerdos de estos que no han pisado en su vida un banco, pero guardan en la faltriquera un fajo de billetes atado con una goma. Lo apodaban En Verga (la vara del porquero).[58]

El padre quiso que el chico cursara estudios de comercio y lo metió en los franciscanos de Pont d'Inca. El rapaz demostró que tenía una calculadora en la cabeza, con un don innato para los números, pero todo lo demás, incluida la disciplina escolar, no le interesaba. En el internado comenzó a hacer dinero vendiendo a sus compañeros caladas de cigarrillo a cinco céntimos.

Cuando lo expulsaron del colegio, el joven March dio por concluidos sus estudios, ingresó en el negocio familiar y orientó su actividad al comercio de cerdos y al préstamo de dinero a interés, un rudimento de banca que entonces se estilaba en medios rurales, como vimos en Almirall.

En 1905 contrajo matrimonio (de interés, por aumentar la hacienda), con Leonor Servera, hija de otro rico comerciante mallor-

58. Seguiré en este capítulo la detallada biografía del banquero escrita por Pere Ferrer, 2010, tan detallada que uno encuentra precisiones como las circunstancias en que nació el famoso biografiado: «La criatura no tardó en abrirse paso a través de la vagina dilatada de una madre que empujaba con fuerza» (p. 13), o «El fuego de la pasión le hacía hervir la sangre que fluía en abundancia al miembro viril para que adoptara su máximo tamaño» (p. 27). Gracias, Pere. Como lector siempre agradezco que no me den nada por sabido.

quín. No fue un matrimonio feliz. En realidad, para Juan March la única felicidad residía en hacer dinero. La esposa acabó enredándose con el socio de su esposo, Rafel Garau, «más galante, joven y guapo que March»,[59] que moriría no tan misteriosamente asesinado años después. Andando el tiempo, la señora se hizo devota y protectora de los franciscanos.

Muchos pueblecitos costeros de Mallorca complementaban los ingresos de la pesca con el contrabando de tabaco, a escala artesanal, lo que no los sacaba de pobres.

—Yo no voy a miserear como estos —se dijo Juan March, y se hizo contrabandista a escala industrial: compró una fábrica de tabaco en Argelia (1906) y consiguió el monopolio de la Compañía Internacional de Tabacos de Marruecos, que abarcaba los protectorados francés y español (1911). No contento con ello, construyó una flotilla de barcos de pequeño calado que iban y venían del Magreb a las costas levantinas, con los que contrabandeaba buena parte del tabaco consumido en España.

Siempre minucioso en la teneduría de sus libros, March anotaba puntualmente en la cuenta de los gastos los sobornos entregados a los carabineros que vigilaban la costa: «Pagos sargento, ciento cincuenta pesetas; pagos a carabineros del 2.º destacamento, quinientas cuarenta pesetas».

La Primera Guerra Mundial permitió al banquero y traficante realizar fabulosos negocios trapicheando con tabaco, gasolina y otros suministros de interés militar. Los alemanes lo sobornaron para que vendiera armas a los moros rebelados contra sus colonizadores franceses. En estos enredos, March se mostró especialmente astuto porque, al propio tiempo, debía estar a bien con los franceses, que, de otro modo, podían perjudicarle su otra fuente de ingresos, la Compañía Isleña Marítima, que explotaba por concesión estatal las líneas entre las Baleares, la península, Marsella y Argelia.

59. Ferrer, 2010, p. 32.

También aseguran, pero la verdad solo Dios la conoce, que muchos de los flamantes fusiles Mauser 98 y millones de cartuchos (7,92 × 57) suministrados por nuestro traficante a los moros abastecieron al rebelde Abd el-Krim en su guerra contra los españoles.

Como no se fiaba de los moros (y hacía bien, porque a veces se quedaban con las armas y degollaban a los traficantes), March había impuesto un *modus operandi* que recuerda el de las familias mafiosas. Sus barcos echaban el ancla a prudente distancia de la costa para que los negociadores moros se acercaran en una patera. Hecho el trato, los moros recibían los fusiles desprovistos de cerrojo y solo cuando habían satisfecho el pago de la mercancía (que March exigía en oro, porque no se fiaba del papel moneda) recibían los cerrojos.

A lo largo de la guerra, los ingleses reunieron sobradas pruebas de que March estaba aprovisionando de fuel y víveres a los submarinos alemanes y austriacos que operaban en el Mediterráneo occidental. El transbordo solía hacerse de noche al amparo de la isla de Cabrera o en las Columbretes, a treinta millas del cabo Oropesa, en la costa de Castellón. El Almirantazgo, regido entonces por el joven Winston Churchill, comenzó a internar barcos de March en Gibraltar.

Temeroso de que los ingleses le hundieran el contrabando, el joven zorro se avino a colaborar con ellos en la localización de submarinos alemanes. Así lo hizo, sin por ello dejar de hacer negocio con los viejos clientes. Incapaz de jugar limpio, «suministró fuel a los submarinos alemanes, fletó barcos con suministros para los aliados y después indicaba la ruta a los alemanes para facilitar los hundimientos».[60]

¿Por qué consentían los británicos esas trapacerías? Desde luego no por sentimentalismo (nadie mejor que ellos comprende a los piratas, un oficio que llevan en la sangre), sino por cálculo: «A pesar de las informaciones que ponían de manifiesto que March seguía trabajando para los alemanes, los británicos consideraron que la infor-

60. Jellinek, 1977, p. 65; citado por Ferrer, 2010, p. 64.

mación que les transmitía era tan valiosa que compensaba las más que probables deslealtades del pirata».[61]

Terminada la Gran Guerra, March prosiguió con sus actividades usuales, unas legales y otras no tanto. En realidad, casi todas no tanto, por eso Francesc Cambó lo llamaba «el último pirata del Mediterráneo».

March, siempre práctico, sobornaba generosamente tanto a los diputados y ministros de Alfonso XIII como a los humildes carabineros que vigilaban las costas. De esta manera llegó a controlar las redes de contrabando desde Marruecos y Argelia hasta Mallorca y Levante. Además de los sobornos se ganaba la buena voluntad del Gobierno con donaciones patrióticas para las campañas contra el cáncer que amadrinaba la reina o con inversiones estratégicas en torno a Tánger que convenían a los intereses de España. Estas últimas le valieron la recompensa del monopolio de tabaco y grifa de Ceuta y Melilla.[62]

El 14 de abril de 1931 se proclamó la República, lo que provocó una notable fuga de capitales hacia bancos extranjeros. Quince días después, la policía detuvo a March cuando intentaba pasar a Francia. Liberado a las pocas horas, regresó a Madrid y recurrió a los buenos oficios del doctor Marañón y de Alejandro Lerroux, jefe del PRR, para eludir una nueva detención que barruntaba próxima.

«O la República somete a March o March someterá a la República», advirtió solemnemente Jaime Carner, ministro de Hacienda del segundo Gobierno de Manuel Azaña.

Fue como una declaración de guerra. La Comisión de Responsabilidades movió cielo y tierra buscando pruebas inculpatorias. March, muy en su línea, intentó sobornar al presidente de la subcomisión, Simó i Bofarull, pero este rechazó indignado la propuesta. Aquí topamos nuevamente con el vicio nacional de la avaricia. Al parecer, lo que March ofrecía a través del diputado Emiliano Iglesias, notorio

61. Ferrer, 2010, p. 62.
62. Genovès, 2003.

corrupto, eran doscientas mil pesetas, pero el diputado Iglesias solo tentó a Bofarull con veinticinco mil (el resto se lo iba a quedar él en concepto de comisión). No funcionó.[63]

¿Hubiera funcionado si la cifra hubiesen sido doscientos mil? Eso solo Dios lo sabe. En cualquier caso, March solía decir: «Todo hombre tiene un precio y si no lo tiene es que no lo vale».

Finalmente, la República procesó a March por contrabando y colaboración con la dictadura, en un procedimiento repleto de irregularidades (Azorín lo llamaría «mártir de la opresión»).[64] Condenado a prisión preventiva mientras se esclarecía el caso, March ingresó en la cárcel Modelo de Madrid en junio de 1932.

No lo trataron como a un preso común. Los empleados de prisiones, mal pagados, como todos los funcionarios, se desvivían por hacer la vida agradable al ilustre preso del que esperaban recibir algún sustancioso agradecimiento. Su celda era, en realidad, un apartamento con dormitorio y despacho. La comida se la traían de fuera, la celda se la arreglaban otros presos, que incluso le hacían la cama.

«Por su prisión desfilan diariamente diversos personajes [...] y algunas señoras; en el cuarto hay radiador; sobre una mesa un termo, botellas de licores, copas, vasos y botes de bicarbonato [...], la cama es grande y con dos colchones de lana.»[65] Tal parece que estaba bien instalado y que su prisión incluía derecho a vis a vis diario, con una variedad de mujeres, entre ellas su amante fija, Matilde Reig (se había prendado de ella tiempo atrás, cuando la vio bailar en *déshabillé* en el cabaret teatro Apolo del Paralelo barcelonés).[66]

63. Es lo que cuenta Azaña, 2007, vol. III, p. 809. Lerroux se tenía muy calado a su correligionario Iglesias. «Se inflamaba fácilmente, pero la lontananza del peligro lo apagaba. Afrontaba todos los peligros cuando lo impulsaba la codicia» (Lerroux, 1963, p. 647).

64. «Las consecuencias de una elección sin importancia», *El Día*, 10 de septiembre de 1933.

65. Giménez Caballero, 1975, pp. 352-353.

66. En realidad la primera amante fue la hermana mayor de Conchita, pero cuando ella murió prematuramente la sucedió Conchita, que era igualmente des-

March había apelado al Tribunal de Garantías Constitucionales en espera de obtener justicia, pero su proceso estaba tan politizado que al final desistió de obtener la libertad por la vía legal y recurrió a la otra, o sea, a la fuga. Lo habían trasladado a la cárcel de Alcalá de Henares, en la que se granjeó las simpatías de los presos, especialmente de los miembros de la Federación Anarquista Ibérica (FAI) a los que pagaba fianzas y hacía préstamos (de los que, fiel a las formas, guardaba el recibo correspondiente).

El 3 de noviembre de 1933, a las diez de la noche, la prisión sosegada, los reclusos durmiendo y los funcionarios vigilando y haciendo sus turnos como cualquier día, el ilustre preso abandonó el edificio por la puerta principal, como un señor. En la acera de enfrente aguardaban tres coches, un Rolls-Royce, un Ford y un Chrysler, todos propiedad del millonario. El Rolls tenía el motor en marcha y un chófer uniformado al volante. Un guardaespaldas le abrió la puerta. March intercambió un breve saludo con Raimundo Bruguera, su hombre de confianza. Cuando se hubo acomodado, el automóvil emprendió la marcha, escoltado por los otros en los que viajaban dos pistoleros de la FAI que hacían de guardaespaldas.

La expedición enfiló la carretera de Andalucía, atravesó Despeñaperros cuando empezaba a clarear el día y llegó a la finca La Laguna, cercana a Baeza, propiedad del banquero. Sin detenerse más que para estirar las piernas y desayunar mientras los autos repostaban, March y sus acompañantes prosiguieron hacia Málaga, Algeciras y finalmente Gibraltar, donde se alojaron en el hotel Rock. March descansó unas horas antes de convocar una rueda de prensa para explicar que huía de las arbitrariedades de la justicia republicana.

—¿Cómo fue la fuga?—le preguntó un periodista.

—Hablé con el jefe del servicio de la cárcel, señor Arnaiz, en el cual yo había observado un temperamento rebelde a toda injusticia y lo convencí de que si no me marchaba moriría allí. Mandamos al

---

pampanante y acompañó al millonario treinta años, hasta su muerte. Conchita le preparó la fuga de la prisión en connivencia con el servicio secreto británico.

guardia de la puerta a por tabaco y salí completamente solo. En la calle me encontré con el oficial Vargas, que estaba libre de servicio. Le dije lo que me había pasado y al ver que no podía andar (a causa del reuma) me acompañó hasta el coche que me esperaba a quinientos metros de allí...[67]

Al día siguiente, con nombre supuesto, March embarcó con destino a Marsella y de allí fue a París, donde convocó otra rueda de prensa con presencia de corresponsales internacionales ante los que leyó un comunicado:

> Acuso colectivamente a los que en 1930 vinieron a pedirme dos millones de pesetas para hacer la revolución. «La República —me dijeron— le devolverá un millón por cada peseta.» Acuso a cuantos me persiguieron, prevaricando a sabiendas, a los que a mi costa falsificaron documentos, a los que cometieron en la tramitación del proceso todos los delitos que es dable cometer en un procedimiento judicial. Colectivamente acuso de prevaricaciones a los ministros del Gobierno Azaña, y de un modo concreto e individual, a los señores Carner, Prieto y Domingo. Pero no solo de prevaricaciones, sino de otros delitos que revisten figura penal. No me refiero, claro está, a los auxilios morales y materiales que algunos de aquellos señores hayan recabado y obtenido de mí, antes de llegar al Gobierno. A los quince días de estar recluido en la cárcel de Madrid, unos amigos o asociados del señor Carner, que a la sazón era ministro de Hacienda, los señores Viellas, comisionaron un estudio relativo a mis negocios en Marruecos, y, al mismo tiempo, el referido ministro y otros elementos del Gobierno gestionaban «oficialmente», cerca de la Société Internationale des Tabacs au Maroc, la rescisión de mi contrato, con el propósito manifiesto y probado de adju-

67. Ferrer, 2010, p. 327. Al oficial de guardia Eugenio Vargas y a su mujer María Irigaray los expulsaron del cuerpo de funcionarios de Instituciones Penitenciarias. El matrimonio estuvo pensionado por March hasta que en 1940 Franco lo rehabilitó y nombró a María directora de la prisión de las Ventas y a Eugenio administrador de la misma.

dicarlo a sus amigos, y previa oferta a la sociedad de que esta entidad sería indemnizada cumplidamente. Como ya el director de la sociedad y el consejero español marqués de Caviedes objetaron al señor Carner la imposibilidad de ejecutar la operación sin mi asentimiento, puesto que yo era una de las partes contratantes, el ministro arguyó en su despacho oficial: «No se preocupen ustedes, March pasará en la cárcel el resto de su vida».[68]

No permaneció ocioso Juan March en París. Dispuesto a acabar con la República movió resortes bancarios y provocó una depreciación de la peseta. Después preparó su regreso como aforado y se presentó como candidato del Partido Republicano de Centro (PRC), creación suya. En las elecciones de 1934 salió investido como diputado por Mallorca.

Regreso triunfal. El jefe de Gobierno era su amigo Lerroux y su aliado Santiago Alba presidía las Cortes.

El diputado Juan March participaba en una tertulia del hotel Palace (frente a las Cortes) de la que eran asiduos el doctor Marañón, Camba, Azorín, Pemán, Pla y el conde de Romanones. De vez en cuando se le acercaba un secretario, le comunicaba alguna noticia referida a sus negocios, que él meditaba un poco, como ensimismado, antes de emitir las órdenes oportunas. A veces, el secretario le indicaba la llegada de alguna dama de su interés (siempre ejemplares físicamente óptimos) y él la examinaba de lejos antes de excusarse ante sus tertulianos y subir con ella a su suite, de la que descendía al cabo de media hora, evacuadas ya las consultas.

La radicalización de la política en los años siguientes acercó a March a las derechas que propugnaban una intervención armada. En 1936 se sintió inseguro ante el triunfo del Frente Popular y se exilió en Biarritz, desde donde colaboró eficazmente en la financiación del golpe de Estado que condujo a la Guerra Civil, primero sufragando el alquiler del avión Dragon Rapide, que trasladaría a

68. Arrarás Iribarren, 1933, pp. 469 y ss.

Franco de las Canarias a Marruecos; después, pidiendo a su amigo Torkild Rieber, dirigente de la compañía Texaco, que los cinco petroleros que en aquel momento se dirigían a España con cargas contratadas por Campsa atracaran en puertos rebeldes. Algunos directivos de la compañía objetaron sobre la solvencia de los rebeldes, pero Rieber los tranquilizó: *«Don't worry about payment»* («No se preocupen del pago»).

Con dinero de March se financió el alzamiento en los comienzos y se pagaron los cazas italianos que malograron el desembarco republicano en Mallorca. March se transformó en el banquero del bando insurgente que allanaba cuantos escollos pudieran amenazar la consolidación de los golpistas. Con un aval de March, la banca de Londres concedió a Franco un crédito de tres millones de dólares.

Acabada la guerra, Franco recompensó a March como solía: dejándole hacer negocios.[69] March constituyó en Londres la Juan March and Company Ltd., un pulpo financiero de muchos tentáculos: banco, sociedad de importación-exportación, naviera, aseguradora, agencia de cambio y bolsa.

La Segunda Guerra Mundial permitió nuevamente a March vender fuel a los submarinos alemanes, espiar para los ingleses e intermediar en los sobornos de Churchill a un grupo de generales españoles (episodio que explicamos en capítulo aparte). Con Francia invadida, el millonario había cambiado su residencia a la tranquila Estoril. Pasada la guerra, se mudó a la neutral y bancaria Ginebra.

Recelando de la estabilidad de la moneda tras los avatares de la guerra, March solo admitía pagos en oro que depositaba en el Banco de Londres. En 1954 aprovechó un alza de los precios del oro para desprenderse de las siete toneladas y cuatrocientos kilos de oro de veinticuatro quilates que había acumulado desde la guerra. Un ne-

69. Durante el franquismo estuvo prohibido el libro del periodista Manuel Benavides, *El último pirata del Mediterráneo*, una biografía novelada de March que al propio tiempo desvelaba las trapacerías del partido de Lerroux. Véase Benavides, 1976.

gocio fabuloso del astuto financiero mallorquín que, desde luego, lo convierte en uno de los vencedores de la Segunda Guerra Mundial.

El último gran negocio, y algo opaco, de Juan March fue la adquisición en 1948 a un precio irrisorio (medio millón de libras esterlinas) de la compañía eléctrica Barcelona Traction (conocida como La Canadiense), que abarcaba también los tranvías y ferrocarriles de Barcelona. El valor real de la compañía se estimaba en diez millones de libras.

El 25 de febrero de 1962 Juan March había cumplido ochenta y dos años y, aunque aquejado de algunos males propios de la edad, gozaba de razonable salud. Ese día se dirigía a un despacho de abogados para firmar unas escrituras cuando un coche que venía en dirección contraria invadió su lado de la calzada y colisionó con su Cadillac. Juan March murió quince días después sin haberse recobrado de las heridas.

Intuyendo próxima la muerte, se confesó con el padre Félix García. «Ahora acabo de hacer el mejor negocio de mi vida», declaró el agustino que dijo March. Pongamos esas palabras en cuarentena, porque aparte de que Juan March era poco creyente, o nada, el taimado padre García se envanecía de su capacidad de convertir a moribundos importantes alejados de la Iglesia. Eso hizo, por ejemplo, en el caso del notorio ateo Ortega y Gasset, cuya conversión en el lecho de muerte fue muy jaleada por la prensa nacionalcatólica.[70]

70. «De nada valió que los hijos, indignados, escribieran una réplica en la que denunciaban que todo eso no era otra cosa que una invención del inmundo padre Félix García. No la publicó nadie y siguió repitiéndose durante muchos años el definitivo gesto de Ortega y Gasset besando el crucifijo en su lecho de muerte. El desvergonzado padre Félix sonreía beatíficamente cuando le pedían que contara cómo fue tal prodigio de la fe: "No puedo, no puedo", decía, como si se tratara de un secreto de confesión» (Morán, 1988, p. 519). Por su parte, Luis María Anson escribe: «Su hijo Miguel impidió que el P. Félix García consumara el paripé de una conversión del filósofo en el lecho de muerte» (Anson, 2006). Eduardo Ortega y Gasset, hermano del filósofo, explicó «cómo repudiaba su hermano las conversio-

No sabemos si don Juan March Ordinas estará en el cielo. Lo que es indudable es que es el santo patrón de los banqueros y hombres de negocios que sueñan con pelotazos financieros como los que él daba.

Y a menudo los dan, porque no siempre cualquier tiempo pasado fue mejor.

Juan March.

---

nes de penúltima hora, obnubilada la razón de los moribundos, en las que siempre fue maestra la Compañía de Jesús» (Rojas, 2000, p. 276).

CAPÍTULO 14

El caso del *straperlo*

Estraperlo. Esta horrenda palabra, que hoy ha quedado incrustada en el castellano como sinónimo de mercado negro y asunto turbio, es fruto del acoplamiento de los apellidos de un tal Daniel Strauss, holandés, empresario de juegos de azar en Niza; de Perlowitz, su socio capitalista, y de Lowann (esposa de Strauss).

Estos individuos habían ideado un juego parecido a la ruleta, pero que admitía cierto cálculo de probabilidades por parte del usuario, un subterfugio para soslayar la prohibición que pesaba sobre los juegos de azar tanto en España como en casi todo el resto de Europa.

¿En qué consistía el *straperlo*? La bolita pasaba por un número, al azar, y el jugador mediante rápido cálculo podía prever en qué número iba a detenerse.[71] Eso era para abrir boca, porque cuando el personal se caldeaba y las apuestas alcanzaban cifras respetables, los cálculos fallaban, y el apostador perdía hasta el último céntimo.

Lo han adivinado: un juego con estafa incorporada.

71. Una descripción del funcionamiento en la prensa de la época: «Figúrense una ruleta con el disco fijo. En torno al plato, un canal metálico, por donde sale disparada la bola desde un pequeño cañón, con muelle, disparado eléctricamente. El canal imprime a la bola un movimiento de rotación; esta pasa al plato y sigue su carrera. Cuatro puentes interceptan su paso y detienen paulatinamente su impulso. Según el número de puentes salvados antes de caer la bola en el punto, hay que hacer el cálculo de la jugada siguiente» (Areneros, 2013).

Corría el año 1934. La maquinita ya había funcionado en tres casinos de Holanda durante seis meses e iba camino de convertirse en la ruina favorita de los ludópatas cuando el Gobierno la prohibió.

Strauss decidió entonces probar fortuna en España, aprovechando que hablaba el idioma (había vivido unos años en México), y se trasladó a Barcelona en compañía de su socio Perlowitz y de un séquito de famosos que promocionarían la ruleta: el boxeador Max Schmeling, su despampanante esposa, la actriz Anny Ondra, y la *vedette* mexicana Margarita del Castillo, amante de Strauss.[72]

Strauss compareció ante la prensa como un emprendedor empresario que venía a promocionar el turismo de la Costa Brava al tiempo que vendía su famosa ruleta.

—Haremos una presentación a lo grande —anunció—. Una velada de boxeo que enfrente a Paulino Uzcudun, campeón de Europa de los pesos pesados, con Max Schmeling, el aspirante al Campeonato del Mundo.

Antes del enfrentamiento, Strauss celebró una fiesta de sociedad en el lujoso hotel Terramar de Sitges a la que prometieron asistir el presidente de la Generalitat, Lluís Companys, y el alcalde de Barcelona, Pi i Sunyer. En el salón principal se había instalado la famosa ruleta para realizar una demostración ante las autoridades.

Chasco. A última hora las autoridades declinaron la invitación. Una garganta profunda les había advertido de las andanzas de Strauss en México y Holanda, y de los trucos de su ruleta estafadora.

—Bien. En Barcelona hemos pinchado en hueso —piensa Strauss—. Probemos ahora en Madrid, pero ya sin disimulos, repartiendo mordidas entre la gente del Gobierno.

72. Max Schmeling, campeón del mundo en 1930, venció al famoso boxeador negro Joe Louis por KO en 1936, pero sucumbió ante el negrazo en la revancha celebrada en 1938, lo que Hitler tomó como una humillación personal. Alemania volvió entonces la espalda al ídolo caído que había dejado de representar la superioridad de la raza germánica.

En Barcelona, Strauss había conocido al líder regional del PRR de Lerroux, Joan Pich i Pon. Se trasladó con él a Madrid (Paulino Uzcudun al volante, en calidad de chófer y guardaespaldas) para conocer a Aurelio Lerroux, sobrino y ahijado de Alejandro Lerroux, presidente del Gobierno.

Strauss prometió a sus nuevos amigos participaciones en el negocio si le facilitaban los permisos para legalizarlo. La mitad de los beneficios serían para Strauss y Perlowitz, la otra mitad para Aurelio Lerroux y Pich i Pon. No faltarían gratificaciones de diversa cuantía para Uzcudun, para el periodista Santiago Vinardell, y para los funcionarios y políticos que intervinieran en la tramitación de los permisos.[73] Además, Strauss entregó al joven Aurelio Lerroux dos relojes de oro, uno para su padre y otro para el ministro de la Gobernación.

Eduardo Benzo (el de las cincuenta mil pesetas) emitió un informe favorable desde la Subsecretaría de Gobernación. Faltaba la conformidad del Consejo de Ministros, pero Benzo dio el oso por cazado y le comunicó a Strauss que tenían vía libre.

Strauss no perdió el tiempo. El 12 de septiembre, el casino de San Sebastián abrió sus puertas para que su distinguida clientela pudiera arriesgar los cuartos en las dos ruletas del señor Strauss. El ministro de la Gobernación, Salazar Alonso, se puso como Dios en el Sinaí:

—¿Cuándo he dado permiso para que funcionen esas ruletas?

Y telefoneó al gobernador civil de Guipúzcoa para ordenarle la clausura inmediata del casino.

Strauss no lo entendía: «¿Es que el ministro de la Gobernación no ha recibido su sobre o es que quiere más?».

73. Los sobornos se distribuyen de la siguiente manera: cuatrocientas mil pesetas para Sigfrido Blasco-Ibáñez, líder del Partido de Unión Republicana Autonomista, que conseguirá el plácet del presidente del Gobierno Ricardo Samper; cien mil pesetas al ministro de Gobernación, Salazar Alonso; cincuenta mil al subsecretario Eduardo Benzo; cincuenta mil al director general de Seguridad, José Valdivia.

Se divulgó que mediaban sobornos. La oposición aprovechó la circunstancia para armar un escándalo que amenazaba con derribar al Gobierno. Se sucedieron unos reajustes ministeriales: el 4 de octubre, Salazar Alonso dejó la cartera de Gobernación. Lo sustituía Eloy Vaquero.

Strauss se trasladó con sus ruletas al casino de Pollensa, pero Gil-Robles, líder de la Confederación Española de Derechas Autónomas (CEDA), consiguió que las autoridades lo cerraran diez días después.

—¿Cuántos sobres tendré que repartir todavía para que estos políticos mangantes se den por satisfechos? —se preguntaba Strauss—. Anda y que les den.

Tiró la toalla, abandonó España y se fue con la música a otra parte.

Parecía que todo quedaba así. Discurrieron los meses invernales con sus lluvias y sus heladas, y al llegar la primavera, cuando se hinchan en celo las avutardas macho, don Alejandro Lerroux recibió una carta de Strauss en su presidencia del Gobierno. El empresario se lamentaba del fracaso de su sociedad en España y le solicitaba una compensación razonable por las pérdidas.

Lerroux arrojó la carta a la papelera.

Dos semanas después, Strauss insistió en una segunda misiva, más explícita, que cosechó los mismos negativos resultados. Entonces, el estafador fue con el cuento a don Manuel Azaña, el más encarnizado enemigo de Lerroux, y le contó que el líder del PRR no quería compensarlo después de haber aceptado recibir el 25 % de los beneficios de su ruleta.

Azaña le comunicó el asunto a Alcalá-Zamora y al líder socialista Prieto, con el que estaba a partir un piñón.

El escándalo de los sobornos, hábilmente jaleado por los enemigos de Lerroux, se debatió en las Cortes, con intervención del fiscal del Estado. El dictamen de la comisión nombrada al efecto señaló «actuaciones que no se ajustaron a la austeridad y a la ética que en la gestión de los negocios públicos se suponen».

El 28 de octubre de 1935 la comisión de las Cortes, formada por miembros del PRR, votó la culpabilidad de los acusados;[74] Alejandro Lerroux dimitió al día siguiente.

El escándalo del *straperlo* hundió al PRR, expulsó de la política a su jefe y desprestigió a la República.

Comparado con la corrupción de la que hoy disfrutamos, lo de la ruleta de Strauss resulta casi ridículo. Hemos relativizado tanto la decencia y la honradez que todo parece menos grave.

Como nadie está libre de tropezar en la misma piedra, estuvimos a punto de repetirlo con lo de Eurovegas, pero al final ese negocio también se torció. Se conoce que los sobres no circularon con la necesaria asiduidad.

74. Emiliano Iglesias, Joan Pich i Pon, Sigfrido Blasco-Ibáñez, Aurelio Lerroux y Eduardo Benzo.

CAPÍTULO 15

El caso de la codicia en el río revuelto de la Guerra Civil

Decía el sabio proverbio: «Cuando un pobre come jamón, o está malo el jamón o está malo el pobre».

Ninguna etapa de nuestra historia reciente manifestó con tanta crudeza la avaricia como la Guerra Civil. En la revolución social que siguió al golpe militar, los pobres asaltaron las despensas de los ricos, les requisaron los jamones (y todo lo demás que encontraron) y, por fin, comieron jamón.[75]

No hubo jamón curado para todos, claro, pero confiscaron los cerdos del campo y adelantaron la fecha de la matanza (recordemos que todo empezó en julio) en lugar de aguardar a hacerlo por San Antón (entre noviembre y diciembre), como era tradicional. El resultado fue que esas matanzas se malograron y los desencantados matanceros tuvieron que tirar al arroyo los jamones, los lomos, los chorizos, las morcillas y las ilusiones.

La avaricia que se enseñoreó del pobre malogró los jamones, pero el resto de los productos del saqueo fueron perfectamente aprovechables. El escritor Agustín de Foxá comunicaba por carta a su her-

75. O sea, se sacaron la espinita de la que habla José Luis de Vilallonga: «Todavía recuerdo el día en que, un poco antes de la guerra, mi abuela dijo de pronto: "Siento un infinito desprecio hacia los pobres". Y como todo el mundo se quedó con la boca abierta, explicó: "Sí, porque, ¿cuántos son ellos? Millones. Y los ricos ¿cuántos somos? Muy pocos. Pero aquí estamos desde hace siglos sin que a nadie se le ocurra hacernos nada"» (Vilallonga, 2001, p. 354).

mano Jaime las últimas desventuras familiares: «Hace veinte días una radio comunista se incautó de nuestra casa de Atocha. Llevaron a Bellas Artes las joyas de mamá y armaron una gran juerga emborrachándose con el vino de Lanciego. Subieron unas putitas a las que vistieron con los trajes de noche de mamá. Uno de ellos se puso mi uniforme de diplomático y bailó con él. Luego se acostaron con ellas en nuestras camas. Aún siguen allí».[76]

Las milicianas, que siempre lo habían llevado al aire, se pusieron las bragas de las señoras; los hijos del pueblo, acostumbrados a colchones de farfolla de maíz o de borra, durmieron en camas doseladas, colchones de muelles o de mullida lana, sábanas de Holanda, en fin, el despiporre.

En las grandes ciudades y en los pueblos, al socaire de la revolución, saquearon las casas de los derechistas que, en vista del cariz que tomaban los acontecimientos, habían puesto pies en polvorosa. Se arrojaban muebles de época por los balcones para quemarlos en medio de la calle, se requisaban víveres y objetos en nombre de la libertad.

Los distintos comités de milicias o sindicatos ocupaban los palacios, las iglesias y las residencias de los barrios lujosos. Neoconductores afanosos circulaban sin carnet en automóviles confiscados creando un caos circulatorio en el que no faltaban las camionetas cargadas de lujosos enseres, cuadros, sillas rococó, sartenes, vajillas, pianos de cola, cortinajes de damasco que dejaban ver la lámpara de Murano que envolvían...

Una turba de rufianes coléricos y ansiosos de lucro (la codicia/avaricia) hollaba con sus alpargatas las escalinatas alfombradas que conducían «a las salas de los consejos de administración o a los despachos de los directores y gerentes, y se arrellanaban en los sillones, no sé si convencidos de su capacidad, pero sí bien seguros de haber puesto fin a sus cuitas económicas».[77]

76. Carta a su hermano Jaime del 12 de septiembre de 1936.

77. Fernández Flórez, 1939, pp. 35, 37 y 45.

Al saqueo espontáneo de los primeros entusiasmos revolucionarios sucedió el regulado y legal, el organizado por el propio Gobierno. La Caja General de Reparaciones (organismo económico dependiente del Ministerio de Hacienda de la Segunda República) organizó la sistemática incautación de bienes de simpatizantes del bando rebelde, o sea, objetos preciosos saqueados en domicilios particulares e iglesias. Su fundamento jurídico o jurásico era el siguiente: «No es verosímil que basten para enjugar el cuantioso quebranto material que ha de soportar nuestro país los bienes de los criminalmente responsables del movimiento sedicioso que ha atacado la legalidad constituida de nuestro pueblo. Pero, sin embargo, es bien justo que ellos sean los primeros en soportar el quebranto».

O sea, codicia disfrazada de justicia.

Oigamos a Azaña: «El abandono de Madrid fue tan precipitado que al posesionarse de cierto ministerio, un miembro de la Junta encontró una caja llena de brillantes, producto de registros, incautaciones y secuestros. Nadie la custodiaba. No había inventario, ni cuenta alguna. Hubieran podido cogerse los brillantes a puñados, dice Miaja. En otra habitación, un gran número de objetos de oro y plata, en igual situación. Todo lo entregaron a la Dirección General de Seguridad...».[78]

En otro pasaje, Azaña se queja de la política «tabernaria, incompetente, de amigachos, de codicia y botín, sin ninguna idea alta» que hacen sus correligionarios. «Hay una histeria revolucionaria que pasa de las palabras a los hechos para asesinar y robar; ineptitud de los gobernantes, inmoralidad, cobardía, ladridos y pistoletazos de una sindical a otra, [...] insolencia de separatistas, deslealtad, explotación de la guerra para enriquecerse.»[79]

O sea, un perfecto descontrol. A río revuelto, ganancia de pescadores.

¿Dónde paró el botín de la Caja General de Reparaciones? En un primer momento, este tesoro se guardó en Cartagena, pero viendo

78. Azaña, 2000, p. 369.
79. Azaña, 1966, p. 443; Rivas Cheriff, 1961, p. 575.

el cariz que iba tomando la guerra, el presidente Negrín decidió trasladarlo a un lugar cercano a la frontera francesa..., a unas minas de talco en La Vajol (Gerona), de donde lo llevaron al puerto francés de El Havre.

En el rifirrafe entre comunistas y socialistas (enemigos naturales), cada partido había fundado una caja de resistencia para el auxilio de los cientos de miles de camaradas que tras la hecatombe de 1939 escapaban del país con lo puesto y sin perspectiva alguna de futuro. El comunista Servicio de Evacuación de Refugiados Españoles (SERE) pretendía financiar el flete de barcos para trasladar a los exiliados a México; la socialista Junta de Auxilio a los Republicanos Españoles (JARE) era partidaria de invertir el dinero en ayuda directa a los refugiados: comida, mantas, pensiones, etcétera.

El 28 de febrero de 1939, el tesoro de la Caja General de Reparaciones embarcó en el yate Vita, recientemente adquirido por el nacionalista vasco Marino Gamboa por encargo del presidente Negrín. El Vita cruzó el Atlántico y atracó en el puerto mexicano de Veracruz.

El capitán Puente, responsable del alijo, telegrafió al embajador de la República Española en México, el líder socialista Indalecio Prieto.

—Vita llegado a Veracruz sin novedad.

Se suponía que la carga iba destinada al representante de Negrín en México, el exrector de la Universidad de Valencia José Puche Álvarez, pero Indalecio Prieto (más ágil a pesar de su corpulencia) le hizo un regate y le arrebató el balón: era amigo de Lázaro Cárdenas, el presidente de la República mexicana, y le bastó un telefonazo para convencerlo de que le entregara el Vita en su calidad de embajador de la República española. De esta manera, el tesoro pasó de manos comunistas (Negrín) a las de sus enemigos naturales, los socialistas (Prieto).

El tesoro del Vita se descargó en el puerto de Tampico y se trasladó por carretera a Ciudad de México.

Prieto era consciente de lo peligroso que resultaría responsabilizarse de un tesoro procedente del saqueo de iglesias, domicilios particulares e instituciones.

—Puede llegarme la mierda hasta el cuello —reconoció a un correligionario.[80]

El tesoro consistía en unos ciento cincuenta bultos de buen tamaño almacenados en la bodega del yate. En ellos iban colecciones numismáticas únicas en el mundo y miles de joyas de oro y piedras preciosas procedentes del Monte de Piedad de Madrid y de saqueos diversos, entre ellos, el del famoso Manto de las Cincuenta Mil Perlas de la catedral de Toledo. Prieto le restó importancia («unas decenas de maletas para las que sobra espacio en el camarote del capitán») y dispuso ciertos controles para que nadie distrajera objeto alguno, pero pronto se descubrió que uno de los miembros de la JARE, Emilio Palomo Aguado, había robado una parte.

Tomado Prieto en el fuego cruzado que le hacían los comunistas con bulos o certezas sobre el latrocinio del tesoro, cayó en desgracia cuando el siguiente presidente de México cortó por lo sano, disolvió la JARE (1942) y puso lo que quedaba del oro en manos de una comisión liquidadora. Para entonces solo restaba el equivalente a unos diez millones de pesos mexicanos que se disolvieron como azucarillos en agua.

«A estas alturas resulta ineludible la pregunta clave que deben hacerse los españoles: ¿qué fue de todo aquello? —escribe Amaro del Rosal, presidente de la Caja de Reparaciones—. Están por explicar los paraderos, el empleo que se dio al oro, a la plata, a los valores y a las joyas y, sobre todo, debe aclararse qué se hizo con los objetos de arte», para concluir: «Mucho nos tememos que una gestión irresponsable convirtiera en lingotes de oro o plata aquellas colecciones numismáticas de valor incalculable y que se hiciera lo mismo con los objetos religiosos...».[81]

80. Saiz Valdivielso, 1984, p. 218.
81. Rosal, 1984.

Pronto surgieron fortunas como por ensalmo. Un líder de la FAI catalana abandonó sus convicciones anarquistas y se recicló en capitalista fundando en Puebla (México) una fábrica que empleaba a ochenta trabajadores.[82]

Lo del Vita puede tomarse como latrocinio a escala industrial, pero las rapiñas al menudeo darían para un grueso volumen.

La escritora comunista Charlotte Haldane, testigo de la toma de Teruel por las tropas republicanas, presenció la entrega a las autoridades comunistas de una gran bandeja de plata que los soldados habían encontrado en una casa asaltada. Días después observó que esa bandeja decoraba el despacho de la Pasionaria.[83]

Otros alijos de joyas o dinero pasaron al extranjero por conductos distintos al tesoro del Vita.

En el barrio de París Villejuif-Bicêtre se encontró un baúl con un matute de metales preciosos. Revuelto entre cuberterías de plata, copones y candelabros procedentes del saqueo de casas nobles e iglesias apareció la sagrada reliquia del Santo Rostro de Jaén (cuyo marco era de plata con incrustaciones de piedras preciosas). Franco en persona le cambió, con sus propias manos, el cristal roto antes de devolverlo al cabildo de la catedral de Jaén en un solemne acto.

Otro alijo importante escamoteado fue un cargamento de monedas de oro cuyo destino pormenorizadamente sigue Joan Puig i Ferreter, consejero de Asistencia Social de la Generalitat catalana y pagador de la Generalitat en París, al que, acabada la guerra, acusaron de haberlo robado. Él se defendió escribiendo un libro en el que cuenta el destino de ese tesoro que unos cuantos mangantes se repartieron en lugar de emplearlo en socorrer «a esos millares de catalanes hambrientos que tomaron el camino del exilio», como indica Ricardo de la Cierva.[84]

82. Zavala, 2009.
83. Usandizaga, 2007, p. 56.
84. De la Cierva, 1992, p. 265.

El cineasta Buñuel habla en sus memorias de uno de estos codiciosos que aprovecharon la guerra para enriquecerse ilícitamente: «Agapito García Atadell no era más que un bandido, un canalla, pura y simplemente, que se proclamaba socialista. En los primeros meses de la guerra había creado en Madrid, con un pequeño grupo de asesinos, la siniestra Brigada del Amanecer. Por la mañana temprano, penetraban por la fuerza en una casa burguesa, se llevaban a los hombres "de paseo", violaban a las mujeres y robaban cuanto caía al alcance de su mano».[85]

García Atadell se especializó en el saqueo de casas pudientes gracias a las informaciones que le suministraban los porteros (había un sindicato de porteros de filiación socialista, muy activo). Enemistado con los comunistas y con la FAI por cuestiones de reparto, se sintió inseguro y abandonó Madrid con un cuantioso botín. En Alicante, provisto de un pasaporte cubano falso, embarcó para Marsella en compañía de su esposa, de nombre Piedad Domínguez Díaz, monja exclaustrada, y de dos compinches. En la ciudad francesa, los fugitivos vendieron parte del botín a diversos peristas antes de trasladarse a Saint-Nazaire para embarcar en el transatlántico francés Mexique con rumbo a La Habana, donde García Atadell pensaba instalarse con su monja a disfrutar de sus riquezas el resto de sus días. Este interesante proyecto se malogró porque el cineasta Luis Buñuel, informado por un amigo francés de los propósitos del delincuente, informó al embajador de la República en París: «El buque tenía que hacer escala en Santa Cruz de Tenerife, puerto en poder de los franquistas. El embajador no vaciló en avisarlos a través de una embajada neutral». Los nacionales detuvieron al fugitivo y tras incautarse de su tesoro lo procesaron y condenaron a muerte.

García Atadell fue al cadalso confesado, comulgado, arrepentido y contrito, habiendo previamente abjurado del socialismo y abrazado el catolicismo en una carta a Indalecio Prieto. Lo ejecutó, a ga-

85. Buñuel, 1982, p. 164.

rrote vil, con su acreditada pericia, el verdugo titular de Sevilla, don Cándido Cartón.

Ya para terminar, mencionemos otra historia ejemplar, la de la *vedette*, cantante y actriz cinematográfica Tina de Jarque, una *sex symbol* de entonces, una mujer «de gran presencia escénica», como la describían las gacetillas (o sea, buena a reventar),[86] que se dejó ganar por la avaricia y ello la llevó a la perdición.

Tina había llevado una vida regalada y, por lo tanto, era considerada fascista (aparte que amistades profesionales como la del millonario Juan March tampoco la avalaban). Intentaba pasar inadvertida en el Madrid revolucionario cuando fue detenida por milicianos de la Confederación Nacional del Trabajo (CNT) que quizá la hubieran «paseado» de no intervenir con su indiscutible autoridad Abel Domínguez, pagador de las milicias de Andalucía-Extremadura, al que ella ofreció su prenda dorada (hablo en metáfora por si me leyeran los niños) a cambio de protección. Es el caso que el incorruptible miliciano libertario se aficionó a Tina tanto que, evolucionando en sus convicciones marxistas, dio en pensar que con una mujer de lujo al lado lo que realmente le correspondía era una vida de lujo en Argentina, la tierra de promisión para tantos españoles (o sea, sucumbió a la avaricia).

Tina y Abel planearon huir a las Américas con el equivalente de diez millones de pesetas en joyas y valores procedentes de la caja de la CNT, pero los detuvieron cuando intentaban embarcar en Castellón y los fusilaron.

Los admiradores de Tina le llevaban flores al cementerio de Valencia.

86. Ustedes mismos lo pueden constatar con esos ojos que un día se comerán los gusanos. En YouTube la tienen bailando una *bossa nova* en la película *Carne de fieras* (Armand Guerra, 1936).

CAPÍTULO 16

El caso de los estraperlistas que se forraron

Después de la Guerra Civil, España quedó tan desabastecida y hambrienta que el Gobierno impuso el racionamiento de alimentos. Una oficina estatal, la Comisaría de Abastecimientos y Transportes (1939), administraría los víveres de primera necesidad y velaría por su correcta distribución geográfica y social, mientras que la Fiscalía de Tasas (1940) evitaría los acaparamientos o irregularidades.[87]

Se establecieron tres clases de cartillas de racionamiento, proporcionadas a los ingresos del titular: categoría 1.ª, para personas acomodadas que disfrutan de un elevado nivel de renta; 2.ª, para las clases medias, y 3.ª, para personas económicamente débiles.

Clasificadas las solicitudes, la Comisaría de Abastecimientos expresó su perplejidad: «Al término de las operaciones estadísticas referidas a las cartillas de racionamiento, se da el sorprendente resultado de que solamente aparecen inscritas en primera y segunda categorías un número muy reducido de cartillas».

O sea, nadie se reconocía por rico. Todos éramos pobres de solemnidad.

87. Los víveres racionados fueron casi todos: carne, tocino, huevos, mantequilla, queso, bacalao, jureles, aceite, arroz, garbanzos, alubias, lentejas, patatas, boniatos, pasta para sopa, puré, azúcar, chocolate, turrón, café, galletas y pan. Quedaron de venta libre: leche, pescado corriente, mariscos, fruta fresca, frutos secos, hortalizas, ensaladas, condimentos, malta y achicoria.

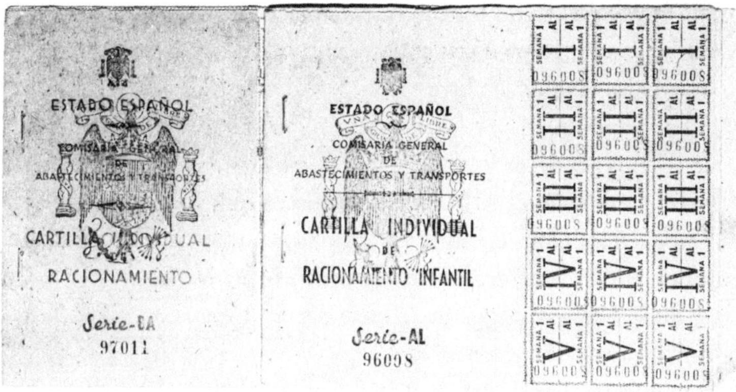

Cartilla de racionamiento, 1945.

El racionamiento duró hasta 1952.[88] En los trece años en que se comió por cartilla, los españoles más humildes pasaron necesidad, cuando no hambre viva. Inevitablemente surgieron los acaparadores, almacenistas que retenían el género para desabastecer el mercado y provocar un aumento de precios. Este mercado negro se denominó *estraperlo* en recuerdo del escándalo de la famosa ruleta.

El estraperlo oscilaba en una zona incierta entre el pelotazo financiero y el robo famélico. Había estraperlistas de poca monta que traficaban para alimentar a la familia y los había de escala industrial con almacenes y flotas de camiones. Entre estos últimos abundaron los afectos al Régimen a los que la policía no molestaba.

«Franco sabía que muchos de sus generales se estaban forrando, que explotaban burdeles y empleaban camiones del Ejército para transportar mercancías de estraperlo, pero no tomaba medidas drásticas contra ellos porque de esta forma los tenía bien agarrados.»[89]

Un informe de la Embajada inglesa retrata la corrupción administrativa: «Franco ha establecido, o permitido que se estableciera, un número inmenso de intereses creados, por medio de empleos y

88. La cartilla individual se impuso por decreto del 6 de abril de 1943.
89. Day, 2015, p. 239.

privilegios y casi todos los intereses son activa y continuamente corruptos. [...] En España casi todo el mundo, desde lo más alto hasta lo más bajo, vive de la corrupción, tanto si le gusta como si no».[90]

Los aparatosos haigas[91] de los estraperlistas comenzaron a ceder terreno a los primeros Renault 4 CV, o *graciasmanolo* (enseguida hablaremos de Manuel Arburúa, el ministro que concedía licencias de importación a sus enchufados). Era la avanzada de la clase media europea, próxima a encarnarse y habitar entre nosotros.

Cínico y certero, Agustín de Foxá decía: «España es una dictadura dulcificada por la corrupción».

Un estraperlista de postín debía disponer de tres elementos: contactos en el ministerio, lugar de almacenamiento y medios de transporte.

Imaginemos a uno de estos industriosos hombres de negocios al que llamaremos Raimundo Cosculluela. Peinado con abundante brillantina, bigotito lineal no más ancho que la ceja de una cerda, traje de rayas con anchas hombreras, emblema de Falange en la solapa, pañuelo de seda asomando por el bolsillo superior y tres piezas de oro: un incisivo que muestra cuando sonríe, un peluco suizo marca Certina en la muñeca y un grueso sello con sus iniciales entrelazadas en el meñique.

Raimundo Cosculluela es un potentado, no hay más que verlo, pero no cotiza un céntimo en Hacienda: los camiones, los almacenes, el haiga y hasta el pisito de la querida los tiene registrados a nombre de una serie de humildes testaferros a los que contenta con una propinilla mensual.

Raimundo Cosculluela se ha especializado en el estraperlo de aceite, café, azúcar y tabaco. El kilo de azúcar, cuyo importe de tasa no

90. Archivos de Churchill, Churchill College, Cambridge 2/36, citado por Day, 2015, p. 239.

91. *Haiga* era sinónimo de cochazo americano caro. La palabra procede de la expresión con la que el estraperlista irrumpía en la tienda del concesionario: «Quiero el mejor coche que *haiga*».

llega a dos pesetas, se paga en las trastiendas a veinte pesetas; el aceite, que no llega a cuatro pesetas el litro a precio de tasa, llega a pagarse a treinta en el mercado negro.

Cosculluela tiene un compadre y socio a ratos que se dedica a la chatarra y a la compra de neumáticos usados para recauchutarlos.

El recauchutado era negocio próspero, ya que, a causa de la escasez de materias primas, los automóviles andaban casi peor calzados que las personas.[92] Cuando un automóvil se aventuraba por las carreteras españolas —levantando nubes de polvo del firme de macadán, los neumáticos sufriendo los baches descarnados—, no se libraba de reparar dos o tres pinchazos en un trayecto de cien kilómetros. A este efecto el mecánico que acompañaba al conductor se proveía de los trebejos necesarios para cambiar la rueda o arreglar el desperfecto.

A los pocos meses de terminada la guerra, el Chato Puertas, un pelagatos que había hecho la guerra con los nacionales, estafó a unos cuantos vecinos de su pueblo y requisó una camioneta destartalada con la que se dedicó al estraperlo. Antes de un año estuvo en condiciones de adquirir otros tres camiones del material sobrante del Ejército, y montó una chatarrería aprovechando la gran cantidad de hierros que pacientes rebuscadores rescataban de los antiguos campos de batalla. Su colega Nemesio Lañador le propuso redondear el negocio con una nueva actividad.

—Metes debajo de la carga un par de bidones de aceite y yo te devuelvo el camión con sacos de *porla*,[93] y debajo unas cuantas cajas de azúcar y jabón.

En una primera operación, el Chato Puertas envió cuatro bidones de aceite de doscientos kilos y recibió el equivalente en azúcar y

92. Una orden del primero de abril de 1944 obliga, bajo graves penas, a los propietarios de vehículos a recauchutar los neumáticos antes de que la lona quede al descubierto. La velocidad queda limitada a setenta kilómetros por hora para los coches y cuarenta para los camiones.

93. Así se denomina al cemento en ambientes menos cultos. La palabra deriva de la marca comercial Portland.

jabón verde. Ofreció el género en las tabernas de los pueblos y en las ventas de la carretera Madrid-Cádiz y se lo quitaban de las manos.

En el siguiente viaje, el Chato Puertas añadió a la mercancía una saca de pan blanco. La pieza de kilo se vendía bien a cinco duros, el salario de tres días de trabajo.

—El negocio de la chatarra está bien —advirtió el Chato Puertas a su mujer—, pero el de vender bajo mano artículos de tasa está todavía mejor. Ahí es donde está el porvenir.

—Si tú lo dices...

El Chato Puertas se enriqueció trapicheando con artículos racionados. La Comisaría de Abastecimientos tenía una legión de inspectores detrás de la pista de los estraperlistas, pero estos funcionarios estaban tan mal pagados que se dejaban sobornar por una propinilla.

Cada camión de aceite que se mueve en el mercado nacional lleva consigo una guía en la que se especifica el contenido de la carga, el origen, el destino y el itinerario previsto. A veces, cuando el cargamento es especialmente importante, lo acompaña un inspector de la Fiscalía de Tasas. El inspector recibe el soborno de una cántara de aceite y hace la vista gorda cuando parte de la carga deriva al mercado negro.

En los accesos de pueblos y ciudades se instalan fielatos para reprimir el estraperlo y cobrar la tasa municipal que debe satisfacer cualquier producto de consumo introducido en el núcleo urbano. Los estraperlistas los burlan con mil procedimientos ingeniosos: depósitos de hojalata en forma de chaleco, adaptables al cuerpo de un portador flaco, garrafas de aceite con una porción de vino en el gollete por si la autoridad las inspecciona, solomillos sujetos alrededor de la cintura de una falsa embarazada, ristras de chorizos colgando de un liguero...

En la prensa se insertan notas y avisos del gobernador civil:

> Prohíbo terminantemente la formación de colas con pretexto de adquisición de azúcar.
>
> Caso de que las mismas se formen, serán disueltas por las fuerzas y los colistas serán sancionados o ingresados en prisión.

Los acaparamientos o demandas infundadas de azúcar serán perseguidos y sancionados con la máxima energía.

Los lectores no comienzan los periódicos por las esquelas mortuorias o por las páginas deportivas, sino por el aviso de abastecimientos:

Se pone en conocimiento del público en general que el próximo día 24 podrá retirar de sus establecimientos habituales los artículos que a continuación se detallan: un cuarto de litro de aceite por ración al precio de 3,80 pesetas litro contra cupón número 17 y 200 gramos de arroz por ración al precio de 1,40 pesetas kilo, contra cupón número 18.

En la prensa se publican los nombres de los acaparadores procesados.

Bajo el epígrafe «Intolerables abusos», leemos:

No pasa día sin que las Juntas Provinciales de Abastos y Transportes tengan que sancionar el desenfrenado apetito mercantilista de algunos industriales tan enemigos del Movimiento Nacional como aquellos otros que agitando la bandera del marxismo llevaron a nuestra patria a los extremos tan recientemente sufridos.

Ni la vergüenza de ver sus nombres en las listas que se dan a la publicidad, ni las dimensiones del problema que en el seno de las ciudades crean, ni las sanciones que se ven en la necesidad de sufrir, moderan la avaricia insólita de esos mercaderes que juegan a su capricho con los precios de los productos y la economía de los hogares, sin otra aspiración que enriquecerse de la manera que sea a costa de todos y de todo.

Es hora de poner mano dura sobre esta gente para quienes, por lo visto, la guerra la ha mantenido España para que ellos viesen aumentadas sus fortunas, explotando el magno esfuerzo de todos los españoles nobles que dieron su sangre por salvar a la patria.

Y es hora también de que los explotados por esos individuos sin conciencia se decidan a denunciar los casos abusivos de que sean conocedores, porque silenciarlos significa tanto como cooperar con ellos a la labor antipatriótica y ruin que desarrollan.

No todos los estraperlistas son acaparadores. También los hay modestos, en realidad la inmensa mayoría de los españoles, que estraperlan a título particular para mejorar la dieta de la familia. En plazas y mercados, estos trapicheos están a la orden del día. Si consigues un bollo de pan puedes cambiar medio por una lata de sardinas o dos chorizos. Si te atrapan los agentes con las manos en la masa te requisan el género y te meten dos semanas de arresto, la «quincena».

El humorista José Luis Coll recordaba un viaje en carro, que duró tres días, con dos tías suyas, a un pueblo distante noventa kilómetros de Cuenca, para recoger cinco o seis litros de aceite.

El Chato Puertas está acumulando una regular fortuna con el estraperlo. Esta mañana ha hecho un par de tratos en el café Roma, lugar de reunión de estraperlistas y peces gordos por estar convenientemente situado frente al Ministerio de Industria. Después ha visitado cinco despachos de tres ministerios donde ha repartido cartones de Philip Morris y ha untado la mano con billetes de mil a otros tantos altos funcionarios para que no interfieran en su negocio y para que le concedan contratas de suministros. Su lema es: «Vive y deja vivir. Todos ganamos y todos contentos». Satisfecho de las gestiones del día, decide darse un homenaje: buen almuerzo regado de vino de Rueda y casquete con siesta en el acreditado prostíbulo de la Uruguaya.

—No sé a dónde vamos a llegar.

—Pagando la comisión, ya sabe usted, se llega a donde uno quiere.

Lleva razón el camarero viejo que tanta vida ha visto, reflexiona el Chato mientras observa a la clientela a su alrededor, cada cual a lo suyo: el catalán que está acordando la comisión para que le amplíen el cupo de algodón que necesita para su fábrica; el hojalatero de Valladolid que necesita chapa de cinc para hacer cubos y barreños, el ladrillero murciano que soborna para que le aumenten el número de vagones que puede usar para enviar su producto a los mercados; la mujer y la hija del rojo represaliado que han vendido el patrimonio familiar y acuerdan la entrega de una cantidad al funcionario de Justicia que puede aliviar la pena.

—No puede ser por menos de quince mil pesetas, señora.

—Miré usted, por el amor de Dios, que solo hemos podido juntar trece mil doscientas.

—Lo siento, señora —se excusa el funcionario—. Yo tengo que untar muchas manos y si se lo rebajo no saco el mínimo para darle de comer a mi familia. ¿Usted cree que yo me arriesgo a que me fusilen por gusto?

El Chato y Nemesio Lañador llevan un año asociados y se han enriquecido considerablemente. Ahora el Chato es propietario de una flota de nueve camiones chatarreros, en los que ha instalado un fondo falso. Mantiene en nómina a cinco funcionarios de la Comisaría de Abastecimientos de las provincias en las que opera. Ha adquirido, a las afueras de Madrid, un almacén que le sirve de cobertera al negocio del trigo y del aceite, de tabaco, de pasta de sopa, café, azúcar, conservas variadas y garbanzos.

El Chato Puertas y Nemesio Lañador atienden a sus negocios, visitan distribuidores, recogen pedidos de economatos, fondas, cuarteles, hospicios, hospitales y restaurantes, pagan a los proveedores, ultiman acuerdos, visitan un taller mecánico especializado en convertir el obsoleto depósito de gasolina del camión en recipiente para el estraperlo de alcohol o esencia de trementina. De Valencia han recibido un camión de naranjas que en el viaje de regreso llevará una carga de tubos de uralita llenos de garbanzos y alubias, y el neumático de repuesto estofado de salfumán. Visitan también al propietario de la funeraria El Descanso Eterno, que les alquila sus vehículos carroza y sus ataúdes para el transporte de legumbres. Si el difunto no es muy voluminoso, rellenan de embutidos los huecos que deja en el ataúd y sus empleados los recuperan a una prudencial distancia del cementerio, antes de entregar el cadáver a la familia doliente.

Por la tarde, cansados, los dos socios se toman un *gin fizz*,[94] la bebida de moda, en el bar de Chicote, museo de bebidas, donde alter-

94. El *gin fizz*, un cóctel de ginebra, limonada y «agua de bolitas» (gaseosa), cuesta 11,50 pesetas.

nan discretamente las putas caras de Madrid, las que solo se acuestan con señores solventes y jerarquías del Régimen.

Manolo el Sereno, pasando con la yunta de mulas frente al cementerio de Porcuna, se para a leer lo que han escrito con alquitrán en la pared.

Si no eres estraperlista, hortelano o panadero,
este invierno aquí te espero.

Algunos estraperlistas amasarán importantes fortunas traficando con penicilina, una milagrosa sustancia antibacteriana descubierta por el escocés Alexander Fleming, que está destinada a convertirse en el antibiótico universal.

El contacto que tiene el Chato en Sanidad le ha dado el soplo.

—Los ingleses la descubrieron durante la guerra, pero la mantuvieron en secreto para que no aprovechara a los alemanes. Gracias a estas inyecciones se han salvado decenas de millares de soldados que de otro modo habrían muerto de septicemia y de infecciones. Solo se fabrica en Inglaterra y en Estados Unidos. La sacan de un hongo, el *Penicillium notatum*. Este va a ser el negocio definitivo.[95]

La penicilina obra tales maravillas que muchos moralistas la consideran, junto con las medias de cristal, un invento inspirado por el diablo para extender impunemente el vicio. «Aparece un señor con una blenorragia violentísima, un lunes y nos dice: "Mire, doctor, qué tragedia. Por diferentes circunstancias, he retrasado mi boda varias veces; ahora ya es imposible. Me caso el jueves próximo y mire cómo estoy". El sábado anterior había celebrado una despedida de soltero y adquirió una buena colonia de gonococos. Pues bien, este enfer-

95. Del bar Chicote, adquiridos de estraperlo, salieron los dos gramos de penicilina que curaron la neumonía del doctor Carlos Jiménez Díaz en agosto de 1944, primera curación notoria de la que se tiene noticia. La penicilina empezaría a venderse en algunas farmacias autorizadas a partir del 10 de febrero de 1947, con el límite de quinientas mil unidades por receta.

mo se casa el jueves con toda tranquilidad y sin el menor asomo de peligro de infección para su señora.»[96]

1943. El déficit oficial de viviendas se calcula en trescientas sesenta mil. Junto a los estraperlistas, hacen grandes negocios los constructores sin escrúpulos que escatiman cemento y hierro para abaratar la obra.[97]

1952. El Chato Puertas contempla el futuro sin inquietud. El estraperlo se acaba, pero él ha tenido la precaución de poner los huevos en distintas cestas. Solo tiene que cambiar de actividad. El porvenir está en la construcción y en las licencias de importación. Ya ha conocido al ministro de Comercio en una montería, y le ha parecido un hombre abierto y asequible. Siempre habrá un buen negocio que hacer si se sabe recompensar a las personas adecuadas. En eso no ha cambiado nada, ni va a cambiar.

La minoría idealista de los vencedores, cada vez más exigua, se ha ahogado en la burocracia y en la vacua retórica. ¿Qué es lo que queda? Un vivir cotidiano tejido sobre una urdimbre de corruptelas, especulación, enchufismo, tráfico de influencias, cohechos... La avaricia triunfando sobre una sociedad amordazada o narcotizada (cine, fútbol, quinielas).

En España vuelve a amanecer.

96. Algora Gorbea, 1952, p. 165.

97. En estos años menudean los desplomes de edificios deficientemente construidos: en enero de 1944, un edificio de la calle Maldonado de Madrid se hunde: ciento catorce víctimas; en abril de 1947 se produce un desplome en la calle Velázquez de Madrid, treinta y ocho muertos; en 1950, en el barrio de Tetuán, se hunde una casa durante la celebración de un banquete de bodas: diecisiete muertos y treinta y tres heridos. Recientemente la habían reformado vulnerando todas las ordenanzas municipales.

CAPÍTULO 17

El caso de los incorruptibles generales de Franco a los que la Pérfida Albión intentó sobornar

El 4 de junio de 1940, a los tres días de llegar a Madrid, el nuevo embajador del Reino Unido, sir Samuel Hoare, envía un mensaje cifrado a Churchill: «Existen indicios de que se está considerando la idea de abandonar la neutralidad. Tengo la impresión de que urge verificarlo».

¿Quién le habrá facilitado esos indicios? Un hombre excelentemente relacionado en los círculos oficiales de Madrid, el capitán Alan Hillgarth, que bajo la cobertura de agregado naval en la Embajada británica, coordina la inteligencia británica en España.

Hoare no se duerme en los laureles. Al día siguiente, a las dos de la madrugada, llega al Foreign Office de Londres otro telegrama cifrado en el que se informa de la existencia de un alto funcionario de Franco que podría aconsejar al Caudillo que se mantuviera neutral, pero habría que sobornarlo con medio millón de libras. El ministro, lord Halifax, informa inmediatamente a Churchill y a sir Kingsley Wood, canciller del Exchequer (o sea, el ministro de Hacienda). Halifax accede, pero le aconseja a Hoare que negocie la colaboración de ese alto funcionario por una cantidad «menos escandalosa».[98]

Si España entrara en la guerra al lado de Hitler y los alemanes tomaran Gibraltar y cortaran el tráfico británico por el Estrecho, la situación del Reino Unido sería de lo más apurada. Eso podría cam-

98. Telegrama del día 6 que llega a Madrid a las seis de la mañana.

biar el curso de la guerra. Hay que hacer lo posible por mantener la neutralidad española.

Nuevas comunicaciones. Son varios los altos funcionarios y ministros de Franco sobornables.

—¿Quiénes son? —pregunta Londres.

—Prefiero no decirlo —responde Hoare—. Evitemos filtraciones.

El día 9 informa de nuevo:

—Esto se complica: necesito dólares.

En Londres no acaban de verlo, pero esa duda solo les dura unas horas. El día 10 se levantan con la alarmante noticia de que Italia acaba de entrar en la guerra al lado de Alemania. Franco, al que consideran un alevín de Mussolini, pudiera ir detrás. El Gobierno inglés, aterrado por la posibilidad de que el entusiasmo latino arrastre a Franco a imitar a su cuate, deja de poner pegas.

Hoare urge: «Necesitamos dos millones de dólares en Nueva York en la cuenta del Banco de Portugal de un tal José Jorro Andreo y de Rosendo Silva Torrens.

¿Quiénes son estos personajes? Dos empleados del banquero don Juan March, que es el que va a intermediar en la operación.

Juan March se supone que es amigo de Gran Bretaña: tiene allí importantes negocios y viene colaborando con Londres desde que actuó como agente doble en la Primera Guerra Mundial.

Dos millones de dólares son una suma considerable, se quejan en Londres. «El total destinado a operaciones del servicio secreto exterior (SIS o MI6) es millón y medio de libras, cómo le vamos a entregar a Hoare un tercio para esa operación cuya eficacia parece dudosa.»

El día 14 Halifax solicita más información. «¿Y si los altos funcionarios de Franco rechazan los sobornos y publican que hemos querido corromperlos? Eso nos dejaría en una situación desairada. Por otra parte, parece peligroso ingresar tanto dinero en una sola cuenta y además de Portugal, vecino de España.»

«No hay peligro —informa Hoare—, ya hemos contactado mediante intermediario con los altos funcionarios y todos se muestran de acuerdo.» En cuanto al banco, la suma puede ingresarse en una cuenta de la Société de Banque Suisse, pero desde luego con la mayor rapidez: «Puede muy bien ocurrir que la entrada de España en guerra dependa de la rapidez de nuestra actuación. La situación es crítica».

21 de junio. Hoare recibe un telegrama cifrado del Foreign Office: «El dinero ha sido depositado según lo acordado en la oficina del Swiss Bank of Geneva en Nueva York».

«Los planes están dando resultado —informa Hoare el día 28—. Han destituido al general Yagüe, partidario de la entrada de España en la guerra. Parece que recientemente le dijo a Franco que la guerra terminaría en pocas semanas y que España debía entrar en la guerra ya. El ministro de la Guerra que estaba presente se opuso firmemente a este planteamiento y Franco lo apoyó de forma igualmente firme.»[99]

¿Qué estaba ocurriendo? En sus informes a Franco, los generales sobornados exageraban la falta de preparación de las tropas y el mal estado del material y le desaconsejaban la participación de España en la guerra. El soborno llegaba a las cuentas bancarias de los generales a través del financiero Juan March, que les hacía creer que el dinero procedía de un consorcio de bancos y grandes empresas españoles a los que perjudicaría la participación del país en la guerra.

En año y medio, el Gobierno británico transfirió a los generales cerca de 600 millones de pesetas, equivalentes a 13,5 millones de dólares (hoy 222 millones, 170 millones de euros).[100] Los sobornados

99. Cabe preguntarse si Yagüe, a su vez, no tenía algún interés personal en aconsejar a Franco que se implicara en la guerra. El 20 de junio de 1940 el embajador Hoare había comunicado a lord Halifax, secretario de Exteriores, que Yagüe había recibido de los alemanes 20 millones de pesetas que debía distribuir entre oficiales del Ejército y de la Aviación para fomentar su amistad hacia el Tercer Reich. Por otra parte, se vio involucrado en una conspiración contra Franco que fue descubierta por los servicios de inteligencia franquistas. «Tras una tensa y emocional entrevista con Franco el 27 de junio de 1940, Yagüe fue destituido y desterrado a su pueblo natal, San Leonardo, en Soria» (Day, 2015, p. 206; Preston, 2002, p. 305).

100. Otras fuentes cifran la cantidad en 20 millones de dólares, unos 331 millones al cambio actual (Ros Agudo, 2002, p. 148).

cobrarían solo la cuarta parte en pesetas y el resto en dólares, la mitad en ingresos semestrales y la otra mitad al final.

Apena reconocer que personas de tan alto sentido del honor claudiquen al vil metal, a la caballería de San Jorge, como denomina el Ministerio de Exteriores británico a los sobornos.[101]

¿Quiénes eran los sobornados? Nicolás Franco, hermano del Generalísimo y embajador en Lisboa, y los generales Varela y Aranda cobraron al parecer dos millones de dólares por cabeza; los generales Gallarza y Kindelán, un millón; otros generales, entre ellos Queipo de Llano, Orgaz, Moreno, Alonso, Solchaga y Asensio, cantidades inferiores.

Nicolás Franco, hermanísimo del Caudillo.

101. La expresión *caballería de San Jorge* alude a las guineas de oro con las que Inglaterra subvencionaba sus guerras europeas desde la época de Napoleón. En una de las caras aparecía san Jorge a caballo alanceando al dragón.

Como patriota, me abochorna admitir que treinta generales de Franco que habían hecho una guerra para restaurar el orden y las virtudes cristianas se dejaran sobornar por la pérfida Inglaterra.

A no ser que no se dejaran sobornar, como parece desprenderse de una carta al director de *ABC* publicada por el nieto del general Kindelán:

> Si mi abuelo, a quien conocí bien, hubiese cobrado esa cantidad en los años cuarenta, no habría muerto pobre en 1961. [...] Mi abuelo era un militar de la vieja escuela, que valoraba su honor por encima de su propia vida, y que nunca dio la menor importancia al dinero. Por otra parte, si mi abuelo no recibió soborno alguno, sería interesante saber dónde está el dinero, que según alega el articulista desembolsaron los servicios secretos ingleses para «cambiar el curso de la historia» (¿!). Como heredero, y no teniendo el mismo desprendimiento hacia el dinero que mi abuelo, estoy dispuesto a compartir la parte del botín que me toque con el que consiga encontrarlo. Pero mucho me temo que esas gestiones no prosperarán. Quien sea que se llenó los bolsillos a costa del honor de mi abuelo, seguro que puso el dinero a buen recaudo.[102]

Es la carta de un nieto indignado, pero no deja de encerrar cierta lógica, la suficiente para sembrar en el ánimo del lector cierta zozo-

La caballería de San Jorge. El santo representado en el reverso de una libra esterlina de oro.

102. «Cartas al director», diario *ABC*, 29 de mayo de 2013.

bra. ¿Y si todo hubiera sido un montaje de Juan March para quedarse con la pasta (o con el bocado del león) y contentar a los generales con las migajas?

En realidad no había comunicación directa entre los generales y el pagador inglés. Él era el intermediario. Y nadie firmó un recibo.

¿Qué pudo ocurrir?

Puestos a imaginar, se me ocurre que don Juan March, sobradamente informado de que, de todos modos Franco no va a entrar en la guerra, calma la zozobra de los ingleses y se embolsa el botín...

Eso sí que hubiera sido una jugada maestra. Pero pruebas, lo que se dice pruebas, no tenemos.

CAPÍTULO 18

El caso de los dineros de Franco (y de su augusta familia)

El Caudillo vivía en un palacio dieciochesco, rodeado de muebles antiguos y tapices de Goya. Los obispos lo llevaban y traían bajo palio, y por doquiera que iba, las multitudes lo aplaudían, especialmente en Barcelona, pero personalmente era austero y autodisciplinado, un hombre de poco gasto, parco en palabras, sobrio en la mesa.[103]

El 11 de abril de 1950, el palacio de El Pardo se revistió de gran pompa para la boda de la única hija del Caudillo con el alférez universitario y licenciado en Medicina Cristóbal Martínez-Bordiú Ortega, un jayán apolíneo, bronceado deportivo, bigotillo lineal a la moda, que compareció vestido de domador de circo[104] y que, cuando se destocó del *chapeau de bras* rematado en plumero de avestruz, mostró una cabellera negra, resplandeciente de brillantina que le des-

103. Baste decir que durante años le cocinó un guardia civil al que se le suponían conocimientos culinarios que no salía de los cocidos, la merluza a la plancha, las lentejas con chorizo, la sopita de hueso y el arroz con leche. La única gula que se le conoció fue su afición a la sobrasada mallorquina.

104. Hablo desde la apreciación de un plebeyo. Para la nobleza que valora estas cosas se trataba de una casaca blanca con chorreras de coronel y la cruz roja quíntuple en el pecho, pantalón azul con franjas doradas y bicornio coronado con plumas de avestruz. Y espada al cinto pendiente de largos fiadores, el uniforme de caballero de la Orden del Santo Sepulcro, una periclitada nostalgia a la que se arrima la nobleza para aseverar que desciende de los cruzados que auxiliaron a Godofredo de Bouillón en la toma de Jerusalén.

cendía por el cogote en forma de rabos de ratas al mejor estilo del tópico señorito jerezano.

De la mano del joven Cristóbal, como si fuera parte de su dote, se coló en El Pardo su numerosa familia. Sigilosamente y con ánimo de lucro, como los salteadores vikingos entraban en los monasterios irlandeses. No quiero insinuar que faltaran cucharillas de plata al día siguiente, cuando el mayordomo hizo el recuento de la cubertería, Dios me libre, que eso no pasa entre gente fina. Fue simplemente que nobles de segunda o tercera fila, eso eran los Martínez-Bordiú, aprovecharon el parentesco político para hacerse con un patrimonio.

Los Villaverde eran seis: el contrayente, el padre, conde de Argillo, el tío Pepe, y tres hermanos, Andrés, José María y Tomás.

El padre, José María Martínez Ortega, abandonó su profesión, ingeniero de minas, para abrazar el no menos honrado oficio de banquero.

—¿Barquero como Curro Jiménez?

—He dicho *banquero*; vuelva a leerlo, por favor. Y no mencione a bandoleros cuando estoy hablando de una familia de prez.

«En enero de 1954, en un momento en el que la concentración bancaria española imposibilitaba la creación natural de un nuevo banco, el padre de Villaverde fundó y presidió el Banco de Madrid a partir de una modesta entidad bancaria catalana, la Banca Valls, [...] cuyo capital social de cinco millones de pesetas se catapultó a 90 millones en apenas diez años. Todo un milagro económico que desató oscuros rumores. Además, el conde de Argillo presidió el consejo de administración de Construcciones y Contratas S. A., el de Obras Metálicas Electrosoldadas y aún le quedaron arrestos para aceptar una vocalía en la Caja de Ahorros de Madrid».[105]

El tío Pepe, José María Sanchiz Sancho, casado con Enriqueta Bordiú, mereció ser llamado «el mago de El Pardo» por su habilidad en los negocios. Ocupó cargos directivos en un conjunto de empre-

105. Sánchez Soler, 2001, pp. 56-57.

sas y se especializó en captar ayudas para otras acogidas a los planes de desarrollo, especialmente en el Campo de Gibraltar.[106]

De los tres hermanos del *yernísimo*, Andrés ocupó cargos en importantes sociedades anónimas, Tomás fue consejero de diversas empresas y José María se quedó en el Banco de Madrid.[107]

Ubicuo como la monja de Ágreda, entre 1954 y 1975, «el yerno de Franco fue capaz de compatibilizar su presencia en más de treinta consejos de administración de diferentes empresas y mantener la titularidad de una docena de puestos de trabajo tanto en la sanidad pública como en sanatorios privados».[108]

En ese tiempo solo trascendió un escándalo, el de la empresa importadora de la Vespa, que al final quedó en solo un chiste.

—¿Sabes qué significa Vespa? Villaverde Entra Sin Pagar Aduanas.

Y además no desatendía a su esposa, a la que hizo siete hijos y aún le sobró cuerda para otros numerosos afectos extramatrimoniales, porque era un hombre perito en los asuntos del corazón (cirujano cardiovascular, nada menos).

No contento con esa frenética actividad laboral-recreativa, este titán del trabajo se ocupó franciscanamente de los negocios de banqueros y grandes empresarios que acudían a él como conseguidor infalible.

> La trama financiera de los Franco —leemos en Sánchez Soler— se extendió por más de medio centenar de importantes entidades comerciales en las que los miembros directos de la familia (los Franco, los Polo, los Martínez-Bordiú principalmente), pero también personajes como

106. *Captar ayudas*. ¿A qué nos suena esta expresión? Sí, es la especialidad de Begoña Gómez, la esposa del presidente Sánchez, que ofrece sus servicios como experta en la «captación de fondos públicos europeos». Lo que demuestra que el interés está por encima de las ideologías.

107. El que quiera información más precisa, recurra al libro de Sánchez Soler, 2001, que enumera las empresas en cuyos consejos de administración figuraron los miembros de esta ilustre familia.

108. *Ibidem,* p. 57.

Ramón Serrano Suñer, ajeno al clan, o Pedro Nieto Antúnez, actuaron directamente o por medio de testaferros. Este *holding* [...] a la muerte de Franco manejaba un capital social escriturado superior a los 100.000 millones de pesetas.[109]

¿Y Franco? ¿Estaba al tanto de esos incrementos patrimoniales? El doctor Vicente Gil, alias Vicentón, confidente y médico de cabecera de Franco, hombre de toscos modales, pero honrado y observador, le dijo un día a su ilustre paciente:

—Lo diré y lo repetiré siempre: está usted rodeado de sinvergüenzas, mi general.

—Cuidado que eres bruto, Vicente —respondió Franco.[110]

¿Lo sabía o no lo sabía?

La fortuna del propio general Franco ha sido objeto de polémica. Franco apoyó a «los grandes nombres, los poderosos personajes que unieron su fortuna y su destino a la suerte del franquismo», defendiendo y privilegiando fiscalmente su iniciativa privada, favoreciendo la forja de una oligarquía en la que destacan Juan March, Banús, Meliá, el naviero Aznar, Koplowitz, Barreiros, banqueros, aristócratas, tecnócratas, etcétera, y junto a ellos la familia de Franco: Nicolás (hermano y sobrino), el cuñado Ramón Serrano Suñer, el yerno Martínez-Bordiú, «la familia más poderosa de España», a los que «Hacienda no los ha molestado y no han tenido que dar explicaciones sobre la forma en que algunas propiedades han llegado a la familia, ocultas durante años bajo las siglas de sociedades anónimas».

«No parece que Franco especulase, manejase información privilegiada o tuviese dinero en Suiza. Otra cosa distinta es lo que miembros directos de su familia han hecho, beneficiándose del apellido y del poder.»[111]

109. Sánchez Soler, 2001, p. 60.
110. Gil, 1981, p. 72.
111. Palacios, 1972.

El historiador Ángel Vivas defiende la opinión contraria: Franco sucumbió como todos a la avaricia, metió la mano en la caja y «se habría enriquecido esencialmente gracias al sacrificio y al esfuerzo de quienes, entusiasmados o a regañadientes, aportaron sus óbolos vía donativos a la causa nacional».[112]

«Franco había amasado, al 31 de agosto de 1940, una fortuna de 34 millones de pesetas de la época», cantidad equivalente a 388 millones de euros al valor de 2010.[113] El origen de esa respetable cantidad es vario: donativos de diverso origen, entre ellos los de la «suscripción nacional a disposición del general Franco», que en lugar de contribuir a los gastos de la campaña o a la reconstrucción nacional, como parecería la intención de los donantes, Franco ingresó en sus cuentas corrientes, como sucedió con los seiscientos mil kilos de café donados por el dictador brasileño Getúlio Vargas a través del Departamento Nacional del Café del Brasil. Franco vendió este café —producto apreciadísimo en la depauperada España— a la Comisaría de Abastecimientos y Transportes al precio de tasa, es decir, 7.136.140 pesetas que ingresó en una de sus cuentas personales (la número 70.713 del Banco de España).

Otro ingreso regular era un donativo de diez mil pesetas mensuales que le hacía la International Telephone & Telegraph (ITT), la compañía americana que controlaba la Telefónica española, para congraciarse con el Caudillo y hacerse perdonar pasadas veleidades republicanas. «Las diez mil pesetas mensuales de 1940 equivaldrían a 114.200 euros de 2010», lo que duplica el sueldo oficial de Franco, que era de 50.000 pesetas anuales.[114]

Deduce Viñas que «Franco quiso labrarse un colchón financiero [...] con dinero contante y sonante [...] entre los años 1937 y 1940», mientras su futuro como autócrata no estuvo asegurado. Cuando se sintió seguro, invirtió ese dinero o buena parte de él «por vía indirecta, en

112. Viñas, 2015, p. 345.
113. *Ibidem,* p. 292.
114. *Ibid.,* 2015, pp. 333-334 y 344.

Franco y su esposa, con un collar de perlas.

una gran cantidad de propiedades rústicas en los términos municipales de Móstoles y Arroyomolinos, provincia de Madrid».[115] En parte, esas inversiones se hicieron bajo la razón social de una sociedad anónima constituida el 4 de octubre de 1951, Valdefuentes S. A., que adquirió la famosa finca de Arroyomolinos «escriturada por cuatro perras».[116]

Otro autor ocupado en las finanzas de Franco, Sánchez Soler, estima su patrimonio inmobiliario en unos 1.500 millones de pesetas de 1975, a los que habría que añadir los regalos recibidos a lo largo de las dos mil audiencias que concedió, y las joyas acumuladas por la esposa del Caudillo, doña Carmen Polo de Franco, la Señora por antonomasia, también conocida como la Collares por su afición a las perlas, sin las cuales se encontraba como desnuda.

Algún fundamento tiene el bulo que asegura que doña Carmen visitaba joyerías importantes y después de escoger lo que le apetecía

115. Viñas, 2015, p. 347.
116. *Ibidem,* p. 349.

indicaba al dueño que le enviara la factura a El Pardo. Y los joyeros no se atrevían a enviarla por miedo a pasar por desagradecidos y merecer una exhaustiva inspección de Hacienda.

Jimmy Giménez-Arnau, emparentado con la familia, cuenta su experiencia en el edificio de la calle Hermanos Bécquer propiedad de los Franco: «Había un cuarto de unos cuarenta metros cuadrados, un enorme cuarto de armarios estrechos hasta el techo. [...] Al abrir al azar uno de aquellos recipientes [...] apareció una superposición de cajones [...], abrió uno al azar: había una mezcla desordenada de joyas: collares, diademas, pendientes, guirnaldas, broches, camafeos y todo con lo que sueña un buscador de fortuna [...]. Abrió otro en el otro extremo de la habitación y volvieron los destellos de perlas, aguamarinas, brillantes, diamantes, oros y platas. Los rubíes también dieron su luz, y las esmeraldas y los topacios [...]. Allí reposaba parte de la colección privada de la Señora, que, de seguro, habría enloquecido al joyero más equilibrado [...]. Las cosas de gran valor no están aquí, esas están en el banco [...]. Aquel cuarto constaba de más de veinte cajones por sección y allí había de cuarenta a cincuenta secciones, a ojo de buen cubero [...]. Eran los regalos de cuarenta años, los halagos [de] la oligarquía española y los agradecimientos extranjeros conocedores del amor que la Señora tenía a las piedras [...]. Contrastaba con las goteras que había en el techo: la decadencia no se frenaba, seguía filtrándose a través de este detalle».[117]

O sea, era como una urraca.

La otra gran afición de la Señora eran las antigüedades, que también acumuló en sus casas, al parecer por el mismo procedimiento de las joyas. Conozco de primera mano la historia de una gaita gallega antiquísima que una noble familia venida a menos cedió de mala gana para una exposición. Doña Carmen visita la muestra, se prenda del objeto y se lo hace saber a la autoridad que la acompaña. Al día siguiente recibe en el Pazo de Meirás la gaita acompañada de un ramo de flores. La familia desposeída del precioso objeto inten-

117. Giménez-Arnau, 1981, p. 84.

ta cobrar al menos el seguro, pero la aseguradora argumenta que no puede pagar por un objeto que no se ha perdido, puesto que se sabe dónde está.

Nicolás Franco, el hermano del Caudillo, merecería capítulo aparte. El más inteligente de los Franco, como a menudo se ha recalcado, aprovechó su parentesco para hacerse de una incalculable fortuna como socio o miembro del consejo de administración de unas docenas de empresas. Bien es cierto, dicho sea en su descargo, que Nicolás tenía gustos caros (mesa, bebida, queridas) que requerían una solvente financiación.

La carrera del hermanísimo dentro de los grandes negocios empezó cuando era embajador en Lisboa durante la Guerra Civil y disponía de grandes cantidades de dinero para adquirir armas y bastimentos con destino al Ejército nacional. Después de la guerra fue uno de los altos cargos españoles que recibieron sobornos de Inglaterra (vía Juan March) a cambio de aconsejar al Caudillo que mantuviera la neutralidad de España (dos millones de dólares, según la documentación británica). Además siguió haciendo negocios cuando Lisboa era un centro de tráfico de productos estratégicos durante la Segunda Guerra Mundial.

Pasada la guerra, la reconstrucción de Europa le permitió sacar tajada. En 1951 fue presidente de la filial española de Fabricación de Automóviles, S. A. (FASA-Renault), que fabricaba en Valladolid el popular «cuatro cuatro». Poco después, cuando los españoles se incorporaban a la modernidad sustituyendo los tradicionales pucheros de loza o chapa por otros de aluminio, fue presidente de la empresa Manufacturas Metálicas Madrileñas (MMM), que finalmente se arruinó y suspendió pagos sin que ello afectara a don Nicolás, ya que no se podía responsabilizar al «nombre sagrado que nuestro presidente representa». Fue también procurador en Cortes durante seis legislaturas (hasta su fallecimiento en 1977), sin que se caracterizara por calentar mucho el asiento.

De su relación con el escándalo del aceite de Redondela se hablará más adelante.

CAPÍTULO 19

El caso de *La escopeta nacional*

Cuarenta años de propaganda franquista catequizaron a los españoles con la imagen de un Franco laborioso e incansable que pasaba las noches en vela, entregado a sus labores de gobierno, centinela de Occidente y firme timonel de la nave de España, encerrado en su despacho, con aquella mesa invadida de carpetas y papeles que salía en los noticiarios. Franco trabajando por el bienestar de su pueblo: la lucecita de El Pardo que nunca se apaga.

Sus turiferarios habían copiado lo de la lucecita de las biografías de Mussolini.

¿Franco quemándose las cejas hasta altas horas de la madrugada? ¿«Jaén me quita el sueño», como en alguna ocasión dijo?

La realidad era muy distinta, como testimonia el jefe de su casa militar, su primo hermano y amigo de la infancia, el teniente general Franco Salgado-Araujo, familiarmente Pacón.

El primo Pacón, un hombre fervorosamente devoto del Caudillo, comienza en 1954 a escribir un diario[118] en el que encontramos noticias reveladoras:

> Descontando los festivos, le quedarán para trabajar al Caudillo a lo sumo diez días del mes.[119]

118. Desde octubre de 1954 hasta 1971. Salgado-Araujo fue jefe de la casa militar de Franco hasta 1956, fecha en que pasó a ocuparse de la Secretaría Militar de Franco.

119. Anotación del 3 de noviembre de 1955. Franco Salgado-Araujo, 1976, pp. 143-144.

Con el Caudillo van a las cacerías varios ministros y subsecretarios [...]. Las cacerías son pretexto para ir todos los amigos de los dueños que cotizan esto, y además de aprovechar para hacer amistades, piden favores, exenciones de tributos, permisos de importación. A ellas acuden todos aquellos funcionarios de la fronda de la Administración que convienen a los terratenientes dueños de los cotos de caza, con los cuales les conviene estar bien y demostrar su influencia en las alturas.[120]

¿Quién tiene más interés en las cacerías del Caudillo? Los dueños de los cotos más o menos adictos a él. Su influencia [...] queda por completo de manifiesto. Los diferentes inspectores de los muchos tributos que el anfitrión debe satisfacer están también invitados. Allí pueden ver que el Caudillo y su mujer van a hospedarse en su casa, que les hablan con confianza, y que lo mismo hacen los ministros cazadores, que son el de Agricultura (Cavestany) y el de Comercio (Arburúa). De aquí salen grandes favores, permisos de importación, tractores, maquinarias agrícolas, etcétera.[121]

A los ministros ni siquiera les queda tiempo para recibir visitas oficiales ni atender a los representantes de los altos intereses de la economía española.

De la misma opinión era otro observador cercano a Franco, el doctor Vicente Gil:

—Franco está rodeado de buitres y de crispines.[122]

¿Quiénes son los beneficiarios de esas cacerías? «Grandes terratenientes, negociantes, aristócratas que no transigen con el régimen, importadores estraperlistas, etcétera.»[123]

O sea, *La escopeta nacional* de Berlanga.

La práctica viene de antiguo y nació con la industrialización y bancarización de España: el amo del dinero soborna indirectamente a la

120. Anotación del 23 octubre 1954. *Ibidem,* pp. 22-23.
121. Anotación del 29 de noviembre de 1955. *Ibid.*, pp. 148-149.
122. Gil, 1981, p. 72.
123. Franco Salgado Araujo, 1976, pp. 148-149.

persona de relevancia política otorgándole un asiento en el consejo de administración de la empresa, donde solo tiene que cobrar la nómina y las dietas por asistencia. A cambio, influirá en los poderes públicos para que favorezcan a la empresa.

¿Es una práctica corrupta?

No es ilegal, puesto que el beneficiado no pertenece directamente al Gobierno. Es solo familiar, amigo o correligionario de otros que están en el Gobierno.

«No conozco a un solo ministro de Franco, de la Transición, de Unión de Centro Democrático (UCD) y del periodo socialista que no haya recibido al salir del Gobierno un cargo importante en una empresa pública o privada.»[124]

Una modalidad especialmente repugnante es la contraria: el cargo público favorece descaradamente a la empresa y, cuando abandona su puesto en el Gobierno, la empresa recompensa los servicios pasados con una sinecura importante. Es lo que estamos viendo en la reciente España democrática: las puertas giratorias.

Volviendo a los tiempos de Franco, durante años las cacerías del Régimen fueron un pretexto para que el gran pecado capital de la avaricia se enseñoreara. La gente amasaba grandes fortunas a la sombra de Franco.[125] En las cacerías se cocían asuntos tan importantes

124. «Con la excepción del historiador que suscribe —añade De la Cierva, que fue ministro de Cultura— a quien nadie le ofreció absolutamente nada [...]. El número total de ministros y exministros de Franco vivos en 1974 era de ochenta y tres. Sesenta y cuatro de ellos tenían cargo en algún consejo de administración de grandes empresas públicas o privadas, el 67 %. El total de cargos distintos desempeñados por ministros o exministros era trescientos veintiséis. Los cargos distintos en empresas privadas, doscientos veintisiete; en empresas públicas, noventa y nueve» (De la Cierva, 1992, p. 276).

125. Las grandes fortunas amasadas o consolidadas durante el franquismo están vinculadas, según Jesús Ynfante, a los ilustres apellidos «Abelló, Aguirre, Banús, Benjumea, Botín, Castelo, Cortina, Delclaux, Entrecanales, Fierro, Folch, Granca, Larios, March, Márquez de Prado, Masaveu, Matutes, Osborne, Pablo Romero y Pastor; los "nuevos ricos", fortunas creadas en la dictadura de Franco (entre otros, Amusátegui, Areces, Aristraín, Beteré, Carulla, Coronel, Eguizábal, Fernández Ta-

que incluso personajes nada aficionados a la caza tenían que concurrir. El propio Fraga tuvo que comparecer disfrazado de cazador (incluso unos insólitos zahones le había endosado el avispado vendedor de la sección de caza y pesca de El Corte Inglés) y como tirador primerizo se estrenó colocando una perdigonada en el augusto trasero de Carmen, la hija amada de Franco, el cual, enterado del incidente, comentó severamente:

—El que no sepa cazar que no venga.

Franco observa el botín de una cacería cerca de Madrid
con sus amigos y familiares.

pias, Ferrero, Juncadella, Lladró, Pascual, Raventós, Revilla, Sánchez Ruipérez, Suñer y Villar Mir). Al final de la lista vendrían los miembros de la "cultura del pelotazo" (Vilá Reyes, J. C. Muntadas Prim, J. de la Rosa, M. Prado y Colón de Carvajal, Mario Conde, Jesús Gil y otros). También alcanzan grandes fortunas, en las cuatro décadas del franquismo, importantes directivos de la banca (los Botín, Entrecanales, Gómez Acebo, March, Masaveu, Matutes, Oriol, Rafael del Pino, Epifanio Ridruejo, Urquijo, Valls Taberner, Ybarra...), altos funcionarios (Benjumea, L. Calvo-Sotelo, los Díaz Hambrona, los Sainz de Vicuna), militares (los varios Borbón, Álvarez de Toledo, Martín Alonso, Martínez Campos, Varela...) y diplomáticos (Areilza, Cortina, Gómez-Acebo, Lequerica, Lojendio, Pan de Soraluce, Sanz Briz)» (Leal, 2007, y Fernández Clemente, 2008, p. 68).

Volviendo a Manuel Arburúa de la Miyar, el hábil economista que fue ministro de Comercio entre los años 1951 y 1957, le cabe el mérito de haber suprimido las cartillas de racionamiento y el de haber casado a sus hijas con dos futuros relevantes ministros de España, Marcelino Oreja y José Lladó.

El paso de Arburúa por el cargo dejó una estela de generosidad consigo mismo y con sus amigos e incluso con simples conocidos. Franco estaba perfectamente informado de su prodigalidad, pero la consentía de buena gana porque admiraba la maestría de Arburúa para abrir mercados fuera de España y porque durante la guerra le había facilitado los documentos relativos al expolio de las reservas de oro del Banco de España.

El periodista (y notable sinvergüenza) César González-Ruano fue a mendigarle alguna recompensa por los ditirambos que dedicaba al ministerio en sus columnas de prensa. Arburúa se lo quitó de encima concediéndole la cédula de un permiso de importación para un coche.

—Pero, don Manuel ¿a dónde voy yo con un coche si no tengo ni para comprar gasolina? —objetó el plumilla.

—Espabile, César. Antes de que salga del ministerio le habrán quitado de las manos ese permiso a cambio de una suma interesante.

—Me he comprado un *graciasmanolo* americano flamante —se ufanaba el estraperlista antes de encender el veguero, en la sobrecama, con la amante.

—A ver si me montas —decía ella, ilusionada.

—¿Otra vez? —replicaba el bestiajo—. Pero si acabo de montarte, jo, jo, jo.

En los cafés Roma y Manila, cercanos al Ministerio de Comercio, en la calle Serrano, se congregaban estraperlistas y traficantes que trapicheaban con permisos de importación de camiones.[126]

La España eterna, la que inventó un nuevo género literario, la novela picaresca.

126. Franco Salgado-Araujo, 1976, p. 27.

CAPÍTULO 20

El caso de don Juan III, conde de Barcelona

El heredero de Alfonso XIII al frente de la casa real, don Juan de Borbón, conde de Barcelona, heredó 7,8 millones de euros[127] y dejó al morir 8,85 millones de euros.[128]

¿Cómo se explica que la fortuna permaneciese intacta e incluso se incrementara si su titular no desarrolló en su vida actividad remunerada alguna?

La explicación es simple: don Juan profesó desde muy joven en la quevediana Orden del Caballero de la Tenaza, cuyo principal estatuto obliga a guardar la mosca (o sea, la bolsa) y gastar la prosa.

El lema de los cofrades de tan venerable institución es «quien guarda, halla».[129] Nadie jamás pudo saber de qué color era su billetera, porque nunca echó mano de ella para pagar nada. Incluso se

127. Según el «Acta de homologación y del protocolo de las operaciones de partición de bienes dejados a la muerte de su majestad Alfonso XIII», redactada el 24 de enero de 1944 ante el notario de Madrid Luis Ávila Pla, la cifra exacta fue 7.010.253,05 pesetas, a las que habría que añadir 1.601.623,77 heredadas de la reina Victoria Eugenia en 1969 (Zavala, 2013).

128. El aumento puede imputarse a la venta de algunos inmuebles que también había heredado, principalmente los palacios de la Magdalena y Miramar, vendidos en los años setenta a los ayuntamientos de Santander y San Sebastián por 227,5 millones de pesetas, y Villa Giralda, en Estoril, vendida en 1990 por 60 millones de pesetas.

129. Véanse las *Epístolas del caballero de la Tenaza: donde se hallan muchos y saludables consejos para guardar la mosca y gastar la prosa*, de Francisco de Quevedo.

sospecha que no la tenía. Pasó por la vida como un ávido depredador de todo lo depredable: alcoholes de alta graduación, hoteles de lujo, mujeres, yates, cacerías..., y todo le salió de balde, lo digo no como crítica, sino desde la admiración más rendida.

¿Su secreto? Don Juan no hubiera podido practicar la avaricia (afán desordenado de poseer y adquirir riquezas para atesorarlas) de manera tan admirable si no hubiera pasado la vida fingiéndose indigente para gorronear a la nobleza servil y pudiente que le financiaba los caprichos.

No alcanzó la corona, pero la gorra no se la quitó nunca. Nunca participó en nuestro equipo de esgrima de las Olimpiadas, pero sin duda fue el mejor sablista de España.

Los testimonios del gorroneo real (o condal, en su caso) son abrumadores. Todos coinciden en que «don Juan pagaba poco o nada en su día a día, pues de sus gastos se hacían cargo en su casi totalidad los nobles españoles que se turnaban en sus tareas semanales de servicio. Un sobrino de Ramón Padilla, su sempiterno secretario personal, nos relataba cómo durante las estancias de don Juan en París al marqués de Marianao se le acumulaban las facturas del restaurante Maxim's. También sabemos que cuando en 1960 se remozó Villa Giralda para la celebración de las bodas de plata de los condes de Barcelona, quien se hizo cargo de esos abultados gastos (doscientas mil pesetas del momento) fue el duque de Alburquerque, que durante años gastaría sumas ingentes al servicio de su señor».[130]

Don Juan no solo gorroneaba en metálico. También sabía hacerlo en especie (o sea, gorroneaba de cada persona en relación con lo que podía obtener de ella). A los vizcondes de Rocamora, Juan Luis Roca de Togores y su esposa Angelita Martínez Campos, les gorroneó servicios como mayordomo y ama de llaves respectivamente. No tenían horas: estaban continuamente de guardia atendiendo a todo

130. Mateos, 2015.

Don Juan de Borbón con su perro en el jardín de Villa Giralda.

mientras don Juan y su cónyuge se daban a la buena vida despreocupados del hogar y de los hijos.[131]

Otro memorable gorroneo en especie fue el del palacio de los duques de Montellano. En 1952, don Juan Carlos y su hermano Alfonso iban a estudiar en Madrid.[132] Los duques de Montellano se ofre-

131. Un informe confidencial de la policía secreta suiza sostiene que «don Juan suele salir a menudo y vuelve a su casa a las cuatro o las cinco de la madrugada, muy afectado por los numerosos cócteles que ingiere, y también manifiesta que a veces lo acompaña su mujer, que tiene bastante abandonado el cuidado del hogar» (Eyre, 2006, p. 116). En el mismo sentido se manifiesta su asistente e íntimo consejero Gil-Robles cuando anota en su diario: «Don Juan estaba entregado al alcohol y a los excesos [...], el abuso del alcohol le estaba debilitando la inteligencia y la voluntad, ahogaba sus penas en alcohol y en diversiones de todo tipo [...]. Su mujer, doña María de las Mercedes, no se ocupaba mucho de la casa. Estaba todo el día de juerga, se iba con amigotas de dudosa condición y cuando don Juan no estaba en casa, se marchaba dejando su hogar sin rumbo» (*ibidem,* p. 167).

132. En enero de 1955, con algún mes de retraso respecto al curso normal, debido a las diferencias entre Franco y don Juan.

cieron para acogerlos en su residencia del paseo de la Castellana, un palacio con docenas de habitaciones y una hectárea de jardines. Don Juan entendió gorronamente que les ofrecían el palacio entero y les tomó la palabra. Los duques, en lugar de deshacer el equívoco, se resignaron a hacer las maletas y ceder todo el palacio a los ilustres huéspedes, criados incluidos. Ellos se mudaron a un piso de la calle Ventura Rodríguez.[133]

Otro notable gorroneo es el que practicaba don Juan cuando en sus navegaciones con el yate Saltillo tocaba puertos en donde hubiera comandancias de Marina. Era la ocasión para hacer ginebrada, como las carabelas hacían aguada.[134]

Otro gorroneo en especie era el sexual. No entendía que las putas de alto *standing* que a veces frecuentaba le cobraran por sus servicios. Ante José Luis de Vilallonga se lamentaba amargamente:

—Solo me puedo tirar gratis a las monárquicas.[135]

En 1946, don Juan adquirió, con dinero procedente de las donaciones de sus incondicionales, lo que Anson denomina «un austero

133. Hoy el edificio está ocupado por la aseguradora La Unión y el Fénix Español. Los duques de Montellano, Manuel Falcó y Escandón y su esposa, Hilda Fernández de Córdoba, eran los padres de los hermanos Falcó: Felipe, Fernando, Carlos y Rocío, tan conocidos en los ambientes sociales, financieros e industriales. Nadie ganaba a monárquicos a los Montellano. De hecho, veraneaban en un hotel de Estoril para gozar de la cercanía de los condes de Barcelona.

134. «En sus largos periplos, el Saltillo llevaba sus bodegas bien repletas de bebidas alcohólicas, preferentemente ginebra, de la que se aprovisionarían muchas veces en las plazas españolas de Ceuta y Melilla a su paso por el Estrecho. Todavía recordaban en la Comandancia General de Melilla, a mediados de los años ochenta (época en la que este modesto historiador militar estuvo destinado en el Estado Mayor de esa ciudad) de las repetidas escalas del yate del conde de Barcelona en el puerto de la ciudad, allá por los años sesenta y setenta, ante las cuales el comandante militar de la plaza debía reaccionar con presteza enviando a bordo unas cuantas cajas de la mejor ginebra que pudieran encontrar los servicios de intendencia militar, y casi siempre sin recibir ni siquiera un agradecimiento personal del ilustre patrón de la nave de recreo» (Martínez Inglés, 2008, pp. 80-81).

135. Vilallonga, 2003, p. 177.

chalet», en realidad, una mansión de cincuenta habitaciones, Villa Giralda, en la cosmopolita Estoril, cerca de Lisboa,[136] el equivalente portugués de la Riviera francesa.

En aquella urbanización exclusiva de palacetes y residencias de potentados, se había refugiado la realeza europea desalojada del trono: los exreyes de Italia, de Francia, de Rumanía, de Rusia..., gente desocupada que practicaba una intensa vida social en los clubs de golf y de tenis, en el hipódromo, en los cabarets y salas de fiestas, en los restaurantes de lujo, en el puerto deportivo y en el casino... En fin, una tropa de titulares de unos derechos dinásticos emanados del propio Dios que allí disponían de todo lo necesario para llevar una vida regalada y disfrutar de unas vacaciones perpetuas, servidos por aristócratas perrunamente fieles.

Cuando Villa Giralda estuvo lista, llegó el servicio: diecisiete personas entre criados, secretarios y colaboradores. Finalmente, con la casa instalada, la ropa en los armarios, los cuadros en las paredes y los automóviles alineados en el espacioso garaje (un Mercedes, un Bentley, un Mercury, una ranchera Ford y varias motocicletas), la real familia tomó posesión de su nuevo hogar.

En Estoril, don Juan organizó una pequeña corte en torno a su augusta persona. Los nobles españoles se disputaban el honor de rotar en el cargo de gentilhombres de servicio y damas de honor en turnos de quince días, manteniendo de su bolsillo la dignidad de la institución allí representada.

Es que no se puede estar «desguarnecido», como decía la reina Victoria Eugenia.[137]

El único plebeyo que participó en el servicio real, y se esmeraba más que los otros para hacerse perdonar esa tacha, fue el potentado bilbaíno don Pedro Galíndez, que cedió a don Juan su yate Saltillo, de treinta toneladas, dos mástiles y veintiséis metros de eslora. Don

136. En 1990, le vendió Villa Giralda al empresario alemán Klaus Saalfeld por la irrisoria cifra oficial de 85 millones de escudos.

137. Eyre, 2006, p. 132.

Juan lo disfrutaría durante diecisiete años sin pagar ni un duro, pues tanto los salarios de la tripulación como el mantenimiento del barco corrían por cuenta del propietario.

La vida de los condes de Barcelona en su retiro de Estoril habría discurrido plácidamente si no fuera por la apretada agenda que cada día los obligaba a abandonar Villa Giralda para acudir al club de golf, un segundo hogar en realidad, cuyos camareros, aleccionados por el *maître*, les servían ración doble de cualquier bebida que pidieran, generalmente vermut, *whisky* o ginebra.[138]

La vida en el club de golf era un no parar. Mientras doña María jugaba sus partiditas de *bridge* con las amigas, don Juan se despistaba en el jardín con sus conquistas femeninas. Llegada la hora del almuerzo, el matrimonio se trasladaba al exclusivo restaurante El Pescador, donde don Juan se hizo popular porque, nada más traspasar la entrada, gritaba con su vozarrón de marino:

—¡A ver, el *vinho* Barca Velha!

A don Juan le iba el lenguado rosa, un bocado exquisito al alcance solo de bolsillos pudientes; a doña María, castizamente sevillana, los langostinos y las gambas. La pareja regaba sus manjares con abundante vino, varias botellas en cada comida. Levantados los manteles, tras breve sobremesa sin mucho que decirse, el matrimonio regresaba a Villa Giralda para sestear en sus aposentos.

Por la tarde, a la hora del té, nuevamente comparecían en el club de golf, tertulias en los cómodos sillones de mimbre de las terrazas, conversando de lo divino y de lo humano en espera de la hora de cenar. Luego, unas copas en el bar del hotel Palacio antes de terminar la velada en el casino de Estoril, en torno a una mesa de juego, hasta altas horas de la madrugada.

Quizá el lector esté sacando la impresión de que don Juan y doña María eran un par de manirrotos o vivalavirgen. Nada de eso. También miraban por la peseta, como cualquier españolito que se apre-

138. A pesar de las abundantes libaciones, a doña María nunca se la ve borracha: aguanta el alcohol como una señora.

tara el cinturón en la dura posguerra. A veces organizaban recepciones a las que acudían monárquicos deseosos de hacerse una foto con su majestad el rey Juan III para lucirla luego enmarcada en el despacho. Don Juan olfateó el negocio con seguro instinto borbónico y contrató a un fotógrafo, César Cardoso, para que asistiera a estos actos y le tomara fotos con quien lo requiriera. Cardoso apuntaba la dirección del solicitante y le enviaba contra reembolso las fotos encargadas. Don Juan y Cardoso se repartían las ganancias al 50 %.

Los aristócratas y monárquicos que cumplimentaban a don Juan en onomásticas y aniversarios solían regalarle bandejas de plata. Ni siquiera la dedicatoria del donante grabada lo disuadía de revenderlas a un joyero lisboeta con el que había llegado a un acuerdo.

Así transcurrían los tediosos inviernos de Estoril. En cuanto llegaba el buen tiempo, don Juan se echaba a la mar con el Saltillo, su velero deportivo (el del sufrido Galíndez, que corría con los gastos), para navegar de un lado para otro. Donde quiera que atracaba, lo agasajaban sus fieles monárquicos y él departía con ellos campechanamente, tiesto de ginebra en la mano, camisa abierta, gorra marinera.

Sublime gorrón, logró que el banquero Mario Conde pagara las facturas de su última instancia en la clínica del Hospital Universitario de Navarra donde falleció, a consecuencia de un cáncer de laringe, el 1 de abril de 1993.[139]

Cumplido su paso por este valle de lágrimas, don Juan entregó su alma al Creador, pero antes liquidó sus propiedades en unos 18 millones de euros al cambio actual,[140] lo que se hizo de la manera más discreta, evitando repatriar cantidad alguna de los bancos suizos, pues,

139. Según otras fuentes, la factura la pagó el naviero cántabro Fernando Pereda.

140. Zavala, 2010, p. 173. El grueso de su patrimonio era el equivalente a 728,75 millones de pesetas depositado en tres cuentas en bancos suizos: una en Ginebra y dos en Lausana, que al cambio actual, y aplicando el IPC de estos últimos veinte años, serían unos 7,85 millones de euros. A esa cantidad se sumaría un patrimonio inmobiliario cercano a los 350 millones de pesetas, en el que destacan

como pretextaron los encargados de la partición de la herencia, «la imagen y prestigio de SAR el conde de Barcelona podría quedar afectada, ya que de todos ha sido siempre conocida la inexistencia de una fortuna o recursos importantes».

«Por España, todo por España», como dijo, con aquel vozarrón, al ceder sus derechos dinásticos a su hijo don Juan Carlos I.

---

el chalet familiar de Puerta de Hierro en Madrid, un edificio en la Gran Vía de la capital y un apartamento en la ciudad portuguesa de Estoril.

CAPÍTULO 21

El nunca esclarecido caso de monsieur Rivara

¿Alguna vez han presenciado la dispersión de una bandada de gorriones al estampido de un escopetazo?

Algo así ocurrió, en circunstancias bien dramáticas, cuando las grandes fortunas de España se aterraron con el anuncio del Plan de Estabilización de 1959, cuando Franco comprendió que España iba a la ruina y puso la economía en manos de los tecnócratas del Opus que podían salvarla. Asustadas por el cambio que se avecinaba, las grandes fortunas levantaron el vuelo y se fueron a poner el botín a salvo en el extranjero.

Nochebuena de 1958. A pesar de los braseros eléctricos que pretenden caldear el ambiente, hace un frío que pela en las dependencias subterráneas de la Dirección General de Seguridad, Puerta del Sol, Madrid.

Especialmente si te han dejado en calzoncillos.

De esta guisa, sin otro atuendo que los calcetines sujetos con ligas a media pierna, las manos cruzadas tímidamente sobre sus partes pudendas, el ciudadano suizo Georges-Laurent Rivara no parece gran cosa. A pesar del frío decembrino y de las corrientes racheadas que se cuelan por los intersticios de las ventanas que dan a la Puerta del Sol, el detenido suda copiosamente. Está aterrado.

—Es un blandengue —informa el policía a su superior que acaba de entrar—. Con un par de hostias se ha venido abajo y ha comenzado a lloriquear. Dice que es suizo.

Suiza. ¿Qué nos evoca ese diminuto y precioso país? Montañas, verdes prados con vaquitas pastantes, industria relojera y... ¡bancos!

Suiza es uno de los países menos favorecidos por la naturaleza y, sin embargo, de los más ricos. El secreto bancario, aprobado en 1934, la ha convertido en una de las economías más pujantes del mundo. Si usted, querido lector, tiene dinero que ocultar del fisco y es tan patriota que no quiere llevarlo a Gibraltar y piensa que Andorra ya la tendrán copada los defraudadores catalanes, llévelo a Suiza. Las más importantes sociedades de Europa radican allí, donde pagan como mucho un 15 %, mientras que la media europea está en un 25 %.

En Suiza los niños de las escuelas no quieren ser bomberos ni astronautas, allí sueñan con ser abogados locales de compañías extranjeras, o sea, asesores de grandes fortunas («gestores externos»), un oficio por el que perciben carretadas de dinero. La única pega es que en un viaje de papeles a España te pueda trincar la policía de ese atrasado país y hacértelas pasar canutas, como es el caso que estamos tratando.

Sobre la mesa del comisario está la agenda del detenido Georges-Laurent Rivara, en la que figuran, cifrados, una serie de nombres.

—¿A qué te suena esto? —le pregunta el comisario a su ayudante.

—Don Salvador, me suena a que, con un poco de suerte, tenemos aquí encerrada la nómina de los comunistas dentro del país.

—Esa pinta tiene —corrobora el comisario, satisfecho—. Ahora falta que cante.

Hábilmente interrogado por el comisario López Muelas, el suizo canta de plano y asevera ser agente bancario de la Société de Banque Suisse (SBS).

Por la tarde, tras otra sesión de interrogatorios y unas cuantas llamadas telefónicas a distintos ministerios, se demuestra que el suizo dice la verdad y que, una vez descifrados los nombres sospechosos de su agenda, resulta que entre ellos figuran los de muchos prohombres del Régimen: generales, diplomáticos, industriales, procuradores en Cortes, familiares de El Pardo.[141]

141. En la agenda de Rivara no figura ningún comunista. Es tan solo una lista de «872 clientes españoles de la entidad bancaria helvética, relacionados con sus

—¡Una patata caliente, don Manuel! —diagnostica el policía ayudante.

El comisario jefe, en vista del cariz que toman los acontecimientos, o sea, que su carrera se va al carajo y ya se ve picando piedra en las obras del Valle de los Caídos, releva a sus hombres del caso y lo dirige personalmente. Llama a un amigo del ministro y se lo explica.

—¡Menuda papeleta! ¡Estás jodido! —le dice el otro.

—¿Y qué hacemos? —pregunta el comisario.

—Por lo pronto, ofrecerle disculpas y toda clase de satisfacciones a ese hombre —ordena el ministro—. Lo llevas a su hotel y si te pide que le pongas el culo, se lo pones.

El asunto es de tal calibre que llega a las alturas. Franco discute el caso en un Consejo de Ministros y después de considerar las distintas alternativas, todas malas, se determina la que parece menos dañina: dar publicidad al asunto para que se vea que el Régimen no está implicado, sino que desea un ejemplar escarmiento de los «capitalistas traidores».

---

nombres y apellidos, números de cuentas, contraseñas y claves. Apellidos ilustres de la alta burguesía vasca, del empresariado barcelonés, de destacados financieros madrileños y algún que otro político se desgranaban detalladamente uno tras otro» (Sánchez Soler, 2001, p. 169). «Entre ellos se encontraban grandes capitalistas y banqueros como Alfonso Escámez (claves E-10 y P-49), el duque de Calvo-Sotelo, el naviero Pedro Ampuero Gandarias (clave 151), José Aresti Ortiz (presidente de Papelera Española, clave 206), el exministro Demetrio Carceller Segura (clave 529), Federico Lipperheide (clave 151 y 223), José Garriga-Nogués (clave 362), Guillermo Bueno Encke (n.º 75), delegado de Urbanismo y Obras Públicas del Ayuntamiento de Barcelona, cuñado del constructor Figueras Bassols y futuro presidente del Banco Condal [...] y apellidos financieros ilustres: Mas Sardá, Aguirre Ybarra, Arteaga Falguera, Beltrán de Caralt, Escrivá de Romaní, Espinosa de los Monteros, Fernández Villaverde, Gortázar, Jordán Urríes, Semir Carroz, Villalonga Villalba, Zardoya, Ybarra Oriol y Arechaga López de Letona...» (*ibidem*, p. 170). Antonio Garrigues Walker comentaría: «Una gran mayoría de los españoles que integran la aristocracia económica tienen ya colocada en el extranjero una parte significativa de su fortuna» (Fernández Clemente, 2008).

Desde la ventana de su hotel, el ciudadano suizo Rivara, todavía no repuesto del susto y de las emociones del día, contempla al dios Neptuno en su carro tirado por centauros tritones de la fuente que adorna la plaza.

En su cuadratura mental suiza no termina de asimilar lo ocurrido. Primero lo maltratan y después el comisario que hacía de policía malo casi se le echa a llorar, saca la cartera y le enseña la foto de la familia (una mujer más bien gorda y cinco niños preciosos, todos morenos), le hace llevar el equipaje al hotel, lo invita a cenar al Lhardy y, luego de beberse dos copas de coñac Napoleón gran reserva, bajo la promesa de mostrarle *Madrid la nuit* lo conduce al local de la Uruguaya, donde debido a las emociones del día no ha logrado consumar (o sea, gatillazo) con una hermosa muchacha casi virgen que dice llamarse Sara y chapurrea francés. Todo gratis.

Después, el policía Manolo lo ha acompañado al hotel y lo ha abrazado en el vestíbulo, «amigos de toda la vida, esta es mi tarjeta, cualquier tropiezo que tengas en España no tienes más que llamarme, que al que te moleste se le va a caer el pelo, adiós, hermano».

El ciudadano suizo Rivara vuelve a mirar la fuente de Neptuno. ¡Qué hermosura! El caso es que el país parece civilizado. Lo que ve desde ahí podría ser París o Londres o la propia Ginebra. Ve pasar autobuses, tranvías y taxis, mira alegres grupos familiares con gruesos abrigos de paño y bufandas hasta los ojos que se afanan en las últimas compras navideñas. Mira la iluminación municipal, angelitos, carritos tirados por trineos, abetos de colores...

Comienza a llover. En la calle se abren algunos paraguas como flores negras de trapo, de funeral. Parece un país amable, de gente alegre, un poco pícara, un poco sucia, un poco marrullera, un poco cerrada, un poco retrógrada, átona, beata, cabileña, patética, palurda, elemental quizá, pero en el fondo caballeresca, generosa, hospitalaria y de buen corazón.

—Natural que se lleven el dinero a Suiza —concluye el helvético su razonamiento.

En España empieza a amanecer.

XXV años de paz para medrar.

CAPÍTULO 22

El caso Matesa

El argumento comienza cuando Juan Vilá Reyes, un ingeniero técnico industrial textil, «aventajado hijo de la emprendedora burguesía barcelonesa»,[142] crea la empresa Maquinaria Textil del Norte, S. A. (Matesa), la primera multinacional española, en pleno auge del desarrollismo.

—¿Desarrollismo?

—Sí, hombre, el segundo franquismo (1959-1975), o franquismo desarrollista, el milagro económico español, tras el Plan de Estabilización de 1959, cuando el ministro del ramo le dijo a Franco: «Excelencia, tenemos gasolina para veinte días; después, volveremos al gasógeno. No hay divisas y vamos de cabeza a la bancarrota». Entonces el Caudillo dejó el pandero en manos de los tecnócratas del Opus Dei, que aplicaron juiciosas medidas económicas y sacaron al carro patrio del barrizal donde se había atascado.

Vilá Reyes es el tipo de yerno que toda familia quisiera para sus hijas: un hombre adornado «de singulares cualidades humanas»:[143] empresario dinámico, buen padre de familia (siete hijos), gran deportista, guapo, listo, simpático e incluso excelente intérprete al piano, como ha demostrado en el programa de televisión *Esta es su vida*, que lo ha lanzado a la popularidad.

142. Bustamante, 2007.

143. Según Mariano Rubio, director del Banco de España.

Listo como una ardilla, en 1957 Vilá Reyes adquirió la patente francesa de un telar sin lanzadera llamado a revolucionar la industria porque teje cualquier clase de material, desde papel hasta fibra de vidrio. «Un auténtico milagro —lo pondera el diario gubernamental *Arriba*—, un telar con proyección universal gracias a la investigación técnica española.»

Orgullo patrio. Se está cumpliendo, por fin, la profecía del «Cara al sol»: «En España empieza a amanecer».

Vilá Reyes adquiere unos terrenos e instala en ellos una moderna fábrica para producir su telar milagroso, el Iwer. En realidad, más que fábrica es una nave de ensamblaje, porque las piezas las importa de Estados Unidos.

Aquí es donde nuestro empresario modelo se deja arrastrar por la avaricia y no duda en atravesar la línea roja que marca la ley. A Vilá Reyes le llueven pedidos del extranjero, o eso asegura él. Para hacer frente a ese volumen de ventas inaugura varias empresas filiales en diversos países y solicita un préstamo del Banco de Crédito Industrial. ¿Cómo no ayudar a un empresario modelo para que pueda desarrollar sin agobios su creatividad empresarial? Aparte de que es muy amigo del ministro del Plan de Desarrollo, Laureano López Rodó, y un hombre complaciente al que da gusto servir, especialmente si te soborna.[144]

El Banco del Crédito Industrial no se lo piensa dos veces y le transfiere 10.000 millones de pesetas.

El pastel se destapa cuando, a raíz de la visita del ministro argentino de Industria, su homónimo español le agradece en nombre de la madre patria que Argentina haya adquirido mil quinientos telares a Matesa, nuestra empresa modelo.

—No tiene importancia, che —responde el argentino—. Además que solo hemos comprado ciento veinte telares.

144. «Poco después [de una conversación sobre coches], un emisario de Matesa me trajo las llaves de un automóvil Austin Morris 1100» (declaración del subdirector primero del Banco de Crédito Industrial recogida en «Antología del escándalo», *El País*, 23 de enero de 1983).

De regreso a la oficina, el ministro de Industria le pide al secretario que mire lo de los telares vendidos en Argentina. Se confirma que son ciento veinte, el resto reposa en un almacén del puerto de Buenos Aires. Esta información mosquea a los responsables del Banco de Crédito Industrial.

—¿No se estará quedando con nosotros el empresario modelo?

Le solicitan la presentación de los contratos formalizados con el extranjero como condición para seguir disfrutando de su línea crediticia.

No existen tales contratos. En realidad, Matesa no vive de las ventas, sino de los créditos y ayudas oficiales que obtiene falseando las cifras de telares exportados. En los almacenes de la compañía se acumula un enorme *stock* sin salida posible porque solo lo adquieren sus propias empresas filiales.

Fábrica de los telares Iwer de Matesa.

Pudo ser peor. De los 11.200 millones de pesetas que Matesa adeudaba al Banco de Crédito Industrial (9.800 millones de los créditos y 1.300 millones de intereses) al menos se recuperaron 6.900 millones.

En circunstancias normales, el escándalo se habría silenciado como se silenciaban todos los chanchullos en época de Franco. Si el caso Matesa alcanzó notoriedad fue porque el ministro que controlaba periódicos y emisoras, Fraga, le dio toda la publicidad posible para perjudicar a sus adversarios en el Gobierno, los tecnócratas del Opus Dei, algunos implicados en el fraude.

Como solía hacer en estos casos, Franco resolvió el enfrentamiento entre ministros destituyendo tanto a los culpables (los corruptos) como a los que habían aireado el asunto (Fraga y los falangistas).[145] En total, trece de los dieciocho ministros recibieron la visita del motorista que llevaba una carta de agradecimiento por los servicios prestados. Patada en el culo y a la calle.

Aparentemente, la trifulca entre azules y opusianos había quedado en tablas, pero en realidad, a la vista de la lista de nuevos ministros, Fraga comprendió que le había salido el tiro por la culata: once de los nuevos ministros eran tecnócratas vinculados al Opus Dei.

¿Qué había ocurrido? Que Franco estaba ya viejo y se había dejado influir por su *consigliere*, el almirante Carrero Blanco, simpatizante del Opus desde que uno de sus supernumerarios lo ayudó a sobrellevar una delicada situación matrimonial.[146]

Al final, todo se resolvió casi a satisfacción de las partes. Vilá Reyes le escribió una larga carta a Carrero Blanco advirtiéndole que, si salía muy malparado, sus socios en el extranjero podrían filtrar a la prensa un informe sobre la evasión de divisas por personas muy respetables del Régimen que estaban poniendo a salvo los muebles por lo que pudiera venir.

Las acciones judiciales prosiguieron, pero sin demasiada severidad. Franco indultó a los tres ministros implicados, y Vilá Reyes, condenado por estafa, falsedad y cohecho a doscientos veintitrés años de

145. Cayeron los tecnócratas García-Moncó (Comercio) y Espinosa San Martín (Hacienda), y los azules Fraga (Información) y José Solís (Movimiento).

146. «Cuando el almirante acudió al letrado Amadeo de Fuenmayor para poner fin a su convivencia matrimonial, este, lejos de atender su ruego, le convenció de la importancia de reconciliarse con su mujer [...]. Agradecido el delfín de Franco por los buenos oficios de sus abogados, que le devolvieron la felicidad conyugal, acabaría más o menos rehén de ellos, entregándose casi a ciegas a los dictados de los hombres del Opus» (Cebrián, 2016, p. 116).

prisión y 9.600 millones de pesetas de indemnizaciones o multas, solo cumplió seis años y medio de cárcel.[147]

Por las mismas fechas en que estalló el asunto Matesa, se publicó un libro, *Barcelona, ¿a dónde vas?*,[148] en el que se denunciaba la especulación de bancos y empresas constructoras en connivencia con los principales munícipes que rigieron la Ciudad Condal en los años precedentes, así como «las vinculaciones entre intereses familiares y el aprovechamiento privado de plusvalías y proyectos públicos hasta componer un conjunto verdaderamente sobrecogedor».[149]

La Real Academia Española, en sus desvelos por el idioma, acepta en su nuevo diccionario la segunda acepción del adjetivo *sobrecogedor*: «Recaudador».

Juan Vilá Reyes charla con un grupo de periodistas a la salida de la prisión.

147. Se benefició de dos indultos sucesivos, el que celebraba los treinta y cinco años de exaltación del Caudillo a la jefatura del Estado y el promulgado con ocasión de la subida al trono de Juan Carlos.

148. Martí y Moreno, 1974.

149. De la Cierva, 1992, p. 294. Este autor menciona nombres como José María de Porcioles, alcalde de Barcelona en 1957, o José María de Muller, presidente de la Diputación en 1973, así como los fabulosos negocios inmobiliarios realizados en Madrid en los años cuarenta y cincuenta por el conglomerado empresarial que más tarde se llamaría Construcciones y Contratas S. A. Para más información sobre ulteriores negociazos, véase el libro de García Abadillo, 1989.

CAPÍTULO 23

El caso Redondela

¿Recuerdan la historia bíblica del casto José y el faraón?

La resumiré para los lectores perjudicados por la LOGSE que sin duda la ignoran como ignoran todo lo demás, su propia ignorancia incluida.

El faraón tuvo un sueño: unas vacas flacas salían del Nilo y devoraban a unas vacas gordas que pastaban en sus riberas.

José lo interpretó: «Vienen años de abundancia a los que seguirán años de escasez. Guarda, oh faraón, cuando sobre para cuando falte».

Eso hizo el egipcio, guardar los excedentes, y gracias a su previsión el pueblo no padeció hambre. Es más, como los pueblos de alrededor estaban ahilados, él pudo especular con sus excedentes y se forró.

Pues bien, la historia de José se repitió en España, con penosas variantes: en 1966 una institución franquista, pero en el fondo benéfica, la Comisaría de Abastecimientos y Transportes, decidió crear una reserva de aceite de oliva, para asegurar el abastecimiento de ese producto en los hogares españoles y de paso regular los precios que, en años de cosecha escasa, tendían a dispararse.

La idea era buena y la intención irreprochable, pero la Comisaría de Abastecimientos carecía de depósitos para almacenar la cantidad de aceite requerida (12 millones de kilos). Tuvo que alquilar trece enormes depósitos en la zona portuaria de Teis a una empresa privada de Vigo, la Refinería del Noroeste de Aceites y Grasas, S. A. (Reace), uno de cuyos consejeros era Nicolás Franco Bahamonde, el hermano del Caudillo y embajador de España en Portugal.

Aclaremos que es muy normal que personas influyentes se sienten en los consejos directivos de grandes empresas que, de ese modo, a cambio de un soborno pagado en dietas y mamandurrias, garantizan la impunidad judicial para sus chanchullos. El hermano de Franco llegó a presidir siete grandes corporaciones industriales del calibre de la Transmediterránea y FASA-Renault. Nada extraño, por otra parte, porque en aquellos años todos los españolitos andaban pluriempleados para pagar los plazos de los electrodomésticos.

O sea, con Nicolás Franco en el puente de mando, Reace parece una empresa de toda confianza. En años sucesivos fue almacenándose el aceite en depósitos precintados hasta culminar las reservas requeridas.

Llegó el año de la escasez, que fue 1972. Una cosecha pésima de aceite y un mercado desabastecido aconsejaron echar mano de las reservas. Quitan el precinto de los depósitos de Redondela, enchufan la manguera al primer camión cisterna y...

Nada, que no sale aceite.

—Como que está vacío —dijo el currante que enchufó la manguera—. Aquí no hay aceite ni para aliñar una ensalada.

—A ver, mira en otro depósito —le aconseja el del camión.

Nada. Todos los depósitos estaban vacíos. Se había evaporado aceite por valor de unos 200 millones de euros.

El 25 de marzo de 1972, el director general de la Comisaría de Abastecimientos, el perito industrial don José María Romero González, denuncia en el juzgado de guardia de Vigo la desaparición de 4.036.052 kilos de aceite de oliva, propiedad de Comisaría, valorado en 167.615,172 pesetas. Sumario 43/1972.

Una investigación judicial revela que se llevaba una doble contabilidad. Y además parte de los libros se habían perdido.

Cuatro días más tarde, la policía detiene a Isidro Suárez Díaz-Moris, uno de los capitostes de Reace, cuando, al parecer, intentaba abandonar el país.

El 30 de septiembre aparecen muertos, con sendos balazos en la cabeza, el director general de Reace José María Romero González, su esposa y su hija (que estaba embarazada). El juez recibe una carta del difunto en la que le pide que no culpe a nadie, que aquello es un suicidio, pero la misiva no parece propia de un suicida: demasiado larga y demasiado aclaratoria.

A esas muertes misteriosas se suman la de Isidro Suárez Díaz-Moris, que aparece muerto en las duchas de la cárcel de Vigo. Al parecer, se produjo una fuga de gas que le causó un desvanecimiento y al caer al suelo se golpeó la cabeza con tan mala fortuna que se desnucó.

Ya casi estamos, pero todavía no hemos terminado. A las muertes enumeradas se suman los asesinatos del taxista Arturo Cordovés, que frecuentemente hacía servicios a la empresa, y el del presidente de la Unión de Fabricantes de Conservas de Galicia, Antonio Alfageme del Busto, igualmente relacionado con Reace, apuñalado en su despacho por lo que se achacó a un oscuro asunto de faldas. Sería casualidad, pero a poco el representante de los acreedores de la Administración Judicial de la empresa falleció de una angina de pecho.

En total, siete muertos relacionados con el caso de la desaparición del aceite de Redondela.

Evaporados tantos testigos y actores principales, la investigación judicial prosigue bastante descafeinada, pero con fuerza suficiente para destapar toda clase de componendas: funcionarios de la Comisaría sobornados, trasvases de aceite propiedad de esta a Reace, precintos flojos de quita y pon...

Uno de los principales implicados, Nicolás Franco, no se llamó a declarar por respeto a su condición de hermano del Caudillo. Abundando en lo mismo, el obsequioso ministro de Información y Turismo, Pío Cabanillas Gallas, amordazó a la prensa para evitar que el escándalo salpicara a tan augusta familia. Incluso expedientó al director de la revista *Campo*, que había incurrido en la temeridad de solicitar luz y taquígrafos para que «esa tradición fraudulenta con el aceite en nuestros días tenga serio escarmiento para ejemplo de todos».

Y el sumario, de cinco mil folios, ha desaparecido. Caso cerrado. Se apaga el candil de la justicia, que era de aceite.

CAPÍTULO 24

El caso Sofico

Hubo un tiempo, cuando la gente de mi generación bailaba suelto en discotecas con minifalderas risueñas pero angostas en lo moral, en que levantabas la vista en cualquier ciudad costera española y te topabas con el caballito de Sofico.

Un caballito de mar, porque la Sociedad Financiera Internacional de Construcciones (Sofico) a lo que se dedicaba era a vender apartamentos veraniegos en régimen de multipropiedad, o sea, usted tiene unos ahorrillos que le rinden una miseria en el banco, usted ingresa como cliente de Sofico y le permitimos comprar la mitad de un apartamento, la tercera, o la quinta parte, dependiendo del desembolso que haga. El apartamento lo alquilamos nosotros a los veraneantes y le damos su participación en el beneficio, un 10 % del capital invertido, y además la garantía de que le recompramos su parte si quiere venderla.

—¡Un 10 %! El banco me da solo un 0,5, ¿dónde hay que firmar?

—Aquí y aquí. Enhorabuena, porque acaba de hacer un buen negocio. Y sepa que incluso puede pasar en el apartamento unos días al año, para disfrutar de su multipropiedad.

Mucha gente picó. Firmaba los papeles y daba, pongo por caso, una cuarta parte del valor del apartamento. Le mostraban el apartamento (en un edificio suntuoso coronado por el caballito de Sofico silueteado en neón). Incluso le presentaban a los otros copropietarios. Lo que no sospechaba era que otros cincuenta incautos como él hubiesen pagado una cuarta parte del precio del mismo apartamento.

Anuncio de Sofico.

La empresa tuvo unos orígenes modestos: un emprendedor, Eugenio Peydró Salmerón, supo ver que la construcción de apartamentos turísticos tenía futuro y se metió a constructor con los 15 millones de pesetas que tenía ahorrados. Eso fue en 1962. Antes había tocado diversos palos del comercio, como importaciones y exportaciones, que le permitieron desarrollar cierto don de gentes.

El caballito de Sofico creció, y se extendió por toda la Costa del Sol. El avispado Peydró incluyó en el consejo de administración, con excelentes sueldos y dietas, a generales, magistrados y otros prohombres del Régimen.[150] Cuando el mercado nacional dio muestras de

150. Entre ellos, Luis Nieto Antúnez (hermano del almirante y negociante Pedro, amigo de Franco) y Rafael García-Valiño, capitán general de la región madrileña.

agotamiento, Sofico saltó a los países que suministraban los turistas. Así nacieron Sofico France, Sofico Great Britain, Sofico Deutschland, Sofico USA y Sofico Hispano Benelux.

La empresa se ramificó en sucesivas sociedades que peloteaban facturas entre ellas: Sofico Inversiones, Sofico Vacaciones, Sofico Atlas y Sofico Renta.

Sofico Renta fue, quizá, la idea más brillante. Reclutó un ejército de persuasivos vendedores a comisión que, sumados a concienzudas campañas publicitarias, lograron que unos ciento treinta mil pequeños inversores confiaran sus ahorros al caballito en participaciones de veinticinco mil pesetas. En total, Sofico Renta emitió ciento veintisiete mil títulos, por valor de 3.189 millones de pesetas.

Ya habrán adivinado que al final era una empresa piramidal que pagaba las insostenibles rentas de los inversores (hasta un 12 %) con el dinero de los nuevos clientes. En 1969, el año en que Fraga le concedió a Peydró la Medalla de Plata al Mérito Turístico, la empresa tuvo que desembolsar a los inversores 380 millones de pesetas.

En 1974 aparecieron las primeras grietas del tinglado cuando Sofico dejó de pagar las rentas anuales a muchos socios. Poco después presentó suspensión de pagos.

Conmoción nacional. En la primera página de los periódicos aparecieron titulares como «Sofico desahuciado».

Peydró y algunos de los responsables acabaron en los tribunales (no se me alarmen, Nieto Antúnez y García-Valiño ya habían fallecido, pero en cualquier caso el Tribunal Supremo exculpó a los altos cargos del Régimen, «al quedar constatado sin lugar a dudas que la dirección y decisiones ejecutivas de todas las actividades financieras de Sofico las tomaba personal y exclusivamente Peydró Salmerón»).

Dos jueces, uno para lo civil y otro para lo penal, revisaron las cuentas. Sobre el papel constaba que la empresa tenía unos 18.000 millones de pesetas. La realidad es que vendiendo hasta las grapadoras de las oficinas no se llegaría a la mitad de esa cantidad.

Condenados por estafa y falsedad documental, Peydró y su hijo acabaron en la cárcel condenados a nueve y cuatro años, respectivamente, y a una indemnización de 5.000 millones de pesetas para tres mil doscientos inversores estafados.

Los dos se libraron de pagar (eran insolventes, dijeron) y hasta de ir a la cárcel (el padre murió poco después, y el hijo recurrió y eternizó el proceso). Como explicaría el fiscal, «todo acabó en nada».[151]

151. «Los que formaban el consejo de administración eran hombres de paja que daban imagen de solvencia. Como aforados que eran, elevamos un suplicatorio manifestando que existían en sus conductas indicios racionales de criminalidad. Pero no hubo respuesta a esa petición. Cuando se celebró el juicio, muchos años después, solo se actuó contra el creador de Sofico, Eugenio Peydró, y su hijo. Y todo acabó en nada.»

CAPÍTULO 25

El caso en el que el taimado Vaticano estafa a la democracia pardilla

—¡Españoles..., Franco ha muerto! —informó, compungido, Arias Navarro.

Había sucedido, por fin, «el hecho biológico». Las dos Españas se dividieron entre el champán y las lágrimas.

—¿Y la Iglesia?

El camaleón vaticano extremó su paleta cromática. Por un lado, el arzobispo Cantero Cuadrado que, en el funeral del ilustre difunto, dice: «Franco ha muerto bajo el manto de la Virgen del Pilar, con la fe firme y sencilla del centurión del Evangelio, con la entrega total y apasionada de su vida al servicio de España, pidiendo perdón y perdonando a todos sus hermanos. Como cristianos y como españoles, ante el ejemplo de su vida y de su muerte, correspondamos con nuestra oración, con nuestra concordia y con nuestra esperanza al mensaje de paz y unidad fraterna que, en los mismos umbrales de su muerte, Francisco Franco ha legado, con un abrazo de despedida a todas las generaciones españolas, a saber: nuestro esfuerzo permanente y esperanzado para alcanzar la justicia social y la cultura para todos los hombres de España».[152]

Por otro lado, el arzobispo Tarancón, quien, en la homilía de la misa de Espíritu Santo, en San Jerónimo, predica que «la fe cristiana no es ideología política ni puede identificarse con ninguna de ellas»

152. *Boletín Eclesiástico Oficial del Arzobispado de Zaragoza*, 11 de noviembre de 1975, p. 341.

y que «la Iglesia no quiere [...] ningún tipo de privilegio, [...] sino libertad para todos».[153]

¿Libertad para todos? ¿Desde cuándo ha sido la Iglesia partidaria de la libertad de nadie? El astuto camaleón vaticano cambia de color y se confunde con el paisaje dominante. Ahora toca exaltar la libertad.[154]

¿Va la Iglesia a renunciar, así, por las buenas, a mantener los privilegios que le otorgó Franco: vivir a costa del Estado, monopolizar la educación, y controlar la moral pública?

Por supuesto que no.

Los que conocen mínimamente el percal (entre ellos, el filósofo católico Aranguren) dudan de que Tarancón hable en serio. Y llevan razón: detrás de esa apariencia moderada y moderna de Tarancón se agazapa la Iglesia consuetudinaria, el contubernio de prelados intransigentes.[155]

Al propio tiempo crece, con un aluvión de nuevos afiliados, la Hermandad Sacerdotal Española, la agrupación clerical integrista en lo religioso y de extrema derecha en lo político.

—Peligra la Iglesia —se alarman los alarmistas—. Una democracia debe ser laica si aspira a ingresar en el club de las democracias europeas.

153. Homilía del cardenal Enrique y Tarancón, 1976, pp. 11-12.

154. Esta sorprendente capacidad acomodaticia del camaleón eclesial nos trae a la memoria un aserto de Bertrand Russell: «Las religiones, en cada etapa, tratan de hacer que el público olvide su anterior oscurantismo, a fin de que su oscurantismo actual no se reconozca como tal».

155. Especialmente, el cardenal González Martín y los obispos de Cuenca, Orense, Tenerife, Burgos y Vitoria. «Tarancón pasa por liberal porque se lo compara con los obispos ultras», señalaba el cura obrero Mariano Gamo. Eso parece a la vista de ciertas actitudes suyas y de ciertos documentos. En 1972 le envió a Franco y a Carrero Blanco sendas copias del documento episcopal *La Iglesia y la comunidad política*. En la carta que acompañaba la copia enviada a Carrero Blanco, Tarancón aseguraba: «La guerra fue una Cruzada y nunca he dudado de ello; estoy totalmente de acuerdo con lo que dijeron los obispos de entonces en la carta colectiva» («Los archivos secretos de Franco», capítulo IX, *Interviú*, 11 de febrero de 1986).

¿Laica? Los obispos se echaron a temblar. «¿Quiere eso decir que nos suprimirán los privilegios?»

Se anunciaba una nueva Constitución que sin duda consagraría el laicismo del Estado. ¿Qué hacer? La Iglesia, que sabe más por vieja que por Iglesia, hizo sus juntas y cabildeos.

—Una Constitución no se improvisa de la noche a la mañana —razonó un monseñor en la Conferencia Episcopal—. Su redacción y su aprobación requieren trámites que llevarán un mínimo de dos años.

—Un plazo más que suficiente para urdir alguna industria que blinde los privilegios que nos otorgó Franco —opinó otro tonsurado.

—Aprovechemos que, por ahora, el Gobierno es de derechas y católico[156] y que nuestros interlocutores en la Administración[157] son fieles hijos de la Iglesia —propuso un tercero.

156. Primero fue el Gobierno Arias, integrado por personas de orden, misa y comunión. Tras la dimisión de Arias (1 de julio de 1976) sucedió el Gobierno Suárez, hombre cercano al Opus (por su mujer), entre cuyos ministros predominaban los militantes católicos (tres propagandistas de la Asociación Católica Nacional de Propagandistas, Osorio, Lavilla, Oreja, y un miembro de Acción Católica, Fernando Abril). En las primeras elecciones democráticas desde 1936 (15 de junio de 1977) obtuvo la mayoría la coalición UCD (166 escaños, frente a los 118 del PSOE y los 19 del Partido Comunista), inspirada, según su presidente, «en el humanismo cristiano». Las Cortes no constituyentes nacidas de aquellas elecciones eran poco democráticas, pues nacían de formaciones políticas todavía ilegalizadas. Nuevamente tuvimos un Gobierno favorable a la Iglesia: «Democristianos en los ministerios de Educación, Exteriores y Justicia (Clavero, Oreja, Lavilla); y en la Presidencia del Congreso (Álvarez de Miranda); el opusdeísta Antonio Fontán en la Presidencia del Senado. Hacienda y Comercio cayeron del lado socialdemócrata (Fernández Ordóñez y García Díez) y la Vicepresidencia Económica fue para Fuentes Quintana» (Figuero, 2001, p. 486). En Gobiernos sucesivos el color siguió siendo católico: Rodríguez Sahagún, Íñigo Cavero y, el más apegado a la Iglesia, Landelino Lavilla. La inmensa mayoría de los ministros de Suárez fueron ovejas pastoreadas por los obispos.

157. Unos solícitos funcionarios de la Dirección General de Asuntos Eclesiásticos heredados de la dictadura franquista.

Los obispos se pusieron manos a la obra. Llamaron a capítulo a los probos ministros que les besaban el anillo y concluyeron con ellos acuerdos parciales.[158]

—¿Quiere usted decir que obispos y funcionarios católicos se conchabaron para firmar una serie de acuerdos que hipotecaran a la Iglesia el futuro del Estado?

Exactamente. Se trataba de salvaguardar los privilegios de la Iglesia del naufragio liberal que se avecinaba.[159]

Fue un éxito táctico de la Iglesia porque lo que parecía un acuerdo provisional (en espera de la Constitución) adquirió el rango de tratado internacional.

¿Cómo puede un Estado firmar un tratado internacional con una confesión religiosa?

Ahí está el truco, querido lector. La Iglesia actúa unas veces como confesión religiosa y otras como país soberano (Estados Pontificios) según le convenga.

Un tratado internacional tendrían que respetarlo los futuros Gobiernos aunque (como era de temer) fueran de orientación política desfavorable a la Iglesia.

158. En abril de 1976, el enviado del Gobierno, Areilza, propuso a Pablo VI la revisión del Concordato, pero el astuto pontífice (iluminado por el Espíritu Santo) optó por suscribir acuerdos parciales.

159. «Optaron por negociar en secreto unos pactos beneficiosos para la Iglesia, con numerosas zonas oscuras, con el objeto de que, en el futuro, un Gobierno afín o excesivamente preocupado por el peso y la influencia social de la Iglesia accediese a interpretarlos en clave de confesionalidad. Los redactores de los acuerdos de 1979 eran conscientes de que una democracia asentada no accedería a firmar unos pactos que privilegiasen a la Iglesia católica después del precedente del Concordato de 1953» (Castellà, s. f.). «Se considera a los concordatos tratados internacionales y, en realidad, son acuerdos, no entre dos Estados, sino entre un Estado y una organización confesional; entre los primeros rige el principio de reciprocidad; no en el caso de los concordatos. Un ejemplo: el Estado reconoce eficacia civil al matrimonio canónico, pero la Iglesia no reconoce eficacia canónica al matrimonio civil. Segunda, el derecho canónico medieval incorpora el principio romano de que *el príncipe no está subordinado a la ley*, del que derivará este otro: *la Primera Sede por*

«De esta manera, se traicionó el espíritu de consenso que presidió la Transición española y se clavó una espina en el corazón de la recién estrenada democracia.»[160]

Sucesivas declaraciones episcopales moderan los entusiasmos de los que creían que el Estado laico, moderno, estaba al alcance de la mano: la Conferencia Episcopal declara que la Iglesia aspira al «reconocimiento de sus derechos sociológicos». Poco después, una declaración colectiva del Episcopado Español exige que la Constitución refleje «la realidad religiosa de los españoles, con el peso indudable del catolicismo».

O sea, que de Estado laico, nada. España es un Estado católico y lo debe seguir siendo. Esta bicoca hay que mantenerla. Los obispos no están dispuestos a regresar a las estrecheces de la Segunda República, cuando el Estado laico desasistió a la Iglesia y tuvieron que malvivir con la calderilla de la venta de bulas e indulgencias, estipendios sacramentales, colectas diocesanas y cepillos de la capilla de Santa Rita (más las rentas de sus cuantiosas propiedades).

¿Cómo conjugar el Estado católico que preconiza la Iglesia con el Estado laico que exigen las emergentes izquierdas españolas y la inevitable democracia?

La cuadratura del círculo. Algo imposible.

Sin embargo, la Iglesia acepta el reto. Al fin y al cabo su doctrina se basa en aparentes imposibles: mortales que caminan sobre las aguas, muertos que resucitan, dioses que se encarnan en vírgenes, alimentos que se multiplican, y todos esos fenómenos paranormales de cuya autenticidad persuaden a la grey cristiana.

Busquemos el modo de metérsela doblada a la democracia, sugieren desde la curia romana.

Los obispos, realistas, se ponen en lo peor. Una Constitución europea moderna debe declarar al Estado laico o no resultará creíble para

---

nadie puede ser juzgada, todavía proclamado en el Código vigente (canon 1404). No es asunto baladí. ¿Puede haber control jurisdiccional real del Concordato si una de las partes rechaza la instancia superior?» (Llamazares, 2003 y 2007).

160. Celador Angón y Contreras Mazarío, 2005.

los países democráticos que deben decidir si admiten o no a España en el club de las democracias.

Se acata. Eso está fuera de toda duda.

Lo malo es que esa Constitución implicará el fin de unos privilegios de la Iglesia (esos privilegios impensables en otros países católicos de Europa, Francia, Italia, Bélgica...).

¿Qué hacer? ¿Firmar con el nuevo Gobierno un nuevo Concordato que seguramente no será tan ventajoso como el anterior?

No, eso no conviene.

El camaleón, que sabe más por viejo que por Iglesia, hace sus cálculos.

En el Vaticano y en el episcopado español cunde el optimismo: pactemos con este Gobierno constituido por fieles hijos de la Iglesia y dispuesto a que nada cambie. En efecto, los meapilas comisionados para pactar con la Iglesia anteponen su condición de católicos a la de españoles y firman unos acuerdos lesivos para el interés nacional y favorables a la Iglesia, cuyos privilegios quedan blindados y a salvo de cualquier estado liberal venidero.

Los ángeles se regocijan en el cielo. La Iglesia le ha colado un gol por la escuadra al Estado laico. Lo que parecía un acuerdo provisional (en espera de la Constitución) adquiere el rango de tratado internacional (el viejo truco vaticano, que invoca alternativamente su condición de religión o de país independiente, según sus conveniencias).

El engaño consiste en firmar con el Estado español cinco acuerdos que blindan jurídicamente a la Iglesia frente a cualquier Gobierno futuro que intente suprimir o aminorar sus privilegios.[161]

161. En efecto, el cambio de Gobierno, cuando el PSOE ganó las elecciones por mayoría absoluta en 1982, no supuso menoscabo alguno para la Iglesia. El Gobierno no podía alterar ni vulnerar los términos de aquellos acuerdos que tenían el rango de tratados internacionales (ya que la Iglesia es, cuando le conviene, un Estado y, por lo tanto, sujeto soberano de derecho internacional). Por otra parte, los acuerdos están blindados por una cláusula según la cual las partes procederán de mutuo acuerdo para resolver las dudas sobre su interpretación. «Es suficiente con

Los acuerdos son los siguientes:

- La cancelación del Concordato de 1953, por el que se ordenaban las relaciones entre la Iglesia y el Estado.[162]
- Cuatro acuerdos que perpetúan los privilegios de la Iglesia: el primero regula la personalidad jurídica de las entidades eclesiásticas y los efectos civiles del matrimonio canónico;[163] el segundo, docente, regula la enseñanza de la religión católica en los centros públicos; el tercero, económico, regula la financiación de la Iglesia por el Estado;[164] el cuarto, castrense, prolon-

---

que una de las partes no ceda en las negociaciones (la Iglesia) para que la otra (el Estado) tenga que optar entre resignarse o incumplir el acuerdo» (Celador Angón y Contreras Mazarío, 2005). Lo que parecía un acuerdo interno entre las autoridades eclesiásticas y las civiles de un país se termina convirtiendo en un acuerdo internacional, inviolable, entre dos Estados soberanos: el español y el Vaticano o Santa Sede. Ese tratado obligará a futuros Gobiernos independientemente de la orientación política que tengan. «España ha quedado así hipotecada por un Concordato, que tan solo puede modificarse con un nuevo acuerdo entre España y la Santa Sede y que no prevé la posibilidad de renuncia o retiro unilateral, siendo nula cualquier ley o disposición normativa de rango inferior contraria a sus disposiciones» (Castellà, s. f.).

162. Esta cancelación, una mera operación de prestidigitación para que pareciera muerto y enterrado, aunque siguiera vivo y vigente bajo otras formas, se firmó el 19 de agosto de 1977.

163. Se mantenían los privilegios destinados a garantizar el derecho de la religión católica a desempeñar las tareas de culto. «Se reconoce personalidad jurídica civil y plena capacidad de obrar a todas las órdenes, congregaciones e institutos religiosos, y el derecho de autoorganizarse libremente, el Concordato también garantiza la inviolabilidad de los lugares de culto, la imposibilidad de su demolición sin ser antes privados de su carácter sagrado, la inviolabilidad de archivos, registros y documentos de la Iglesia, la libertad de publicación y comunicación, [...] la asistencia religiosa en presidios, hospitales, sanatorios y hospicios, reconoce efectos civiles al matrimonio canónico, el compromiso estatal de cooperar con la Iglesia en sus actividades de asistencia o beneficencia, y la existencia de tribunales eclesiásticos cuyas sentencias sobre cuestiones matrimoniales tendrán eficacia civil» (Castellà, s. f.).

164. «En el terreno fiscal, se excluye a la Iglesia del impuesto sobre la renta (IRPF) y sobre el consumo (IVA...), de pagar contribuciones urbanas por sus edifi-

ga la existencia de capellanes militares en las Fuerzas Armadas y el servicio militar del clero.[165]

Con singular astucia, estos acuerdos se firmaron el 3 de enero de 1979 (veintiocho días después de aprobarse la Constitución), pero obviamente se habían negociado antes.[166]

Para rematar, un nuevo gol al Estado español, este de cabeza: en virtud del Acuerdo de 1976, España renuncia al «derecho de patronato regio» (o sea, el derecho del Estado a proponer ternas de posibles obispos para ocupar las sedes vacantes).[167]

Este privilegio era un instrumento eficaz que permitía al Estado controlar la política de la Santa Sede en España.

¿Por qué se renunció?

«Es que estos privilegios son cosa del pasado —dijeron los inocentes negociadores—, antiguallas impropias de un Estado moderno.»

---

cios (incluidas las residencias de sacerdotes, locales de oficinas, seminarios, conventos y edificios de culto), de pagar impuestos reales sobre la renta y el patrimonio, además de estar totalmente exenta del impuesto por donaciones y sucesiones (siendo deducibles del IRPF los bienes donados a la Iglesia) (Castellà, s. f.).

165. No es ninguna tontería: «Con más de ochocientos mil fieles, entre militares, guardias civiles y sus familias, las Fuerzas Armadas y la Benemérita constituyen un terreno acotado en el que más de ciento cincuenta capellanes ejercen con gran libertad de movimientos y profusión de medios. Es tan importante para el Vaticano que Juan Pablo II elevó el antiguo vicariato general castrense a la categoría de arzobispado en 1986» (Torres, 2004, p. 360).

166. Por lo tanto, estos cuatro acuerdos son solo formalmente posconstitucionales. Fueron suscritos el 3 de enero de 1979 en Roma por el secretario de Estado, cardenal Villot, y el ministro español de Asuntos Exteriores Marcelino Oreja, «ministro franquista y genuflexo católico», como lo llama Puente Ojea (2002, p. 15). Estos cuatro acuerdos se unían al firmado el 28 de julio de 1976, en el que se regulan las relaciones entre la Iglesia y el Estado en España.

167. La renuncia se había negociado tras la entrevista secreta del marqués de Mondéjar, jefe de la casa real, con Pablo VI. En una carta dirigida al papa el 15 de julio de 1976, Juan Carlos renunciaba al patronato en la elección de los obispos con una contrapartida comparativamente ridícula, la del privilegio de fuero y la exención del servicio militar para seminaristas.

En efecto, «superemos las antiguallas —dijo la zorra vaticana—. A ver, pardillo mío, firma aquí y aquí». Y el Estado español, monaguillo obediente, firmó.

Sin embargo, la laica Francia, la madre de la Revolución francesa y de la modernidad laicista, nunca ha renunciado a esos privilegios que heredó de la monarquía. Por algo será.

El Estado laico español siguió manteniendo a la Iglesia, como en tiempos de Franco.

Una jugada maestra y una estafa tan memorable como la de *El golpe* (Paul Newman y Robert Redford).

Imaginemos la escena en el despacho del papa.

—Santidad, ya tenemos el compromiso firmado y sellado: seguiremos esquilando a las ovejas españolas —informa el nuncio, monseñor Luigi Dadaglio.

—¿Se han resistido mucho? —inquiere Pablo VI.

—No mucho, santidad. El pueblo español es pastueño, un verdadero rebaño. Repare vuestra santidad en que es el único de la Europa avanzada que jamás decapitó a un rey. Al español le molesta pensar. Prefiere someterse a Gobiernos que se lo dan pensado. Basta con

Suárez jura el cargo.

darle su ración diaria de televisión basura o de fútbol (antes eran los toros).

—Transmita al cardenal primado mi especial bendición para que la haga extensiva al pueblo español, que tan dócilmente acata a su Madre, la Iglesia.

—Así lo haré, santidad.

CAPÍTULO 26

El caso Fidecaya

Salía el humorista Miguel Gila en la tele en blanco y negro y te decía:

—¡Fidacáyate ya!

Y los hijos de los que guardaban los duros de plata debajo del colchón, todos encantados con el fino humor de Gila, sacaban los ahorrillos y los metían en Fidecaya, la fiable entidad financiera de ahorro particular que les prometía hasta un 10 % de rentabilidad.

Te visitaba el agente de la compañía, se tomaba contigo media botella de fino La Ina, alababa el aperitivo que había preparado tu mujer (queso añejo y croquetas de pollo) y hasta el mantel de hilo bordado que solo se lucía en las grandes ocasiones y luego de socializar y enseñarte la foto de los nietos que llevaba en la cartera te decía:

—Bueno, ahora vamos a lo nuestro, que no quiero abusar de su tiempo ni de su hospitalidad. —Sacaba el contrato que llevaba prevenido en el maletín de ejecutivo y te decía—: Si uno va al banco y pide un préstamo, ¿cuánto le cobra el banco?

Tú titubeabas un poco, porque nunca habías pedido un préstamo al banco, pero por la hipoteca del primo Manolo sabías que andaba por el 18 %.

—Un 18 % al que hay que sumar los gastos notariales, los de tasación, el impuesto de actos jurídicos documentados (AJD), los gastos de gestoría, la comisión de apertura, la nota simple y unos pocos más. En total, se te pone en un 22 %. Ahora piensa en lo que te rinden los ahorrillos que tienes en el banco. ¿Cuánto te rinden?

—El uno y medio por ciento. Bueno, también me dieron un juego de sartenes.

—Del uno y medio al 22 %, el banco se embolsa la diferencia, ya lo ves. Negocia con tu dinero. Se forra y a ti te deja las migajas. Eso es el banco. Por el contrario, Gescartera es una entidad social que te va a dar el 10 % de ganancias y se va a quedar con el 10 % restante para invertirlo. Un trato justo... Y no te faltarán sartenes.

Y tú te piensas que más que trato justo es un chollo. ¿Dónde hay que firmar?

Más de doscientos cuarenta mil pequeños depositantes sucumbieron a la tentación de comprar duros a cuatro pesetas.

En 1980, Fidecaya se destapó como una estafa financiero-inmobiliaria que superaba los 1.800 millones de pesetas (11 millones de euros). El Consejo de Ministros acordó intervenirla.

La noticia salió en el telediario: el déficit patrimonial de la empresa se ha estimado provisionalmente en más de 7.000 millones de pesetas.

Buscabas la tarjeta de visita que te dejó aquel agente tan amable al que firmaste el contrato, el que alabó las croquetas de tu mujer y te enseñó las fotos de sus nietos, pero nadie respondía al otro lado del hilo.

—Ese estará en las Bahamas con nuestro dinero. Ya te dije que no me daba buena espina —reprochaba la esposa, ya olvidada de la solicitud con que lo había recibido y el mantel bordado que solo sacaba en los aniversarios y en Nochebuena.

La ruina de Gescartera afectaba a cientos de miles de ahorradores. El dueño de la entidad, Edmundo Alfaro, compareció ante el juez y resultó exculpado, pero la fiscal Carmen Tagle remozó las acusaciones y reabrió el caso. Otra fiscal lo cerró. Finalmente, la sociedad fue adquirida por Rumasa.

CAPÍTULO 27

El descorazonador caso de la Casa del Pueblo

Parecía que la avaricia era cosa de ricos, de plutócratas, de los tradicionales explotadores del pueblo sencillo y trabajador.

La gran decepción fue comprobar que no, que la podredumbre moral había inficionado a la parte más noble del cuerpo social, a los parias de la tierra, a la famélica legión, al honrado obrero.

Ocurrió a poco de legalizarse el Partido Comunista de España (PCE) después del deceso del Caudillo, en plena fiebre revisionista y democrática. En un pueblecito español de dos mil habitantes cuyo nombre prudentemente silenciaremos, los comunistas locales instalaron en la Casa del Pueblo un centro recreativo cultural, mesas de formica, sillas desparejadas, estantería de contrachapado (para la incipiente biblioteca),[168] televisor de veintidós pulgadas y bar.

La admisión se limitaba a los camaradas con carnet. El centro se autogestionaría sobre bases de mutua confianza en la honradez esencial del comunista.

Un camarada donó un cerdo que, convenientemente sacrificado en un día de convivencia marxista, las esposas de los afiliados redujeron a chorizos, morcillas y adobo. Otro camarada donó veinte cajas de cerveza; otro, cuatro garrafas de honrado vino manchego; otro puso

168. Biblioteca que nunca excederá de las obras de Marx, intactas, y de un álbum de cromos de *La abeja Maya*, aportado por un militante a la sección infantil.

el pan, honestas hogazas y teleras de la tahona local, la almazara del pueblo obsequió con una cántara de aceite picual: «Que los disfruten los aceituneros altivos», decía la nota.

La asamblea de base estableció que la planta baja de la Casa del Pueblo sería un centro de convivencia donde los camaradas podrían disfrutar de los servicios de un bar en régimen de autoservicio.

El camarada usuario tomaría de la despensa comunal los productos necesarios para su tapeo convivencial y depositaría su importe en la ranura de una alcancía metálica, copia del cepillo de la iglesia, que aportó el herrero.

Según los cálculos del comité de cuentas adscrito a tesorería, cuando se agotaran las provisiones, habría en la alcancía dinero suficiente para adquirir dos cerdos y el doble de bebidas.

—Entonces bajaremos los precios y los beneficios de la plusvalía revertirán sobre el colectivo de los camaradas consumidores —decretó el camarada jefe local.

La utopía se desmoronó cuando, pasado un mes y agotada la despensa, el comité de cuentas en pleno procedió a la solemne apertura de la alcancía y encontró solamente trescientas veintidós pesetas en calderilla, veintidós chapas de botella, nueve arandelas, seis colillas, un condón usado y medio franco francés. La plusvalía se había evaporado, dejando solamente una minusvalía más ideológica que pecuniaria.

Se quedaron todos mirándose estupefactos, sin saber qué decir.

—Esto no se hace —sentenció el camarada jefe—. Esto es robar al obrero.

En efecto, mediando avaricia, el obrero es lobo para el obrero. Y allí no había entrado ningún señorito explotador.

—El que esté libre de pecado que tire la primera piedra —dijo el cura (obrero) que oficiaba como capellán oficioso de la institución.

Llegaba con fuerza la izquierda a ocupar los predios de la derecha. Felipe González amenazaba a la evanescente UCD:

—¡Cuando lleguemos nosotros habrá auditorías de infarto!

O sea, «sois todos unos mangantes y aquí la única gente decente somos nosotros, que llevamos cien años de honradez (pero ni un minuto más)».[169]

«Cuando la UCD desapareció tras las elecciones de 1982, se levantaron todas las alfombras, se hicieron todas las auditorías de infarto —escribe el exministro de UCD Jaime Lamo de Espinosa—. No pudo encontrarse una actuación que indicara privilegio, que se realizara fuera del marco legal [...]. Salimos de los cargos tan ligeros de equipaje como habíamos llegado.»[170]

Cartel electoral de Felipe González (1982).

169. Ignorante de la historia, desconocía los coqueteos de su partido con el dictador Primo de Rivera.

170. Jaime Lamo de Espinosa, «Hace quince años...», *ABC*, 15 de junio de 1992.

CAPÍTULO 28

El caso del «café para todos»

Cuando Franco nos privó de su presencia, los que habían disfrutado cuarenta años del pesebre del Régimen se avinieron a estrecharse un poco para hacer sitio a los perdedores de la guerra que se reintegraban a la patria tras el largo exilio procedentes del lado oscuro (o claro, según se mire).

—Caminemos todos juntos, sin rencores, por la senda de la Constitución. Haya mamandurria para todos y pelillos a la mar.

—Eso, eso.

—Subamos los impuestos, como haría cualquier país moderno y de este modo habrá viático para todos.

—Eso, eso.

Es lo que históricamente se ha llamado la Santa Transición, o sea, Transacción.

Sí, queridos míos, a veces la avaricia se disfraza de entrega desinteresada al procomún, de anhelo de servir a la comunidad, de amor a la patria.

Un pecado capital de los más feos, la codicia, se alía a la pereza, se viste de virtud y vive de sangrar al contribuyente como los *watusis* sangran a sus vacas.

Hasta aquí la teórica. Vayamos ahora al origen del problema del excesivo sangrado que quizá algún día mate a la vaca y acabe con el sistema.

Todo empezó porque había algunos socios que querían ser más que otros, porque se creían superiores.

La Segunda República había otorgado una relativa independencia a vascos y catalanes. Tras el paréntesis franquista, los independentistas de aquellas regiones españolas, tan favorecidas por la naturaleza y por los aranceles, quisieron retomar su autonomía en el punto donde la habían dejado cuarenta años atrás.

Las otras regiones de España se encelaron: «Queremos lo mismo que para Cataluña: aquí nadie es más que nadie».

¿Qué hacer?

Al incauto Gobierno no se le ocurrió mejor cosa que conceder el «café para todos».[171]

Una chapuza para salir del paso que bien cara habría de manifestarse con el tiempo.

De pronto nacían diecisiete autonomías agitando la pamema de la identidad nacional: somos una nación históricamente sometida que ahora despierta y exige sus propias instituciones, un Parlamento, un Gobierno, unos ministerios, un presidente, un himno, una bandera, una esencia común, una voluntad étnica, unas señas de identidad, un idioma (o, en su defecto, por lo menos un chamullo propio que sea reconocible y pueda reivindicarse frente al abusón Gobierno centralista).

La constitución de nuevas taifas, o el nuevo federalismo, tuvo un efecto beneficioso: demostró a la clase productiva, los trabajadores, que apretándose un poco más el cinturón (los impuestos) podía sostener dignamente a una novedosa clase improductiva, la casta parasitaria de los nuevos políticos.

Al amparo de los partidos, convertidos ahora en agencias de empleo, surgieron, como por ensalmo, una multitud de puestos de trabajo resultantes de multiplicar por diecisiete las instituciones propias de una nación, a saber: Gobierno, ministerios (ahora llamados consejerías), Parlamentos, defensores del pueblo, entes públicos de

171. Una barbaridad cuyas consecuencias todavía no somos capaces de aquilatar, siento decirlo, aunque soy consciente de que estoy siendo políticamente incorrecto ya que a estas alturas hay cientos de miles de familias que comen de ella.

radio y televisión, boletines oficiales, plantillas de organismos de nueva creación (oficinas institucionales y comerciales, embajadas oficiosas, oficinas en Bruselas, asesorías...).

Sumémosle Consejos de Estado, Senado, diputaciones, sindicatos apesebrados, patronales, oenegés más o menos oficialistas y tendremos un festín de sueldos, primas, y dietas que se alimenta del bolsillo del resto de los españoles.

Plantillas, plantillas, plantillas..., como decía Hamlet.[172]

Advierta el escéptico lector que estos puestos, aunque no crean riqueza en el sentido mercantilista del término, o sea, aunque no incidan directamente en la elevación de la renta nacional (o autonómica), sin embargo retroalimentan el consumo con el consiguiente refuerzo de las arcas públicas vía impuestos.

En el Antiguo Régimen solo vivían bien los aristócratas y el alto clero; en democracia, cualquier persona suficientemente despabilada, aunque sea de origen humilde y sin formación, puede fácilmente llegar a diputado, a senador, a ministro, a director general de la Guardia Civil, etcétera.

Mientras gente con título universitario sirve cervezas en un chiringuito playero, gente sin graduado escolar o tontos licenciados en las endebles universidades dirige el país.[173]

172. En realidad, dice: «Palabras, palabras, palabras», pero me venía mejor que dijera «plantillas» y he modificado la realidad para arrimar el ascua a mi sardina. Hablando de políticos todo se pega. Lo que quería decir es que la descentralización autonómica redujo en un 4 % la plantilla de funcionarios de la Administración central y paralelamente ha aumentado en un 40 % la autonómica. Es el resultado del solapamiento de cinco administraciones: local, provincial, autonómica, nacional y europea.

173. Por ejemplo: Ernest Benach i Pascual, que comenzó su carrera profesional de barrendero y jardinero, y de ser simple militante de un partido nacionalista supo ascender, por méritos propios, a presidente del Parlamento de Cataluña (cargo en el que se hizo tunear una limusina de lujo Audi A8 para dotarla de televisión, reposapiés y escritorio). Como las cerezas suelen salir a pares, uncidas por el pedúnculo, citemos también a Corcuera (o Corcuese): de simple electricista ascendió a ministro del Interior (1988-1993). Puede aducirse que este hombre al menos entendía

Con las listas cerradas de los partidos cualquier mindundi puede ingresar en la casta parasitaria con un puesto excelentemente remunerado. Un poco de labia, como la ministra Marisú Montero, o una agresiva melena rubia pepera como Yolanda, Yoli, Díaz son suficientes para colocarse estupendamente.

—En España, querido amigo, siempre ha existido una casta parasitaria arrimada al trabajador como la garrapata al perro. En el Antiguo Régimen eran la aristocracia y la Iglesia. El que no quería trabajar se metía a fraile. Hoy, en el régimen liberal y democrático que vivimos, el que no quiere trabajar se mete a político.

—¿Quiere usted decir que los políticos no trabajan?

—En absoluto, Dios me libre de afirmar tal cosa. Hay una minoría que hace el trabajo, sin duda. El resto solo hace bulto, vota lo que se le manda, gorronea lo que puede y cobra a fin de mes.

—Pero estos no ascienden.

—No esté tan seguro. Ahí tiene a Zapatero, el guaperas de la ceja circunfleja, que de ser un diputado pesebrista ayuno de toda formación, de pronto saltó al escenario, pisó unas cuantas cabezas y se adueñó del timón de la nave del Estado.

—Con las consecuencias que todos conocemos.

Bambi.

---

de enchufes, pero ¿qué me dicen de Micaela Navarro, una mujer sin estudios que, sin más mérito que el desparpajo ejercitado en asambleas vecinales, ascendió sucesivamente a concejala del pueblo, senadora, consejera y, finalmente, presidenta del PSOE (2014-2016)? En tiempos de Isabel II, el poeta Manuel de Palacio lo denunció en un epigrama: «*Política: arte ramplón / que se aprende mal y pronto, / y en la española nación / es constante ocupación / de algún sabio y muchos tontos*».

CAPÍTULO 29

El caso del diputado Ernesto

Ascen ha pasado unos días en Madrid con su prima Pepa y regresa a su modesta capital de provincias contando maravillas:

—Oye, Ernesto, ¡anda que no les ha cambiado nada la vida desde que son diputados!

—El diputado es él —corrige Ernesto.

—Bueno, el diputado será él, pero anda que ella no se pavonea... Por lo visto, eso de ser diputado es un chollo.

—Ya me imagino que el sueldo será algo mejor que de maestro de escuela —concede él—. También tienen más responsabilidades.

Ascen dirige a su marido una mirada de profunda conmiseración entreverada de asco.

—¿Algo mejor que de maestro? ¡Qué tonto eres! Gana mucho más, a dónde va a parar. Me lo estuvo explicando Pepa, y es que se están poniendo las botas: además del sueldo fijo tienen unas cosas que se llaman comisiones que por estar en ellas se sacan una pasta. Y el trabajo, poquito, ¿eh? En lugar de estar aguantando a un montón de niños, cada uno de su padre y de su madre, lo único que hace Rafa es estar en el *biciclo*.

—Se dice *hemiciclo* —corrige Ernesto.

—Bueno, en el *miciclo* o como se llame, eso que sale en la tele, que es como un teatro. Pues allí lo único que hacen es sentarse en la grada y poner cara como si atendieran a lo que se dice y cuando hay que votar apretar un botoncito y votar. Estuvimos Pepa y yo en el palco de invitados y en más de una hora Paco no abrió la boca, y los otros igual, unos traspuestos, otros pensando en sus cosas y otros leyendo el periódico.[174] Esos trabajan menos que los Reyes Magos. Allí los que hablan son cinco o seis, que parece que discuten entre ellos y hacen el paripé como si se pelearan, pero luego se juntan en la cafetería y los ves tan amigos.

—¿Y Paco no habló?

—¡Qué va a hablar, si no sabe! —se sulfura Ascen—. Tú sí que hubieras hablado bien con la labia que tienes. Yo te voy a decir una cosa que la he venido pensando en el tren: lo que tenías que hacer es meterte en política y te quitas de aguantar niños.

—No, Ascen, yo tengo vocación de enseñar.

—¿Vocación? ¡Anda y no digas tonterías! Desde luego con el poco espíritu que tienes, en la vida vamos a salir de pobres. Si ya me lo decía mi madre, tú verás, hija, con quién te casas, que siempre se ha dicho «anda, que tienes más hambre que un maestro de escuela».

Ernesto, que solo aguanta a su mujer regular, cambia de tema:

—Y aparte de eso, ¿qué has visto en Madrid?

—Bueno, el sábado me llevaron a comer a un restaurante de lujo que no veas cómo se come, con un mantel bueno de hilo y un montón de copas y de cubiertos para cada cosa el suyo. Oye, y Pacón con traje y corbata, como siempre, fíjate con lo desastrado que era antes. Nos traen la lista de las comidas y otra para los vinos, y él miró con disimulo una tarjeta que lleva en el bolsillo de arriba de la chaqueta donde tiene apuntados los mejores vinos. Llega el camarero con la botella que pidió, por lo visto carísima, no el de tetrabrik peleón que tomaba aquí, y le pone un poco vino en la copa, y él (¡lo que te hu-

174. El que esto escribe no ha estado nunca en el Congreso, pero viene observando que, como dice Pablo Castellano, 1995, «hay diputados que son auténticos albañiles del escaño, otros se pasan cinco legislaturas sin abrir el pico: no son padres de la patria, son hijos de Dios por lo menos». El más resistente fue Alfonso Guerra, inserto en el sistema parlamentario español desde la primera legislatura, currándose el escaño día a día, inasequible al desaliento, hasta alcanzar su merecida jubilación.

bieras reído si lo ves!) lo mira al trasluz para ver que no tenga mosquitos, lo huele metiendo la nariz, se enjuaga la boca con él (¡unas rarezas!) y cuando por fin se lo traga le dice al camarero, que estaba allí esperando como un pasmarote: «Adelante», y el camarero nos sirvió a las mujeres y luego a él. ¡Oye, un señorío y unas rarezas! Tenías que verlo comiendo como un señorito sin meterse la navaja en la boca. ¿Tú te acuerdas de cómo comía aquí, que a mí me daba asco verlo comer? Pues ahora como si fuera otro, qué finezas. Hasta saludó a la mujer de otro diputado besándole la mano, como en las películas de Sissi, y mira que tenía pinta de fulana, con la cara de bótox que le brillaba como una bombilla. Bueno, pues a la hora de pagar no te vayas a pensar que paga con dinero, no. Sacó una tarjeta de esas de plástico que sirven para el cajero automático y firmó un papel. Para mí que la cena se la ha cargado al Gobierno o al partido, que estos todo lo que ganan se lo embolsan en limpio. Tú acuérdate de lo que decía siempre: «A mí que no me den; que me pongan donde haya». Si no, ¿de qué van a cambiar de coche esos...?

—¡Ah! ¿Ya no tiene el Seat 127? —pregunta Ernesto.

—¡Qué va! Ahora tienen un Chrysler 150, nuevecito, con radio y todo, que mientras íbamos al restaurante nos puso una cinta de Mierda de Luxe.

—Se dice Kaka de Luxe.

—Bueno, ¿no es lo mismo? Esa que tanto se oye en la radio. Por lo visto ya no le gusta Manolo Escobar... ¡Como se han vuelto tan finos...!

Esa misma tarde, Ernesto, a la salida de la escuela, se desvía un poco de su itinerario habitual para pasarse por la sede del partido.

—Buenas, que venía a afiliarme.

Al secretario que le rellena la ficha le resulta familiar el nombre.

—Ernesto Vallecillo, Ernesto Vallecillo..., ¡me suena! Sí, hombre, del campamento del Frente de Juventudes. ¿No estabas tú en mi centuria? ¡En el campamento de Riofrío!

—¡Ah, claro, tú eras el jefe de centuria! —lo recuerda de pronto Ernesto.

—Pues claro, jefe de centuria. ¡Qué tiempos aquellos! Bueno, éramos jóvenes y nos tenían adoctrinados. Menos mal que hemos salido de la ignorancia y hemos ganado las libertades.

—Sí, menos mal.

Así es la vida. Abogados sin bufete, profesores alérgicos a la tiza, médicos sin apego a la profesión, oficinistas, incluso algún que otro honrado electricista o fontanero, pueblan los escaños y se reciclan en padres de la patria cada uno según la medida de su excelencia, que en eso consiste la democracia. Como dirá el socialista Pablo Castellano: «Los políticos se han convertido en una casta para sí misma, unos profesionales de la nómina».[175]

No es por avaricia, Dios me libre de pensarlo, no es por los variados y minuciosos trinques que el sistema les depara, lo hacen por vocación de servicio. Cuando votan una subida de impuestos y a continuación ellos se suben el sueldo no lo hacen, como cabría pensar, porque el que a sí mismo se capa, buenos cojones se deja, lo hacen porque echando cuentas eso es el chocolate del loro.

Y el loro no puede pasar sin chocolate. Los representantes del pueblo deben vivir con desahogo si queremos que legislen sabiamente.

En el mirador de la última planta de los grandes almacenes de la plaza Callao, Ernesto contempla la bulliciosa ciudad a sus pies, el hormiguero laborioso de la gente, los embotellamientos, los negros —perdón, quise decir subsaharianos—, emigrantes ilegales que ocupan las aceras con sus mantas y obstaculizan el paso de los viandantes...

175. Castellano, 1995. El gran momento de esta nueva casta que vive estupendamente de la política vendrá cuando se desarrollen las autonomías, diecisiete Gobiernos con sus Parlamentos, sus comisiones, sus televisiones autonómicas, sus fundaciones, sus ministros, sus subsecretarios, sus asesores, sus cargos, sus carguillos y sus barandas, todos chupando de la teta del Estado, una muchedumbre de parásitos tirando de Visa Oro, ocultando mariscadas bajo el rótulo «almuerzo de trabajo», viajando gratis al extranjero (con sus cónyuges o apaños) en supuestas misiones de cooperación, etcétera.

—¡España! —exclama el padre de la patria recién estrenado que de pronto se siente corresponsable por todo ese complejo mundo que bulle a sus pies.

Eso, España: un país singular donde, como queda dicho, los licenciados sirven cervezas en los chiringuitos veraniegos y diputados que no alcanzaron el graduado escolar se sientan en el hemiciclo de las Cortes a regir el país.

Cartel visto en una papelera de Barcelona.

CAPÍTULO 30

El caso de la abejita de Rumasa

Amadísimos hermanos. Hoy meditaremos sobre dos pasajes de las Santas Escrituras: «Se esfuerza en enriquecerse el avaro, y no sabe que le sobrevendrá la pobreza» (Proverbios 28, 22); «El que ama el dinero no se saciará de dinero; y el que ama el mucho tener no obtendrá fruto. También esto es vanidad» (Eclesiastés 5, 9).

Y yo os pregunto: un justo temeroso de Dios y conocedor de las Escrituras ¿está libre del pecado de avaricia? Hubo una vez un buen cristiano, tanto que era afecto al Opus Dei, que desobedeciendo las Santas Escrituras cayó en la tentación de hacerse inmensamente rico.

José María Ruiz-Mateos y Jiménez de Tejada había nacido en el seno de una ilustre familia jerezana que le dio estudios de profesor mercantil y lo inició en el honrado comercio de los vinos. Animado por un legítimo deseo de servir mejor a su clientela, los rubios británicos tan aficionados al morapio, nuestro hombre fundó en 1961 una empresa que, en un alarde de imaginación, llamó Ruiz-Mateos Sociedad Anónima (Rumasa). El logotipo, una abeja obrera en su celdilla hexagonal, mostraba la vocación de trabajo constante y tesonero de la nueva razón social.

Habéis de saber, amadísimos hermanos, que habiendo cursado la LOGSE lo ignoráis casi todo, que las abejas son, junto a los hongos y el zooplancton, la base de la cadena trófica que sustenta toda la pirámide de la alimentación mundial. Imaginaos la felicidad de aquel buen cristiano, nuestro hermano Ruiz-Mateos, cuando en obediencia del mandato bíblico de creced y multiplicaos tomó esposa y engendró en ella trece hijos.

Dios recompensó esa fecundidad concediéndole fortuna en sus negocios. La humilde abejita de Rumasa se multiplicó hasta formar un enjambre. Nuestro hermano podía haberse conformado con un discreto pasar sin salirse de la mediana proporción que alcanzaba por concesión divina. Sin embargo, tentado por el demonio, quiso ser más y en 1966 la desordenada codicia de los bienes ajenos se introdujo en su corazón cuando le propuso a un empresario asturiano, Ramón de Rato Rodríguez San Pedro, la compra de dos minúsculos bancos de su propiedad, el Banco de Siero y el Banco Murciano, por 400 millones de pesetas o algo más.

Rato dijo nones y Ruiz-Mateos, que contaba con buenos amigos entre los opusianos del Gobierno y de la gran banca, supo que el Banco de Siero tenía sucursales en Amberes y Ginebra a las que había transferido 81 millones de pesetas con objeto de adquirir un banco suizo. Y lo había hecho, amadísimos hermanos, saltándose el obligado trámite de pasar previamente por la ventanilla de la Agencia Tributaria. El asunto llegó a oídos del Juzgado de Delitos Monetarios que empapeló al señor Rato, mandó a la policía a detenerlo (en el banquete de bodas de su hija, ante los estupefactos invitados) y lo sentenció a tres años de prisión y una multa de 176 millones de pesetas.

En el lóbrego calabozo, el millonario Rato meditó, como el santo Job en el estercolero, sobre la futilidad de los bienes terrenos. Quebrantado en su espíritu, se dejó ganar por el desaliento hasta el punto de que accedió a vender sus bancos a Rumasa por los 400 millones de pesetas ofrecidos. Mera calderilla.

¿Ha oído alguna vez que hay dos clases de justicia, una para los pobres y otra para los ricos? Como dice el Evangelio, antes entrará un camello por el ojo de una aguja que un rico ingrese en la cárcel. En 1971 un oportuno indulto del caudillo Franco libró de sus prisiones y de la multa a Rato y a los colegas que lo acompañaban en el trullo.

Libre nuevamente, Rato se recompuso anímicamente y escribió un informe en el que acusaba al subsecretario de Hacienda de haber evitado que otros bancos acudiesen en su ayuda, así como las presiones que había sufrido para que vendiera los bancos a Ruiz-Mateos.

Mientras tanto, el *holding* de la abejita, ya definitivamente instalado en el lado oscuro, crecía y crecía hasta abarcar setecientas empresas, con una plantilla que alcanzaba las sesenta mil personas. Baste decir que facturaba unos 350.000 millones de pesetas, más de 2.000 millones de euros anuales (o eso decían). Sin embargo, el mayor pecado de soberbia en el que incurrió nuestro hermano Ruiz-Mateos, raíz quizá de su desgracia, fue fundar nada menos que dieciocho bancos al margen de las cinco «familias» bancarias tradicionales españolas, agrupadas en la poderosa Asociación Española de la Banca (AEB).[176]

Como en la película *El padrino* (Coppola, 1972), cuando Salvatore Tessio intenta establecer a su propia familia contra la voluntad del capo y es por ello ejecutado.

Sí, amadísimos hermanos, la soberbia se había apoderado de aquel corazón, de Ruiz-Mateos hablo, como se apoderó de Nabucodonosor el babilonio. Así como Yavé humilló la soberbia del caldeo rebajándolo a vivir desnudo entre las bestias y a pastar hierba, a Ruiz-Mateos le envió la plaga de un Gobierno de jóvenes penenes socialistas que llegaron al poder dispuestos a meter en cintura a los ricos (antes de enriquecerse ellos mismos).

Llegaron, pues, a la Moncloa y a los despachos enmoquetados aquellos idealistas de mocasín y chaqueta de pana a los que tanto temía la derecha. Y como jóvenes cachorros que eran, quisieron marcar el territorio meándose en los rincones. ¿Qué mejor demostración de fuerza que expropiar Rumasa por razones de utilidad pública e interés social?

176. El número 5, en el centro de la escala numérica, siempre en la búsqueda del conocimiento y de conectarse en todos los niveles con la generación de la vida. Por eso, cinco es el número de las familias mafiosas de Nueva York y cinco el de los bancos españoles que, muy al contrario de los mafiosos, practican la filantropía y derraman sin tasa los bienes sobre la sencilla población trabajadora. Hoy estos cinco bancos son: Santander, BBVA, CaixaBank, Banco Sabadell y Unicaja.

Acaeció un 23 de febrero de 1983. Un joven ministro de Economía con cara de empollón, Miguel Boyer, salió en la tele a contarnos que la empresa de la abejita estaba en riesgo de quiebra, y a punto de despeñarse por un agujero patrimonial de más de 111.000 millones de pesetas y que por eso la expropiaba, para asegurar el pan del mañana a sus miles de obreros.

Prófugo de la justicia de los hombres, nuestro hermano Ruiz-Mateos hubo de huir, primero a Londres y luego a Alemania. Estaba en el aeropuerto de Fráncfort, entre dos vuelos, cuando la Interpol lo detuvo y lo extraditó a España.

Lejos de rendirse, nuestro hermano plantó cara a los jóvenes sociatas que lo habían expoliado. Se presentó a las elecciones europeas al frente de un nuevo partido (Partido del Trabajo y Empleo-Agrupación Ruiz-Mateos) y, para sorpresa de muchos, aunque solo contaba con un colegio electoral, consiguió dos escaños al Parlamento Europeo. Sin embargo, lo que realmente lo hizo famoso fueron sus apariciones públicas en traje de Superman o su venial agresión al ya exministro Boyer, en 1989, cuando se abalanzó sobre él a la salida de los juzgados y amagó el golpe de la cobra (mortal en el kung-fu), aunque interpretado por nuestro misericordioso hermano no transgredió los límites de una venial colleja al tiempo que verbalizaba la agresión en el enunciado: «¡Te pego, leche!».

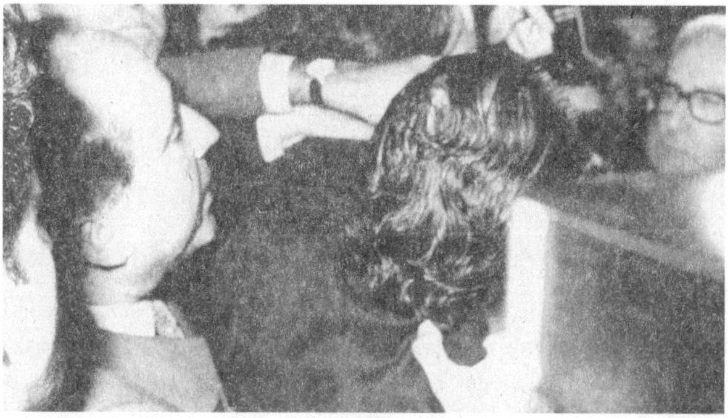

Ruiz-Mateos lanza el golpe de la cobra sobre Boyer.

Siguió una batalla judicial, tan distinta de la justicia divina, que alcanzó hasta la Comisión Europea de Derechos Humanos. Después de seis años de espera, el Tribunal de Estrasburgo se pronunció: su sentencia reconocía que el Gobierno español había violado el derecho de Ruiz-Mateos a que su causa fuera oída en términos de igualdad y en un plazo razonable, pero en cualquier caso rechazaba la indemnización exigida por el jerezano.

Mientras tanto, nuestro hermano Ruiz-Mateos, inasequible al desaliento, había fundado un nuevo conglomerado de empresas, Nueva Rumasa, con ayuda de sus hijos, que en esos años habían crecido hasta convertirse en eficaces ejecutivos. Un centenar de compañías, casi todas radicadas en paraísos fiscales (a salvo de la Administración española, por tanto) prestaron a nuestro hermano Ruiz-Mateos una apariencia de solidez y estabilidad necesaria para que unos cinco mil incautos inversores creyeran en él y le confiaran sus ahorros por los que ofrecía pagar hasta un 8 % de beneficios (nuevamente la avaricia encandilando al personal).[177]

Cuando el tinglado se desplomó, lo que fatalmente ocurre cuando se prometen duros a cuatro pesetas, la clásica estafa piramidal, nuestro hermano Ruiz-Mateos convocó una rueda de prensa en la que hizo profesión de su hondo sentir cristiano.

—Si no me asistiera la fe, me pegaría un tiro.

No se lo pegó, claro. Asistido por su fe, vendió su segundo imperio al liquidador Ángel de Cabo, un joven suizo hijo de emigrantes valencianos especializado en rematar compañías en quiebra (como el inolvidable Edward Lewis —Richard Gere— de *Pretty Woman*).

Solo que, en la dura realidad, nadie redime a una puta, y disculpen la crudeza.

177. De nada sirvió que la Comisión Nacional del Mercado de Valores (CNMV) advirtiera repetidamente de que «las emisiones de pagarés de Nueva Rumasa no han sido inscritas en el Registro Mercantil, lo que supone, sin perjuicio de otras posibles consecuencias, que no han sido objeto de revisión y calificación por un registrador mercantil». Es que no escarmentamos.

Ya alejado de los negocios, nuestro hermano Ruiz-Mateos vivió lo suficiente para ver transitar ante su puerta el cadáver del exsuperministro Boyer, del que cristianamente comentó que no se alegraba de verlo pasar «lo efímero de lo terreno».[178]

Poco después de un viaje a Venezuela de Felipe González y familia, se dio la casualidad de que una de las empresas expropiadas a Rumasa, los grandes almacenes Galerías Preciados, se vendió a precio de saldo (1.000 millones de pesetas) al millonario e inversionista venezolano Gustavo Cisneros.[179] Cuatro años después, Cisneros pignoró la empresa a otro grupo extranjero por más de 30.000 millones de pesetas.

¿Cómo se explica esa súbita revalorización de Galerías Preciados cuando seguía dando pérdidas?

«Lo que definitivamente no resulta posible es que Cisneros venda con beneficios una empresa que está dando grandes pérdidas y que seguirá así, al menos, por dos años. Es una empresa con *cashflow* negativo. Por tanto, en esto no hay equívocos», expresó un funcionario de la Administración.[180]

A raíz de la venta de Galerías Preciados a Cisneros (si no antes) surgió una tierna amistad entre el socialista Felipe González y el capitalista venezolano. De hecho, Felipe, sin renunciar a su papel de reina madre del PSOE, ha sabido compaginar esta nueva etapa de su vida con la frecuentación de las altas amistades que anudó en su tiempo presidencial. Esto explica que sea invitado frecuente en las mansiones de Cisneros, su cafetal en la reserva natural de Carabobo y en

178. Me trae a la memoria el caso de Camilo José Cela, que toda la vida hizo lo posible por presidir los entierros de aquellos miembros de la Academia de los que sospechaba que no lo habían votado. El nuestro es un país de reposados odios, no solo de avaros codiciosos.

179. «La operación costó a la Hacienda española, en cambio, 48.000 millones, ya que se realizó un proceso de saneamiento que dejó a los almacenes en las mejores condiciones para una venta millonaria» (*ABC*, 2009).

180. Reportaje de Ekaizer, 1987, p. 59.

La Romana, una especie de paraíso terrenal para millonarios escogidos, en la República Dominicana.

Hubo más enjuagues extraños: «Loewe fue adjudicada al grupo empresarial francés Urvois Spinola por 600 millones, aunque el grupo inglés Jaeger Holdings Ltd. ofrecía 800 millones de pesetas, es decir, 200 millones más que los franceses. Además, la Comisión Asesora para la Reprivatización (CAR) estimaba que las garantías ofrecidas por los franceses eran peores, si se comparaban con las del grupo inglés. A pesar de ello, el Gobierno de González optó por Urvois Spinola».[181]

Estar al caldo y a la tajada es una habilidad que no todo el mundo posee. Felipe González, sí.

181. Galiacho, 2021, <https://elcierredigital.com/investigacion/336852440/verdad-ruiz-mateos-beneficiados-reprivatizacion-rumasa.html>.

CAPÍTULO 31

El caso del Dioni

Dionisio Rodríguez Martín, Dioni para los amigos, no tenía motivos para incurrir tan notoriamente como lo hizo en el pecado de avaricia. Procedente de una familia humilde pero honrada, comenzó su carrera profesional como guardaespaldas de Miguel Durán, el presidente de la ONCE, quien, al ser ciego, no advertía lo insólito de hacerse acompañar por un escolta bizco. Sea por esta peculiaridad o sea porque no lo consideraron presentable, la empresa lo rebajó al servicio de furgones blindados. Demasiado tarde, porque el tigre ya había catado la carne humana y no se conformaría con otra.

Expliquemos la metáfora: en su etapa de escolta, el Dioni había presenciado, por razones profesionales, como mero testigo, la vidorra que se dan los ricos. Ya sabía que el Johnnie Walker Blue Label sabe mejor que el *whisky* de garrafón que servían en los garitos de su barrio, que el jamón de jabugo Cinco Jotas Reserva le da cien vueltas al de cebo falsificado en Rumanía y adquirido en un mercadillo, y que no existe comparación posible entre la sofisticada *escort* de alto *standing* que te suministra la agencia vip con la lumi fondona y varicosa que hace la acera en la calle de la Ballesta, esquina Desengaño.

O sea, el Dioni se había maleado en su contacto con el gran mundo. ¿Y ahora lo colocas en un furgón blindado que transporta un pastizal en sacas, como si fueran ladrillos? ¿Y ahora le colocas la miel en los labios y esperas que lo resista impertérrito?

Todos los humanos tenemos un límite, incluso el Dioni. Nuestro estrábico amigo nunca había visto tanto dinero junto. En sucesivas vigilias insomnes, dándole vueltas al magín, concibió la idea de dar un golpe. Como en las películas.

Fue el 28 de julio de 1989. Aprovechando que sus dos compañeros habían salido del furgón blindado, se puso al volante y se largó con la pasta. Cuando la policía encontró el automóvil faltaban el Dioni y el dinero: 298 millones de pesetas (1.791.016 euros).

La búsqueda del Dioni se reveló infructuosa. Admirador de Ronnie Biggs, el que atracó el tren de Glasgow, se había mudado al Brasil con la calva disimulada bajo una aparente peluca y el estrabismo tras unas gafas Ray-Ban. En Río de Janeiro, a la sombra del Pan de Azúcar y del Cristo de Corcovado, se dio a la buena vida: cuchipandas con las mejores *popozudas*, *rodizios* de carnes exquisitas, licores destilados de los de vitrina bajo llave, puros Montecristo... Y una cirugía estética que le enderezó el ojo, pero no le alteró la jeta de sinvergüenza.

Eso duró hasta que la policía brasileña lo detuvo un aciago 19 de septiembre de 1989 y lo pasaportó a España esposado entre dos mulatones de abultada sobaquera.

Siguieron seis años en el talego contándole a los colegas cómo se lo había pasado en Copacabana, un corrido de Sabina y la pena de no haberse gastado el millonejo de euros que la justicia le confiscó.[182] «Es que pensaba que viviría allí toda la vida y guardaba para la vejez», se justificaba.

Cuando salió del trullo, forzado por las circunstancias, el Dioni tuvo que darse a la vida decente. Grabó un disco, *Todo sobre mi furgón*, abrió (y cerró) tres bares de copas sucesivos: La Cueva del Dioni, El Caco Dioni y El Rincón del Dioni, participó en *reality shows* y prestó su popularidad a inauguraciones de discotecas y supermercados de barrio (mediando propina, claro).

182. El corrido de Sabina: «*Lo primero que hizo el Dioni al llegar a Río / fue brindar con el espejo y decir "¡qué tío!". / No veas qué pasón / de entrada en el restaurant, / niñas al salón, / que el Dioni está en la ciudad. / Con su buen par de zapatos de cocodrilo / no se le resiste ni la Venus de Milo, / sobre todo si / le pagan por un francés / dos veces lo que en Madrid / ganaba currando un mes*».

—Dioni, ¿qué enseñanza sacas de tu azarosa vida?

—Que el dinero da la felicidad.

—¿Te arrepientes de tu delito?

—De lo que me arrepiento es de no haberme agenciado una nómina en Ferraz o en Génova *pa* robar sin que te trinque la pasma.

El Dioni y el abogado Rodríguez Menéndez:
dos cabalgan juntos.

CAPÍTULO 32

El caso de *mienmano*

Dice el proverbio: «No me des, ponme donde haya».

Juan Guerra nació en una familia humilde de Sevilla. Su padre, un brigada chusquero del Ejército, sin ser del Opus Dei, engendró trece hijos en la dura posguerra. De ellos, algunos salieron despabilados, como Alfonso Guerra, que se supo labrar un porvenir en el teatro y en la política (dos actividades tan emparentadas), pero otros menos aplicados no progresaron adecuadamente y la vida los suspendió.

De Juan Guerra, hermano de Alfonso (o *mienmano*, como él lo pronuncia en la transcripción fonética de Antonio Burgos), podía haber dicho su santa madre lo que la del obispo de Jaén, don Félix Romero Mengíbar, decía de sus hijos: «Mi Félix ve crecer la hierba, mi Nicolás se la come».

O sea, que un hermano había salido inteligente y el otro solamente listo. El hermano listo de esta pareja, Juan Guerra, incapaz de acomodarse en la vida (fracasó como obrero de la fábrica de Santa Bárbara, como vendedor de libros a domicilio y en otras labores), acudió al amparo de su hermano Alfonso, que se había aupado a vicepresidente del Gobierno no por ambición personal, sino por un ardiente deseo de trabajar en la redención del proletariado.

El primer proletario redimido por Alfonso fue precisamente su *enmano* Juan (la caridad bien entendida comienza por uno mismo). Alfonso lo contrató por cuenta del PSOE y le puso un despacho en la Delegación del Gobierno de Andalucía en calidad de asistente suyo, o sea, una especie de hombre de confianza, un chico de los recados, con un sueldo de 129.370 pesetas líquidas al mes (781 euros).

En aquel tiempo, era un sueldo aceptable, y el puesto le daba acceso a otras prebendas, pero Juan se dejó vencer por la tentación e incurrió en el doble pecado de avaricia: usó su oficina como palanca de influencias a cambio de mordidas o sobornos.

La noticia de la existencia de la gestoría oficiosa del conseguidor Juan Guerra no tardó en extenderse entre los empresarios hispalenses:

—Me echo yo cincuenta mil duros en el bolsillo, me voy a ver al hermano de Guerra, y verás tú lo pronto que lo arreglo.

Llegaba el aspirante a su despacho.

—Juan, encantado de conocerte. Yo soy muy admirador de tu hermano Alfonso... Que venía a consultarte un caso.

—¿Te apetece un cafelito? —decía Juan—. Vamos a tomar un cafelito aquí cerca y me cuentas.

Le contaba el otro, llegaban a un acuerdo económico además de pagar los cafelitos. Juan regresaba a su despacho y descolgaba el teléfono.

—Diga.

—¿Eres el alcalde? Mira, soy Juan, el hermano de Alfonso Guerra. Que quería pedirte un favor.

—Lo que tú digas.

A Alfonso lo temían en el partido más de lo que lo querían. Ya había advertido que el que se mueve no sale en la foto. O sea, disciplina y no me llevéis la contraria si queréis conservar la mamandurria.

Y ellos aspiraban no solo a perpetuarse en la foto, sino a pertenecer al círculo de los elegidos, o sea, a vivir de la política, del noble servicio a la colectividad.

Durante seis años la cosa funcionó. Los pobres acudían a san Pancracio con un ramito de perejil y los ricos al despacho de Juan Guerra con un sobre abultado. Fluía el dinero y *mienmano* se sacudía el estigma de la pobreza. Lo primero que se compró, como cualquier aspirante a señorito sevillano, fue un caballo de pura sangre, después chalets de lujo y coches de alta gama.

La fortuna sonreía a Juan Guerra, ya definitivamente redimido del proletariado, cuando un fatídico 3 de enero de 1990, el diario *ABC* denunció su turbia implicación en el proyecto urbanístico de Puerto Plata, de Barbate (Cádiz), valorado en unos 80.000 millones de pesetas, que se había abierto camino a pesar de informaciones contrarias. Un socialista con sentido del pundonor, Serafín Núñez, había denunciado en un pleno del Ayuntamiento la chapuza urbanística que se perpetraba en Puerto Plata, para que Juan Guerra sacara un pellizco que lo convertiría en millonario.

—Y me trae sin cuidado no salir en la foto.

Alertada, la Fiscalía General del Estado indagó y sacó a flote un costal de irregularidades.

Se había levantado la veda. Los que odiaban a Alfonso por su verbo vitriólico y sus artimañas aprovecharon la ocasión para atacar al santo por la peana y se ensañaron con Juan. En medio de la tempestad mediática, la ex del inculpado, Ángeles López Rubio, a la que al parecer había apalizado con cierta asiduidad, acudió a los medios y al mismísimo Fraga para exponer los trapos sucios del cónyuge. Todo ello le valió ser acusado y juzgado por los delitos de cohecho, prevaricación, malversación de fondos, tráfico de influencias, usurpación de funciones y fraude fiscal, aunque solo resultó condenado por este último (como Al Capone, al que también encerraron por evadir impuestos).

Un «proceso inquisitorial» seguido de una instrucción judicial «cuasi demoníaca» y de una investigación dirigida «contra su persona, con noticias vagas e imprecisas», como alegaría uno de sus defensores, Manuel Jiménez de Parga.

También lo defendía el sencillo pueblo. El que esto escribe oyó decir a una pescadera del mercado de la Encarnación:

—Hace bien. Ya era hora de que robáramos los pobres.

Empapelado por la justicia, *mienmano* no salió malparado después de todo (ya hemos dicho que existen dos justicias, una para los pobres y otra para los ricos, y él era rico). Tan solo un año de cárcel (del que se libró por carencia de antecedentes) y la obligación de devolver a la Hacienda pública 253.627 euros (42,2 millones de pesetas), fruto de un fraude fiscal, amén de una multa de 210.000 euros (35 millones de pesetas).

La Agencia Tributaria reconoció que la deuda era incobrable por «insolvencia» del hermanísimo.

Alfonso Guerra aguardó un año a ver si amainaba la tormenta. En vano (sus enemigos eran muchos dentro y fuera del partido). Al final dimitió. El caso había afectado tanto al partido que Felipe González adelantó las elecciones y se divorció del «amigo del alma» que le cocinaba las marrullerías.

¿Y los otros hermanos de Alfonso, qué fue de ellos? Algunos progresaron adecuadamente: Adolfo Guerra llegó a director de Mercasevilla (la implicada en los eres de Andalucía) y destacó por la rapidez prestidigitadora con la que sacaba la Visa Oro y su singular habilidad de pelar langostinos con una sola mano.[183]

Antonio Guerra, más conocido como el Patillas por el coqueto aderezo piloso con el que enmarcaba su pétrea expresión, tenía pinta de chatarrero con *fragoneta* de quinta mano, pero impulsado por

183. Esta destreza la exhibió, para asombro de los invitados gabachos, en un *bateau mouche* del Sena contratado por la Junta de Andalucía para promocionar productos andaluces, entre los que destaca, como es bien sabido, el langostino de Sanlúcar. Actualmente se realizan tesis doctorales sobre quién era más hábil y rápido pelando langostinos, si Adolfo Guerra o el presbítero don Miguel Castillejo Gorráiz, presidente y factótum de la Caja de Ahorros de Córdoba y canónigo penitenciario de aquella mezquita catedral. Este cura de aspecto orondo y abacial, también conocido como fray Langostino, concitaba admiración por su habilidad en pelar y deglutir langostinos al tiempo que departía con sus interlocutores. Dado que este libro trata de avaricia, apuntemos que antes de abandonar su ministerio bancario (dejando tras de sí un agujero de 1.300 millones de euros) se aseguró un retiro honorable con una póliza blindada de 4,3 millones de euros que le asegura una pensión vitalicia de doscientos cincuenta mil euros anuales, que a su muerte heredarán sus cuatro hermanas.

el ejemplo del hermano triunfador, elevó el tiro y se consagró a las más elevadas actividades de gestión de gasolineras y compraventa de solares.[184]

184. La compraventa de solares puede resultar muy lucrativa. En el diario *El País* de 7 de mayo de 1991 leemos la noticia «Verificada la carta en que se ofrecía dinero a Antonio Guerra por unos cuarteles», de Juan Méndez: «La firma sometida a prueba pericial es la de Julián Llorente, un empresario que envió a Antonio Guerra una carta con membrete de la sociedad Cagesa, en la que se le ofrecía una comisión de 500 millones de pesetas si lograba que Defensa adjudicase directamente los terrenos de los antiguos cuarteles de Docks y Maestranza, ambos ubicados en Madrid». La operación se quedó en proyecto.

CAPÍTULO 33

El caso del fondo de reptiles S. A.

El fondo de reptiles es ese dinerillo oculto que tienen los Gobiernos para gastos que no conviene airear. Por ejemplo: para pagar a una agencia de detectives que va a robar documentos del partido de la oposición, para untar a un informador introducido como submarino en una red de narcotraficantes, para pagar a un mercenario que va a asesinar a una persona poco grata de manera que parezca un accidente, etcétera.

La expresión procede del famoso canciller prusiano Bismark, que después de ganar la guerra austro-prusiana (1866) se incautó de la fortuna del fugado rey de Hannover, Jorge V, y la puso a buen recaudo en una cuenta a la que solo tenían acceso él y su jefe, el emperador Guillermo I de Alemania. «Ese dinero servirá para perseguir a los reptiles malignos hacia sus propias madrigueras», declaró.

O sea, para operaciones encubiertas, en el más amplio sentido de la expresión, desde asesinatos selectivos a pagar las putas de algún monarca reciente.

La estupenda democracia española nacida de la Constitución de 1978 también tiene su fondo de reptiles, un dinero opaco que a veces se ha desviado a gastos no esenciales para el mantenimiento de la nación.

En 1988 ocurrió un «vendaval antidemocrático» (Alfonso Guerra) cuando el juez Baltasar Garzón envió a la cárcel a los policías José Amedo y Michel Domínguez, sospechosos de haber organizado los Grupos Antiterroristas de Liberación (GAL) para pagar a la organización terrorista Euskadi Ta Askatasuna (ETA) con su misma moneda. La sospecha, nunca enteramente probada, era que «los GAL eran una organización estructurada, financiada y dirigida por el Ejecutivo de Felipe González, que llevó a cabo asesinatos, secuestros, torturas y malversación de dinero público».[185]

Al parecer, los superagentes del Gobierno usaban los fondos de reptiles para darse la gran vida en el casino de Estoril y diversos lugares de placer, influidos por las películas del 007 con el que identificaban el par de Mortadelos.

Hubo en el mismo año otras corruptelas menudas, todas relacionadas con dinero público: el mal uso que hizo el vicepresidente Alfonso Guerra cuando usó un avión Mystère del Gobierno, destinado a viajes oficiales, para saltarse la cola de la frontera portuguesa del Algarve porque iba apurado de tiempo para presenciar una corrida de toros. Casi nada comparado con el uso del Falcon por el actual presidente Sánchez para asistir al concierto de Joan Manuel Serrat en Barcelona o a mítines del PSOE.[186]

Ítem más: las acusaciones de vestir de modisto a costa de los presupuestos de RTVE que obligaron a dimitir a Pilar Miró, directora general del Ente.

—Una puñalada de la banda fascista.

—No, hermano. La puñalada partió del mismo PSOE, a cuyo servicio estaba la gran cineasta y productora. Como dijo en su día el exministro Pío Cabanillas: «Cuerpo a tierra, que vienen los nuestros».

Triste y aleccionadora constatación: el político español tiene adversarios en el partido de la oposición y enemigos a muerte en su propio partido.

Ya para rematar el *annus horribilis* del PSOE, el 4 de febrero de 1988 el ministro de Economía Carlos Solchaga dice en una conferencia: «Este es el país donde se puede ganar más dinero a corto pla-

185. Véase <https://es.wikipedia.org/wiki/Grupos_Antiterroristas_de_Liberaci%C3%B3n>.

186. Araluce, 2021.

zo de Europa, y quizá uno de los países donde se puede ganar más dinero de todo el mundo. No es que lo digamos nosotros: lo dice cualquier asesor bursátil o de inversiones extranjeras».[187]

Dicho en castizo: la cultura del pelotazo. El propio Solchaga, ministro de Hacienda, salió de la política por una propicia puerta giratoria para incorporarse a Ibercorp, una sociedad de valores luego implicada en un fraude a Hacienda.[188]

187. Conferencia en la Asociación para el Progreso de la Dirección, 4 de febrero de 1988.

188. Francisco Justicia, 2007.

CAPÍTULO 34
El caso de los patriotas que depositan sus ahorrillos en Gibraltar

El Chato Puertas y su compadre Nemesio desayunan, como todos los lunes, en la cafetería Manila, junto al Ministerio de Comercio. Hacen tiempo para que sus contactos se incorporen a los despachos. Cuanto más gordo es el pez, más tarde llega al trabajo y antes se despide para regresar al hogar, eso no ha variado desde el franquismo.

En el Manila sirven unos croissants muy buenos que engordan menos que los churros y son más europeos. Además, las camareras están buenísimas.

Los dos compadres hablan, como siempre, de negocios y de dinero, principalmente de cómo evadirlo con más limpieza y seguridad.

—Pues yo estoy contento con el agente que me lleva lo de los bancos suizos —dice el Chato—. No me da problemas, se lleva su 5 %, y además me invierte lo que quiera en primas de bajo riesgo.

Nemesio prefiere guardar su dinero en Gibraltar, que estará más a mano en cuanto abran la verja que cerró Franco en 1969. Hasta que llegue ese momento, el banco de Gibraltar Robberies Ltd. mantiene una oficina en Málaga camuflada bajo la apariencia de una compañía aseguradora. Depositas el dinero, en billetes de cinco mil pesetas preferentemente, y ellos lo llevan a Gibraltar.

—Y el día que Gibraltar sea español, ¿cómo te las vas a arreglar? Porque entonces se podrá meter Hacienda —pregunta el Chato.

—¿Gibraltar español? Antes criarán pelo las ranas.

—Algunas veces pienso que en los tiempos que corren sería mejor invertir en oro —suspira el Chato Puertas—. Portoles, el de las cementeras, les compra lingotes a tres joyeros.[189]

Nemesio se imagina escondiendo lingotes debajo del suelo del chalet, o en el jardín. No, no sería buena idea: está demasiado gordo para cavar y no se fiaría de encargárselo al jardinero.

—El día menos pensado da esto la vuelta y el papel moneda no vale nada, como en la guerra —dice Nemesio.

Nemesio pertenece a la declinante Fuerza Nueva y tiende al pesimismo.

—¡Qué va a dar la vuelta, hombre! —replica el Chato—. ¿Tú has visto las panzas que están echando los de los sindicatos y lo lustrosos que están? ¿Y no has visto lo bien trajeados que van ahora Carrillo y Felipe? A estos les gusta más el dinero que a los chivos la leche. Estos comen en la mano de la banca, que te lo digo yo, lo que pasa es que tiene que haber de todo, políticos de izquierdas y de derechas. Eso es la democracia.

Mientras tanto, Hacienda, ese monstruo dormido que ni Franco osó despertar, horripila a los contribuyentes con campañas publicitarias que intentan ser simpáticas: «Impuesto sobre la renta y el patrimonio. Todas las respuestas a las preguntas sobre la declaración de la renta que usted se ha formulado y que nunca le han sido contestadas. CEP».

En el ministerio del ramo se manejan informes y estadísticas sobre blanqueo de divisas y ocultamiento de fortunas en Gibraltar. Lo del contrabando de tabaco en la Roca es la propinilla que se llevan los pobres, casi una tapadera.

Algarabía de monos en las alturas del peñasco. Uno se tapa los oídos, otro la boca, otro los ojos.

189. En estos días aparece en las revistas un anuncio que representa un atractivo lingote con el texto: «Vuelve la fiebre del oro. Oro puro en lingotes ICC. Una inversión brillante. Más fácil y asequible que comprar acciones o divisas. Y mucho más seguro».

—¡Coño, ninguno se tapa la nariz con el tufo a cloaca gansteril que Gibraltar emana! Veintisiete mil habitantes y ochenta mil sociedades mercantiles *offshore* registradas. Sale a unas tres sociedades por habitante. Como si los piratas de la isla Tortuga se hubieran mudado a Gibraltar.

—Eso parece. ¿Qué hacemos entonces, señor ministro? ¿Seguimos reivindicando la devolución a España de la Roca?

—Sin demasiado encarnizamiento, Romerales. Piense en el perjuicio que la regularización fiscal acarrearía a las docenas de grandes fortunas que han depositado allí su dinero.

—Vale. Dejémoslo estar.

CAPÍTULO 35

El caso de Mario Conde

La naturaleza derramó sobre Mario Conde todos los dones que solemos ambicionar los mortales: era guapo, era inteligente, era listo, era osado y tenía un instinto casi siempre certero para los negocios.

Licenciado en Derecho por Deusto con las máximas calificaciones, Mario Conde ya era abogado del Estado, con el número uno de la oposición, antes de cumplir los veinticuatro años. Sin embargo, su inquietud y su ambición lo llevaron hacia la empresa privada: en 1977 era director general adjunto y socio financiero del laboratorio farmacéutico Abelló, que cinco años después se vendió a la multinacional Merck Sharp and Dohme por 2.700 millones de pesetas. Como en el cuento de la lechera, con ese dinero los dos socios (Abelló y Conde) adquirieron la cuarta parte de la empresa farmacéutica Antibióticos S. A., que poco después vendieron a la multinacional italiana Montedison por 58.000 millones de pesetas.

Hasta aquí el vender aspirinas, se dijeron los socios, vayamos ahora al epicentro del dinero, que es la banca. E invirtieron su capital en el Banesto, que pasaba momentos difíciles acosado por una oferta pública de adquisición (OPA) del Banco de Bilbao. El vicepresidente Conde, con mano dura, evitó el naufragio. Aliviados y agradecidos, los accionistas pusieron en sus manos la presidencia de la entidad.

A los treinta y nueve años, Mario Conde era el rey del mambo, el símbolo del éxito empresarial, el personaje de las revistas del corazón a cuyo paso se humedecían las señoras, el espejo en el que se contemplaban los *yuppies* que intentaban abrirse camino en el mundo de los

Mario Conde.

negocios, el nuevo Midas que convertía en oro cuanto tocaba. «Conde es el caso más llamativo en toda la Europa occidental de hombre salido de la nada. [...] Hace tan solo doce meses era solamente un millonario de nuevo cuño, de *yuppie* exitoso en la primavera de 1987 ha pasado a ser el personaje más importante del sistema económico financiero español en 1988.»[190]

En solo un año. España se puso a sus pies: por doquiera que iba se lo rifaban. Su apoteosis fue cuando la Universidad Complutense le nombró doctor *honoris causa* en un acto presidido por el rey y por las máximas autoridades.

Mario Conde había llegado a la cúspide. Ahora, como en una tragedia griega, viene la caída (un caso parecido al de José de Salamanca, del que hablamos al principio del libro, salvando distancias).

190. Cacho, 1988, p. 558.

El buque del Banesto había escapado de los piratas de la OPA, pero su frágil casco presentaba una vía de agua que amenazaba con hundirlo: un agujero patrimonial de alrededor de 450.000 millones de pesetas (2.704 millones de euros).

El Día de los Inocentes de 1993, una fecha fatídica en el horóscopo de Mario Conde (él cree en esas cosas), el Banco de España intervino la entidad y destituyó a su consejo de administración, Mario incluido. Los inspectores del Banco de España husmearon en las cuentas y encontraron que la sentina se había apoderado de la nave: carpeta que abrían, pufo que encontraban. A Mario Conde le llovieron los procesos judiciales.

Lo que es la naturaleza humana: los que un mes antes se lo rifaban ahora lo negaban tres veces o más, las que hiciera falta, y miraban para otro lado.

—¿Amigo yo de Mario Conde? No, tan solo conocido. Nos hemos saludado algunas veces, pero nada más.

Acusado de apropiación indebida y falsedad en documento mercantil, los tribunales lo condenaron a seis años de prisión (marzo de 1997) por ingresar en una cuenta suiza (de Argentia Trust) 3,6 millones de euros (600 millones de pesetas), de Banesto.

Conde alegó que parte de ese dinero se empleó en lograr exenciones fiscales para Banesto, y que en su denuncia y condena mediaron intenciones políticas. Movió cielo y tierra (hasta llegar al Tribunal de Derechos Humanos de Naciones Unidas) para probar su inocencia y denunciar el atropello que se cometía con él.

En el año 2000 Mario Conde, el banquero hundido por las zancadillas de los políticos, intentó irrumpir en territorio enemigo y se presentó a las elecciones generales por el Centro Democrático y Social (CDS), pero solo cosechó 23.576 votos. Partidario de o césar, o nada, dimitió en el acto.

Mientras tanto, la lucha por Banesto proseguía en las turbulentas aguas de los tribunales. El asediado banquero encajó una nueva andanada: la Audiencia Nacional lo condenaba a catorce años de prisión (que posteriormente aumentó a veinte) y a devolver 7.200 millones de pesetas (43.27 millones de euros) a Banesto (31 de marzo de 2001). Conde ingresó en la cárcel de Alcalá Meco donde, como su *alter ego* romano César, *veni, vidi, vinci*, se granjeó las simpatías de los internos y observó un comportamiento ejemplar que le valió pronto el tercer grado.[191]

Hace años fue tertuliano político en el programa de Intereconomía TV *El gato al agua*, y según él mismo contaba en su blog: «Paso la mayor parte de mi tiempo en una localidad rural gallega, de nombre Chaguazoso, en donde he vivido rodeado de unos vecinos escasos en número —ciento cincuenta en invierno—, pero dueños de ese carácter gallego que me gusta tanto, con quienes comparto momentos festivos en las fechas tradicionales, y moro contemplando un paisaje de castaños, montañas y cielos abiertos, capaz de conmocionar a un alma sensible. Bueno y hasta aquí he llegado...Veremos lo que sigue».

Él mismo ha reconocido, con humildad, que en su tiempo de ascenso era arrogante. La derrota enseña mansedumbre a las personas inteligentes y es, a veces, un buen antídoto contra la avaricia que a todos nos acecha.

191. «Impartió clases gratuitas a los presos y salió en olor de multitudes. La mujer de otro encarcelado llegó a decirle que era un tío legal y sus compañeros estaban convencidos de que era un preso político. Es un líder, un hombre que impone su personalidad en los salones, en la realeza y en la cárcel. ¿Por qué iba a hundirse ahora? Tiene el poder, la imagen y el dinero suficientes para volver a comenzar cuando salga» (Garrido Genovés, 1982).

CAPÍTULO 36

El caso del Estado mamporrero y la *starlette* rubia

Presentaremos ahora un notable caso de avaricia entreverado de sexo. Imaginen la situación: el Campechano[192] se prenda de Bárbara Rey, una *vedette* y actricilla de largas piernas, trasero coquetón, pechitos adolescentes y boca sensual que sale en la tele.

Es una tradición borbónica prendarse y perseguir los favores de pibones de la farándula. Recordemos a Alfonso XII encaprichado con la contralto Elena Sanz;[193] a Alfonso XIII, al que Romanones describía como «un enfermo sexual», un cañón giratorio que se cobraba toda clase de presas en los escenarios (entre ellas, Chelito, Raquel Meller, Pastora Imperio y Celia Gámez, *Nuestra Señora de los Buenos Muslos*, y su amante fija, la Moragas).

Don Juan, conde de Barcelona, lo intentó con la putiactriz Zsa Zsa Gabor, pero ella le negó sus favores, confirmación de que solo era un aspirante (la palabra que él más aborrecía). El último de la serie es nuestro admirado Campechano. Admiremos la simpleza y efectividad de su técnica de cortejo.

> Le conocí en el año [19]77 —confiesa Bárbara Rey—. Mi amiga-secretaria me dijo: «Ha telefoneado un señor que dice que es el rey».

192. Advierta el lector que, cuando se trata de un rey, la chabacanería se ennoblece como campechanía.

193. Una mujer que Castelar describió como «una divinidad egipcia, los ojos negros e insondables cual dos abismos que llaman a la muerte y al amor».

> Pensé que era algún cómico de los que conozco e imitan muy bien las voces. Estando yo en casa, volvió a llamar, y sí, era el rey. Me dijo que me seguía mucho y que le gustaba mucho mi trabajo, seguía lo que salía en prensa y que le caía muy bien y que le gustaba mucho. Yo no daba crédito.

Era el *modus operandi* del rey. Veía a una rubia que le hacía tilín, se hacía con su teléfono, la cortejaba por lo directo y consumaba.[194] *Veni, vidi, vinci*, como el gran César.

Como es un caprichoso de «culito que veo, culito que deseo», la hace suya, se encoña y ya no puede pasar sin rendirle un par de discretas visitas semanales en el chalecito de La Moraleja donde ella reside, en el chalet de Boadilla del Monte o en picaderos suministrados por el Centro Superior de Información de la Defensa (CESID) y pagados con nuestros impuestos.

Entre prestación y prestación, ella le preparaba delicias culinarias (entiéndase paella).

> Éramos como una pareja normal —asevera Bárbara—. Cuando terminábamos de comer él me llevaba los platos a la cocina, contábamos chistes, nos reíamos, lo pasábamos muy bien [...]. Luego le gustaba tomarse su *whisky* y fumarse su purito fino.[195]

Él no aportaba nada, que con su real presencia deben darse por satisfechas, pero en una ocasión tuvo el detalle de regalarle una mo-

194. Así ocurrió con la atractiva y rubia fotógrafa de prensa Angélica (Queca) Campillo Álvarez, «una especie de huracán rubio, una guapísima rubia de larga melena y ojos azules, de silueta estilizada», de veintiocho años, que por su oficio acompañó a los reyes en sus viajes a México, Nepal, Tailandia, Grecia, Rusia, Cuba y otros lugares. Una noche, el Campechano la telefoneó para que se vieran. Se convirtieron en amantes. Al parecer el improvisado nido de amor solía ser una furgoneta aparcada en el monte de El Pardo (Font, 2015).

195. Véase <https://www.diezminutos.es/famosos-corazon/famosos-espanoles/a43788364/barbara-rey-secretos-encuentros-rey-juan-carlos/>.

neda de oro que ella convirtió en medallón. Cuando intentó empeñarla en un momento de apuro se llevó una gran decepción:

—Señora, esto es oro moruno de solo catorce quilates. Aquí solo empeñamos objetos que tengan entre dieciocho y veinticuatro quilates.

Breve inciso. Si no existe retorno económico, ¿qué tiene la realeza para que las mujeres se le rindan a portagayola?

Por vanidad, por ingresar en la historia, por cobrar una pieza única, una pieza que está fuera del alcance del procomún. Las mujeres también pueden ser cazadoras y coleccionistas de trofeos, como el clásico Tenorio. Admitámoslo: para algunas no existe mayor trofeo que sentir el cetro real en sus adentros.

Lo de encamarse gratis con un famoso es la excepción, porque ciertas mujeres proclives a la avaricia suelen buscan la fortuna en un hombre solvente. «Deme Dios marido rico, aunque sea borrico». Y si

Estatua del enano Seneb y su bella esposa Sentét.

no fuera marido, un amante. Ya sé que esta opinión puede disgustar a alguna feminista, pero meditemos un poco sobre el asunto.

¿Se hubiera enamorado Sentet, una egipcia hermosísima y de dos varas y media de alta, que es talla de mujer para empinarse, del enano Seneb, en tiempos de la dinastía IV, si él no hubiese sido un importante personaje de la corte del faraón bien forrado de pasta?

La respuesta es: «No, por supuesto que no».

Ciñéndonos más al presente: ¿se hubiera enamorado Norma Duval de José Frade; Jacqueline Kennedy de Onassis; Tita Cervera del barón Thyssen; la exuberante chica *Playboy* Anna Nicole Smith de J. Howard Marshall, un decrépito anciano que le llevaba sesenta y dos años?[196]

—Naturalmente que no.

—¿Se habrían enamorado la modelo Nuria González, de treinta y cuatro años, del naviero Fernando Fernández Tapias, que le doblaba la edad; la grácil Miranda, de treinta y siete años, de Julio Iglesias, ya sesentón; Patricia Way, de veintisiete, del tenor José Carreras, de cincuenta y tres; Gema Ruiz, de veintidós, de Álvarez-Cascos, cincuentón; Elena Boyra de José Federico de Carvajal, Elena Ochoa de Norman Foster, el arquitecto de fama mundial?[197]

196. Naturalmente, también se da el caso contrario: el joven que se empareja con una vieja por interés. En la jungla del mundo actual es frecuente que se inviertan los papeles. Porfirio Rubirosa se casó sucesivamente con las millonarias Doris Duke y Barbara Hutton, a las que enamoró con su labia y su calibre, *fifty fifty*, un secreto a voces que determinó que en Francia se llame coloquialmente *rubirose* al molinillo de la pimienta cuando es *king size*. El mono humano es el único animal de la naturaleza que copula con una pareja distinta a la que lo excita: es una de las perversiones que acarrea la evolución. También es cierto que el tamaño importa. Es conocido que en el diario *Pueblo* había un empaquetador feo y de ruin figura al que la naturaleza había compensado con un órgano reproductor fuera de lo común. Las mujeres se lo rifaban.

197. La lista se podría ampliar hasta el infinito en el mundo de la literatura: Alberto Moravia (setenta y ocho años) y la española Carmen Llera (treinta y uno); Camilo José Cela y Marina Castaño (también conocida como Marina Mercante, por su avidez recaudadora); Rafael Alberti y María Asunción Mateo; Borges y Ma-

—No insista, hombre: naturalmente que no.

—Permítame que enuncie un último caso. ¿Habría iniciado la tonadillera Isabel Pantoja, a la que pronto dedicaremos su propio capítulo, su «relación de confianza» (así la denominan en el auto judicial) con el camarero Julián Muñoz, un hombre de dudoso glamur, si este no hubiera sido alcalde de Marbella y ella hubiera venteado, con infalible olfato, que estaba podrido de millones con los que podría remediar sus números rojos?

—Definitivamente, no.

O sea, la hembra joven y de excelente aspecto se busca un macho poderoso y a ser posible con cuenta corriente abultada, sin que le importe que sea viejo, feo y hortera (caso de Julián Muñoz).[198] Funciona así. «Mientras ella tiene que llevar falda negra para que su trasero siga pareciendo pequeño, él solo necesita un Rolex o un BMW para compensar una tripa enorme.»[199]

Parece mentira, pero el dinero las llega a excitar sexualmente. Estudios recientes prueban que «el placer que experimentan las mujeres al hacer el amor está directamente relacionado con los recursos de su pareja».[200]

—Tienen viagra para mujeres —pregunta el tipo en la farmacia.

—En la joyería de enfrente —le responde la boticaria.

Desengañémonos: a cierta edad, lo único que codician las beldades son nuestros haberes o nuestras nóminas. El novelista Simenon, un machista irrecuperable, lo exponía más crudamente: «Cuando tú

ría Kodama. Por cierto, Carmen Llera le declaró a la prensa que le gustaba «no trabajar, ser mantenida y tener tiempo para ella misma». Estos son, evidentemente, matrimonios por interés (se busca el estatus del otro), que no hay que confundir con matrimonios de conveniencia (por ejemplo, para unir fortunas).

198. Sáez, 2002, p.7.

199. Pease, 2009, p. 217.

200. *Ibidem,* p. 76. Es lo que se deduce de un estudio realizado por los psicólogos evolutivos Thomas Pollett y Daniel Nettle, de la Universidad de Newcastle. El estudio se basó en la experiencia de 1.534 mujeres chinas, pero cabe suponer que sea extrapolable a las europeas.

estás calculando el tono exacto de los ojos de la amada, ella está calculando el montante exacto de tu cuenta corriente».

Regresemos al asunto del idilio del Campechano con la bella murciana.

Pasa el tiempo que todo lo aplaca, especialmente las pasiones, aparte de que según nos vamos haciendo viejos perdemos el envión de los años mozos, y el doñeador empieza a espaciar las visitas: cada quince días, cada veinte.

Imaginemos la escena.

—¿Es que ya no te gusto? —se queja ella.

—Tonta, no me has de gustar —se justifica él—. Lo que pasa es que no veas la de trabajo que tengo ahora en la Zarzuela.

El cuitado le oculta que, aparte de que ya le empiezan a flojear las piernas, tiene otras amantes, material nuevo y fresco al que atender.

En 1994 la estupenda señora sospecha que después de catorce años de intensa relación, la pasión de su amante está dando las últimas boqueadas. Viéndolas venir, con esa infalible intuición que gastan las mujeres avezadas, toma sus precauciones. «Este no me deja a mí tirada como si fuera una colilla. Alguna ganancia tengo que sacar, que luego la vida es larga y una no va a disponer eternamente de esta lozanía que Dios le ha dado», pensaría.

No se lo piensa dos veces: se encamina a la Tienda del Espía y cuenta su problema.

—Tengo un novio al que estoy manteniendo y sospecho que cuando estoy de gira o atendiendo a compromisos profesionales aprovecha mi ausencia para traerse sus ligues a casa y se las lleva al catre en nuestro dormitorio. Quisiera instalar algún dispositivo que lo registre, porque si se confirman mis sospechas quiero romper con él.

Los comerciales visitan el dormitorio donde suelen celebrarse los encuentros y estudian la escena.

—Aquí sería menester instalar una cámara de vídeo, disimulada en el bastidor superior de las cortinas, y otra fotográfica aquí, en este enchufe, y un par de micrófonos ambientales en la lámpara y en el cenicero de la mesita de noche.

—Pues adelante, y que sea lo antes posible.

Instalan el equipo de grabación y Bárbara registra varios encuentros con el Campechano durante los cuales, en la sobrecama, en el relajamiento postorgásmico, le sonsaca revelaciones comprometedoras sobre el 23F y otros temas igualmente delicados.

Cuando todo se sepa, ella se justificará como un gesto de reciprocidad: «A mí me estaban grabando en otro lugar y decidí grabar yo también. [...] A nosotros nos habían grabado, dónde nos veíamos, en la cama, conversaciones... Todo. Y una mala amiga me aconsejó que lo grabara. No tengo conversaciones de años de él, ni mucho menos, tengo dos o tres grabaciones de un mismo mes y no he hecho uso de ellas».[201]

Llega el aciago día, junio del 1994, en el que el Campechano le comunica telefónicamente hasta aquí hemos llegado *amore*, se agradecen los servicios prestados, fue muy bonito mientras duró.

Menos mal que al menos lo hizo personalmente. Franco, su antecesor, despedía a sus ministros por medio de un motorista que les llevaba el cese.

Ella primero va por lo suave, con sus lagrimitas y todo, queremos suponer, pero cuando advierte que por ese lado no conseguirá nada, cambia de registro:

—Le he entregado lo mejor de mi vida, le he dado consuelo cuando ha sido menester y ahora quiere decirme adiós. Ni hablar.[202]

Y se inventa que una mano anónima ha entregado en su casa un paquete que contenía distintas grabaciones de su intimidad con el Campechano y que pide dinero por ellas. Quiere aparecer como una especie de intermediaria forzada.

—El pretexto es flojo —le dice la policía—. Tú eres la que lo has grabado y la que chantajea al egregio.

Bárbara lo admite. Vayamos al negocio.

201. Véase <https://www.lasprovincias.es/culturas/tv/duras-confesiones-barbara-rey-juan-carlos-20230215084955-nt.html?ref=https%3A%2F%2Fwww>.

202. Cacho, 2000, p. 406.

El Campechano dispone de los resortes propios de una personalidad de su importancia en una nación moderna.

El lunes 4 de julio de 1994 despacha con el general Manglano, director del CESID.[203]

—Emilio, tengo que contarte algo. Verás, el 22 del mes pasado me llamó Bárbara Rey y me fui a almorzar con ella. Tuve algún gesto, le toqué el pecho. El viernes pasado llamó una persona a la Zarzuela y dice que tiene fotos. Pide cien mil dólares.[204]

Alboroto en la Zarzuela. El 7 de julio, Manglano se reúne con el jefe de seguridad de la casa del rey (Guillermo Quintana-Lacaci Ramos).

—General, todo este asunto lo ha montado Bárbara Rey. Tiene una conversación telefónica grabada con el rey en la que este habla de Sabino y tres vídeos tomados en su casa, uno en el comedor, y el segundo y el tercero en la cama.

Convienen en que el asunto es grave y en que la revelación del caso puede enturbiar la excelente imagen que el Campechano tiene ante su pueblo, el salvador de la patria del 23F y todo eso.

—Emilio, hay que recuperar la fotos —conviene Quintana-Lacaci—. Habrá que hacer pagos, ver la situación económica. Trátalo con Manolo Prado, por favor.

El jefe del CESID anota en su agenda: «Recuperar fotos, que aclare sus necesidades. No cerrar trato. Buscar financiación. Planes de entrega. Que la casa [el CESID] no aparezca. El rey no debe aparecer. El contacto con Manolo Prado».[205]

Manolo Prado y Colón de Carvajal es el amigo de confianza del rey y el intermediario en sus negocios.

A las 8.30 horas del día siguiente, el rey llama a Manglano por teléfono seguro.

203. El CESID fue una agencia de inteligencia española que estuvo en funcionamiento desde 1977 hasta 2002.

204. Fernández-Miranda y Chicote Lerena, 2021, p. 329.

205. *Ibidem*, p. 330.

—Ayer entregó todo el material. Manolo se ocupa de los aspectos económicos.

Manglano se cita con Manolo Prado esa misma tarde.

—Le he dado a Bárbara Rey 25 millones de pesetas —dice Prado—. Le daré más y, por otro lado, tenemos que facilitarle un contrato con Televisión Española. No le voy a decir al rey la cantidad que le he dado.

El acuerdo con Bárbara Rey cuenta con la aprobación no solo de la jefatura del Estado sino también del Gobierno (Felipe González). El 12 de julio Manglano envía a José Enrique Serrano, jefe de gabinete de Felipe González «contratar a B. en TVE».[206]

El 8 de agosto telefonea el jefe de gabinete de la Moncloa:

—El director de TVE ha hablado con Bárbara Rey y trataron las posibilidades que había, programas, etcétera.[207]

Pasa un año. El 15 de septiembre de 1995, Bárbara Rey vuelve a pedir dinero. El Campechano llama nuevamente al director del CESID.

—Emilio, la Pariente ha vuelto a pedir ayuda. Sabe cosas.

El Campechano llama a su chantajista la Pariente, quizá porque los dos son «Rey».

Prado y Colón de Carvajal se reúne nuevamente con la actriz para discutir el asunto. El 24 de enero de 1996 tratan el tema Manglano, Prado y Colón de Carvajal y Quintana-Lacaci.

—Bárbara Rey está en mala situación económica —expone Prado y Colón de Carvajal—. Su modista, que se llama Hortensia, es la inductora de todo. Unas personas visitaron en televisión a Bárbara y le dijeron que iban supuestamente de parte de Mario Conde y Javier de la Rosa. Tiene una documentación importante relacionada con el

206. Véase <https://www.revistavanityfair.es/articulos/barbara-rey-relacion-juan-carlos-chantajes-historia>.

207. *Ibid.*, p. 331. El 4 de noviembre de 1994 Bárbara Rey apareció como presentadora de un nuevo programa de la primera cadena, *Esto es espectáculo*, que se emitió entre 1994 y 1996.

rey y le hicieron una oferta. Muchos millones de pesetas y residencia en el extranjero.[208]

El asunto preocupa en las altas esferas. Deciden cortar por lo sano.

El CESID orquesta la concesión a la actricilla de un nuevo trofeo, el Bombín de Plata, para asegurarse de que ese día estará fuera de casa[209] mientras sus especialistas le allanan la vivienda y rescatan el «contenido sensible»: tres cintas de casete con grabaciones de audio, cinco de vídeo y veinte diapositivas francamente explicativas.

Cuando la actriz descubre el expolio se acongoja y piensa: «Ahora pueden matarme para que no hable».

Presa del pánico, telefonea a personas de su confianza.

Por ese medio vienen a saber los sicarios (que le tienen el teléfono intervenido) que la *starlette* ha tenido la precaución de hacer al menos un par de copias del material sensible y que las ha depositado en lugares seguros, una de ellas en el extranjero.

El 13 de junio de 1997 Bárbara comparece en la comisaría del barrio de Tetuán y denuncia que han robado en su casa y que sospecha que haya sido por orden de Manuel Prado y Colón de Carvajal, ya que esta persona se ha interesado anteriormente por el material sensible sustraído por los cacos. Lo grave del caso es que en este material «aparece una persona importante cuya identidad no desea en estos momentos revelar».

Aparece en el programa de María Teresa Campos en Telecinco y mirando a la cámara emite un mensaje a quien o quienes corresponda:

—Yo solo he dado cariño a quien lo necesitaba. A mí me matarán. Espero que no se atrevan con mis hijos, porque entonces Dios me dará una segunda vida para cargarme a quien haga falta. Yo llego hasta el final y la gente sabrá quién me ha matado.

208. *Ibid.*, pp. 401-402.

209. «El día que me robaron, unas personas que dicen ser mis amigas me tuvieron toda la noche de aquí para allá, para que esta gente pudiera hacer su trabajo bien hecho. Me hicieron entrega del Bombín de Plata y después me llevaron de un lado para otro.» Véase <https://www.elespanol.com/reportajes/grandes-historias/20170120/187482023_0.html>.

Uno de los confidentes de Bárbara, Julián Lago, vecino suyo y periodista famoso, la tranquilizó: «No creo que te hagan daño. Tú aguarda a que muevan ficha».

La movieron. Prado y Colón de Carvajal contactó con Bárbara y llegó a un acuerdo económico: «Se le entregan 100 millones de pesetas de entrada y cincuenta al año en plazos mensuales durante diez años. Las aportaciones mensuales las pagará el CESID. Los cien de entrada aún no se sabe».[210]

—Instalamos una caja fuerte en tu casa, metemos en ella el material sensible, tú tendrás una llave y yo otra, una vez al mes vengo, comprobamos que el material sigue intacto y te entrego un sobre con tu pensión mensual. Además, te compensaremos con un contrato ventajosísimo en la televisión estatal en *prime time*.

El trato se mantuvo durante unos meses, pero el 23 de febrero de 1996, coincidiendo con la expiración del contrato de Bárbara en la tele estatal, unos desconocidos allanaron la casa de los padres de ella en el pintoresco pueblecito donde vivían y la pusieron patas arriba en busca de la otra copia de las grabaciones.[211] Bárbara se enfadó muchísimo y amenazó con tirar de la manta.

En la prensa apareció la noticia del expolio y de la denuncia que la damnificada había interpuesto. Prado y Colón de Carvajal la apacigua y le sube la asignación mensual a dos millones de pesetas para compensar el lucro cesante de la tele.

Así las cosas, llega al poder, hecho un brazo de mar, José María Aznar (5 de mayo de 1996). Cuando le presentan la lista de gastos fijos de la Presidencia del Gobierno pregunta: «¿Esto qué es?».

210. Fernández-Miranda, 2021, p. 404.

211. «El 23 de febrero de 1996 la *vedette* padeció una extraña enfermedad en medio de la grabación del programa *Esto es espectáculo*. Dicen que le acababan de dar la noticia de que personas no identificadas estaban buscando en casa de sus padres, en Totana (Murcia), las mencionadas grabaciones. La preocupación principal de Prado y Colón de Carvajal seguía siendo recuperar el material comprometedor.» Véase <https://www.elespanol.com/reportajes/grandes-historias/20170120/187482023_0.html>.

—Ejem, verá, señor presidente: es una asignación que se paga a cierta señora que vivió una prolongada relación con el rey.

—Ni hablar —corta tajante el presidente—. Que no se le vuelva a pagar ni un céntimo.

Manglano cuenta en sus apuntes la versión que le dio el Campechano de su entrevista con el presidente Aznar.

—Me enfadé con Aznar. Le dije: «He cometido este error y estoy dispuesto a marcharme». Él estaba frío.

O sea, Campechano ofrece a Aznar su abdicación por el asunto de las grabaciones de la *vedette*.[212] Con razón no se pueden ver.

Privada de su estipendio, Bárbara amenaza de nuevo con tirar de la manta. Intenta aparecer en el programa de cotilleos *Tómbola*, quién sabe si a contar el caso, pero la Zarzuela logra evitarlo. Pagando, naturalmente, solo que los emolumentos procederían de los fondos reservados del Ministerio del Interior y no de Presidencia. Ahí demostró Aznar su talla de estadista.[213]

Finalmente, el CESID llegó a un acuerdo con la dama. Primero se aseguraban de que el material obraba en su poder y después se le hacía una oferta por él. Acordaron diez millones de dólares pagaderos en algunos plazos (1.600 millones de pesetas al cambio).

—Tanto dinero no podremos justificarlo —le dijeron—. Tendremos que pagarlo en plazos mensuales para no levantar sospechas.

Bárbara estuvo de acuerdo.

Mientras se liquidaba la deuda, ella custodiará las grabaciones en un maletín especial que el propio CESID le proporcionó, con dos llaves. Una quedaría en manos de la casa y otra en las de Bárbara. Los agentes de la casa se personarían en el domicilio de Bárbara una vez al mes para comprobar que el maletín y su contenido seguían intactos.

El CESID nunca pensó pagar esa millonada. Todo era una trampa para que Bárbara concentrara las cintas en un solo alijo y proceder a destruirlas. Habían instalado en el maletín un dispositivo secre-

212. *Ibid.*, p. 404.

213. Martínez Inglés, 2008, p. 321; Clemente, 2008, pp. 365-368.

to que se accionaba con un resorte escondido en el asa. El ingenio liberaría unos líquidos que al mezclarse destruirían por corrosión no solo el contenido del maletín, sino el maletín mismo y hasta el armario donde estuviera guardado.

—Solo existe un problema —señaló el técnico encargado del ingenio—. Cuando los líquidos se mezclan generan humo y cierto siseo. Convendría que la señora estuviera ausente cuando esto ocurra.

—Tendremos que sacarla de casa con algún pretexto —convinieron—. Cuando regrese encontrará los documentos destruidos y habremos resuelto el problema.

Una situación como las que vemos en las películas de Tom Cruise, pero debido a la chapuza hispánica resultó como las que vemos en las películas de Alfredo Landa.

Bárbara se estaba acicalando para salir a la cena de compromiso que el propio CESID había urdido, cuando el mecanismo se adelantó.

—Aquí huele a quemado —se dijo desde el tocador donde perfilaba los sensuales labios.

Fue a ver. En efecto, la cartera estaba humeando.

—¡Una bomba! —pensó—. ¡Quieren asesinarme!

Y tomando la cartera se asomó al balcón del jardín y la arrojó a la piscina.

La añagaza del CESID fracasó. Aunque el contenido de la cartera resultó afectado, Bárbara había tomado la precaución de depositar una copia de las grabaciones en una caja fuerte de Luxemburgo, bajo clave de dieciocho dígitos.

Los contendientes regresaron al terreno de juego. Según ha publicado *Okdiario*, un emisario se encontró con la demandante en la cafetería Riofrío de Madrid. Acordaron que recibiría tres millones de euros (500 millones de pesetas), en entregas mensuales de 25 millones de pesetas que le ingresarían en una cuenta secreta del Kredietbank Luxembourg.[214]

214. El 25 de septiembre de 1996, los agentes del CNI le abrieron en el Kredietbank Luxembourg la cuenta 55-209185-88-1 calificada como *compte kt plus*, la

En abril de 1997, a raíz de la revelación del asunto entre la *starlette* y el Campechano por la prensa, el Centro Nacional de Inteligencia (CNI) canceló la cuenta del Kredietbank Luxembourg. Y el asunto se dio por liquidado. La denunciante tampoco insistió ante la justicia.

Y colorín colorado. La cosa quedó así, para satisfacción de las partes, pero nadie nos dice que los intermediarios que intermediaron, funcionarios que hoy están en el cargo y mañana no, se privaran de hacer alguna copia del material sensible.

Vaya usted a saber las copias que haya retenidas en lugares seguros y que alguna vez, quién sabe, podrían salir a la luz porque la avaricia no conoce límites.[215]

---

más ventajosa. Poco después le ingresaron una primera cantidad de 26,3 millones de pesetas (160.000 euros). Véase < https://okdiario.com/investigacion/cni-compro-silencio-barbara-rey-amante-juan-carlos-i-fondos-reservados-luxemburgo-673393>.

215. Advirtamos que Aznar y la alta personalidad del Estado nunca fueron amigos (desplantes mutuos). Con el que congeniaba la alta personalidad del Estado era con Felipe González (hasta se contaban chistes verdes, *dicitur*).

CAPÍTULO 37

El caso de los obispos acuciosos

Vimos páginas arriba que, ante la inevitable trasformación de España en un Estado aconfesional, los obispos blindaron sus privilegios por medio de un tratado internacional suscrito con otro Estado (el pontificio). Sin embargo, al propio tiempo, en su condición de ciudadanos españoles, se reservaron el derecho de intervenir en política.

O sea, estaban al caldo y a las tajadas.

En esta nueva etapa, el PSOE, abjurado de la religión marxista que consideró a la Iglesia el opio del pueblo, los mismos Gobiernos socialistas que alardean de laicismo, han favorecido a la Iglesia incluso más que la derecha clerical. Alcaldes socialistas que en tiempos de la República hubieran quemado iglesias presiden ahora procesiones patronales bien trajeados, la medalla de cofrade al cuello y la vara del santo en la mano, tan ufanos. También es cierto que aquello que en tiempos de la República se consideraba fanatismo ahora se considera cultura popular.

En ese ambiente conciliador, en 1987, el Gobierno pactó con los obispos que en adelante la Iglesia se financiaría mediante un impuesto religioso voluntario (la famosa crucecita en el impreso de la declaración de la renta).[216]

216. El impuesto religioso es claramente inconstitucional, dicho sea de paso, porque el ciudadano que marca la casilla para que parte de sus impuestos vayan

Monaguillo recolectando dinero para la Iglesia.

Cuando se revisaron las declaraciones de la renta del año siguiente, resultó que los españolitos que en las encuestas se confiesan católicos, apostólicos y romanos luego se olvidan de marcar la crucecita para financiar a su Iglesia.

Para mayor escarnio, esa desafección alcanza sus cotas más altas en las comunidades más ricas (¿y cultas?), Cataluña y el País Vasco, donde no llegan a un 20 % los contribuyentes que marcan la casilla de la Iglesia (frente al igualmente insatisfactorio y deprimente 33 % de la media nacional).[217]

---

a la Iglesia, detrae ese dinero de los ingresos del Estado y, por lo tanto, contribuye menos para carreteras, escuelas, etcétera, que el ciudadano que se abstiene de marcar la casilla de la Iglesia.

217. Oigamos al teólogo católico Miret Magdalena, un lúcido observador de la Iglesia: «Aunque el 80 % de los españoles se declaran católicos, la mitad no es prac-

Al final, el Estado carga con el sostenimiento de la Iglesia, como en tiempos de Franco, y los obispos perciben por distintos conductos unos 11.000 millones de euros anuales (más del 1 % del PIB). O sea, cada españolito les aporta doscientos cuarenta euros al año.

—Habrás dejado de ir a misa, pero tu dinerito sigue alimentándonos el cepillo, so iluso.

No contentos con mantener la bicoca de la subvención estatal, los obispos incurren repetidamente en el pecado de avaricia cuando registran a nombre de la Iglesia la inmensa cantidad de ermitas, santuarios y edificios religiosos que existen en España sin titular definido. Con una firma y un pago simbólico, un bien público pasa a propiedad de la Iglesia sin que el Ayuntamiento se entere.[218]

O sea, un latrocinio con papeles.

José María Esparza, historiador y miembro de la Plataforma en Defensa del Patrimonio Navarro, denuncia: «No exageramos si advertimos que probablemente nos encontremos ante la mayor apropiación indebida de la historia de Navarra, después de la propia conquista del reino; la privatización del mayor patrimonio comunal urbano de Navarra, esto es, las iglesias y ermitas de todos los pueblos, que encierran una riqueza inmensurable en su mobiliario. La Plataforma calcula que bajo el mandato del arzobispo de Pamplona

---

ticante [...], lo que pasa es que los obispos no quieren admitir esa realidad [...]. Se equivocan, como se demostró cuando negoció con la UCD la financiación de la Iglesia y calcularon que ese 80 % que cuenta como católico iba a marcar la casilla del 0,5 % en la declaración de la renta. Los obispos se encontraron con que no había tanta gente dispuesta a dar dinero para financiar a la Iglesia y [...] le pidieron al Estado más dinero, y ya que Felipe González se lo dio, todos los gobernantes posteriores se lo han seguido concediendo. Esto va en contra de los acuerdos entre la Iglesia y el Estado, en los que se especifica claramente que la Iglesia debe llegar a la autofinanciación» (Aguilar, 2004, pp. 8-9).

218. Esta mangancia la perpetran con ingeniería legal, o sea, acogiéndose a los artículos 206 y 207 de la Ley Hipotecaria, una reglamentación aprobada en 1948 que concedía al Vaticano privilegios exclusivos. Con ese subterfugio, y al coste de los pocos euros que les cuesta inscribir las propiedades a su nombre, los obispos están amasando un patrimonio millonario.

y obispo de Tudela, Fernando Sebastián, la Iglesia navarra escrituró como suyas unas mil iglesias y ermitas». Y eso solo en Navarra. El proceso se ha intensificado «gracias a una modificación de la ley que el Gobierno de Aznar aprobó en 1998, cuando el Ejecutivo derogó un artículo que prohibía expresamente apropiarse de los lugares de culto».[219]

¿Cuántos inmuebles se ha apropiado así la Iglesia desde 1998?

Ni se sabe. Probablemente más de cinco mil. La apropiación más llamativa ha sido la mezquita de Córdoba.

¿Necesitaban los obispos las escrituras de propiedad de esa cantidad de inmuebles y solares que aunque se habían dedicado tradicionalmente a labores religiosas no les pertenecían?

La apropiación no responde a ninguna necesidad. Es pura avaricia de amasar un patrimonio que algún día pignorarán y convertirán en euros contantes y sonantes. Por eso resulta tan chocante que, en un documento de la Conferencia Episcopal dirigido a la prensa, los obispos critiquen la «codicia financiera y la avaricia personal» y señalen que existe una «grave deformación del sistema político». Además han pedido que estos comportamientos sean atajados «lo antes posible».[220]

Adivinanza: ¿en qué se parece la Conferencia Episcopal al pintoresco cementerio de Casabermeja (Málaga)?

En que los conforman sepulcros blanqueados.

Nada diremos de los cientos de casos sobradamente probados (ocurridos hasta los años ochenta, ya en plena democracia) en que las monjas vendían niños nacidos en maternidad y anunciaban a la madre que el bebé había nacido muerto. También silenciaremos el caso de las monjas de asilos de ancianos que aprovechan la demencia del viejo confiado a sus cuidados para llevarlo a un notario conchabado con ellas que pondrá sus propiedades a nombre de la co-

219. Véase <https://www.europapress.es/navarra/noticia-plataforma-defensa-patrimonio-critica-diocesis-apropiado-1087-bienes-inmuebles-publicos-20091124133337.html>.

220. Basante, 2015.

munidad. Algún caso se ha dado en que varias órdenes religiosas se han puesto de acuerdo para repartirse el botín (un ejemplo de la interacción biológica que conocemos por *comensalismo*, también practicada por los buitres).[221]

Un capítulo marginal de la avaricia clerical fue el llamado caso Gescartera.

De toda la vida hemos sabido que es más fácil abrir la mano de un arcángel con una palanca que sacarle un euro a un fraile. Pues imaginen lo listo que anduvo Antonio Camacho, propietario de una agencia de valores, para estafar a unas treinta órdenes religiosas que le habían confiado su dinerito.[222]

Martes, 8 de marzo de 2011. Las dieciséis monjitas del monasterio zaragozano de Santa Lucía descubren espantadas que alguien ha sustraído el millón y medio de euros que guardaban en un armario, en billetes de quinientos, fíjense qué ingenuas, dentro de bolsas de plástico.

Gran revuelo en el cenobio. ¿Ha sido un vulgar ladrón o un buen cristiano que quiere ayudarlas a cumplir el voto de pobreza que suscribieron ante Dios cuando se apartaron de las tentaciones del mundo?

Ingenuamente denuncian el robo a la policía.

La cosa se complica. Ante la sospecha de que pudiera tratarse de dinero negro, la policía remite el preceptivo informe a la Agencia Tributaria.

221. «La mujer, que apenas sabía leer ni escribir, cedió a tres congregaciones el caserío en el que vivía a cambio de una pensión mensual que ella creyó que sería de cinco mil cuatrocientos euros, pero en realidad era de apenas novecientos. Un juez de Irún ha citado a declarar como imputados a un notario y a nueve religiosos, entre ellos los representantes legales de los dominicos, los trinitarios y los salesianos en España, acusados de estafar a una anciana moribunda, a la que supuestamente engañaron para que les cediera su caserío, ubicado en dicha localidad guipuzcoana («Un juez de Irún imputa a nueve religiosos por la supuesta estafa a una anciana moribunda», *El Correo*, 13 de enero de 2015).

222. La CNMV intervino la agencia de valores Gescartera en el verano de 2001.

Mal asunto cuando husmean los inspectores de Hacienda, muchos de los cuales han abandonado la práctica religiosa y no usan escapulario.

La madre priora se desdice de la primera denuncia y rebaja a cuatrocientos cincuenta mil euros el dinero robado. Aduce que son los ingresos del taller de encuadernación del cenobio, pero aun así los de Hacienda les ponen pegas.

—¿Y ustedes declaran el IVA por esos ingresos?

—¿El IVA? ¿Qué es eso? Nosotras, aquí, apartadas del mundo, no nos enteramos de nada.

El asunto salta a la prensa: «Las hermanas de la congregación responsables de los hechos se enfrentarían a una pena de cárcel de uno a cinco años y a una multa que puede alcanzar hasta el séxtuplo de la cantidad defraudada».[223]

Al final no pudo hallarse al ladrón, la policía archivó las diligencias y la Agencia Tributaria se apiadó de las monjitas e hizo lo propio.

—Que les sirva esto de lección, hermana, piense que Hacienda somos todos y que Dios castiga sin palo ni piedra.

—Ave María Purísima.

223. Saiz, 2011.

CAPÍTULO 38

El caso Roldán

A Luis Roldán, cuando era capataz de una fábrica, lo llamaban el Relojero porque cuando llegaba la hora de salir esperaba hasta el último segundo, consultando el cronómetro, antes de pulsar el botón que activaba la sirena.

Afiliado al PSOE en busca de más amplios horizontes, puso en la ficha que era ingeniero (en realidad, solo tenía estudios primarios) y en pocos años medró y llegó a director general de la Guardia Civil, puesto desde el que realizó notables y necesarias reformas, como admitir mujeres en el cuerpo y sustituir cuarteles que se caían a pedazos por viviendas dignas.

Una mejora que requería grandes inversiones y de la que él obtuvo suculentas comisiones.

Por ese lado, bien; por otros, no tanto. A los guardias civiles les estallaba frecuentemente el arma durante las prácticas de tiro porque la munición nueve milímetros Parabellum contratada a la empresa filipina Armscor era defectuosa.

En 1994, cuando la avaricia le rompió el saco y la justicia empezó a investigarlo (a partir de denuncias en el *Diario 16*) Roldán receló que de un momento a otro lo iban a esposar sus queridos picoletos y se fugó de España.

Gran escándalo y, como siempre sucede, rápidamente acudieron los buitres del partido de la oposición a hacer leña del árbol caído. A ello se sumó que en mayo de 1994, la revista *Interviú* publicó las sorprendentes y nada excitantes imágenes de una orgía hortera en la que el antes respetable director de la Guardia Civil aparecía en calzoncillos cumplidos en compañía de señoras fondonas y con claros síntomas de embriaguez (porque uno no se imagina que, de haber estado sobrio, hubiera posado ante la cámara haciendo como que copulaba con una especie de batracio hinchable).

Trescientos cuatro días con sus noches anduvo Roldán en paradero supuestamente desconocido (en realidad, encerrado en un piso de París) antes de entregarse supuestamente en el aeropuerto de Bangkok después de pactar que solo lo juzgarían por cohecho y malversación.

La justicia lo condenó a treinta y un años de cárcel, a una multa de 1.600 millones de pesetas y a indemnizar al Estado con otros 579 millones de pesetas.

Roldán adujo que no disponía de ese dinero, que su supuesto encubridor, el agente y espía Francisco Paesa, que negoció la entrega, le había timado diez millones de euros.[224] Cumplió quince años de prisión antes de obtener el permiso que le permitía salir del talego para trabajar.

En la cárcel había, por fin, estudiado una carrera en la Universidad a Distancia y, si creemos a Sánchez Dragó, ha experimentado una transformación interior que lo ha regenerado.

O sea, ha encontrado a Dios.[225]

224. A los que habría que sumar el millón y medio de euros que recibió del Gobierno español por la entrega. Por un acto semejante, Judas se conformó con treinta monedas de plata, pero hay que tener en cuenta que la vida en Judea no estaba tan cara como en París. Este Paesa es el que le vendió a ETA dos misiles antiaéreos en los que el servicio secreto español había insertado sendos localizadores, lo que permitió dar con el arsenal principal de ETA. Quizá receloso de los estafados que iba dejando a su paso, Paesa fingió su propio fallecimiento por paro cardiaco en Tailandia, pero luego ha reaparecido para alivio de la afición.

225. Asegura Sánchez Dragó en una entrevista: «Luis Roldán se ha reencontrado con Dios a través de las lecturas, desde Aristóteles hasta nuestros días, y con su actual mujer, esa persona, Luis, deja de ser un delincuente y cobra conciencia y tiene dos vías: el suicidio o la regeneración. Él se encuentra con Dios y se ha regenerado» (Rubio, 2010). *Laus Deo.*

¿Cuánto sustrajo Roldán? La cifra exacta no se ha podido averiguar. Por lo que se probó en el juicio, Roldán había distraído 435 millones de pesetas de los fondos reservados, a los que había que sumar unos 1.800 millones cobrados en comisiones de las constructoras que adecentaban las casas cuartel.

La justicia le embargó las cuentas corrientes y algunas propiedades inmobiliarias que tenía en España. Él aseguraba estar sin blanca, que el dinero robado lo tenía Francisco Paesa, pero otros sospechaban que aún le quedaban unos diez millones de euros en paraísos fiscales aguardándolo para cuando cumpliera su débito con la sociedad.

En una entrevista, el periodista le preguntaba:

—En el Ministerio del Interior de su época había reparto de sobres entre la cúpula. ¿Cuántos y quiénes trincaban de ese dinero destinado a luchar contra el narcotráfico y el terrorismo?

—Más de doscientas personas —respondía Roldán—, y solo hubo tres condenados.[226]

Interrogado sobre la avaricia de los cargos, explicó que en 1983, siendo delegado del Gobierno en Navarra, cobró por primera vez un sobresueldo en negro. Seis millones de pesetas.

—¿Era una práctica habitual? —le preguntó el entrevistador.

—Sí, era una práctica habitual.

—¿Vivían, entonces, en una atmósfera general de corrupción?

—Yo consideraba que ese sobresueldo era normal. En esos momentos era la práctica habitual.

Que él sepa, asegura, cobraban los jefes de la policía («tenían quinientas mil pesetas de libre disposición»), el gobernador civil de Madrid, el de Barcelona, los tres gobernadores vascos y él. «Lo sé porque me lo han dicho. No fue probado, pero no tiene sentido que me pagaran a mí y no a los otros». Y afirma tajante: es «imposible» que Felipe González permaneciera al margen. «La corrupción era y es estructural.»[227]

226. Rubio, 2015.
227. Millás, 2013.

Roldán obtuvo el tercer grado, semilibertad, en 2005 y salió definitivamente de la cárcel en 2010, tras cumplir quince años de prisión. Falleció de cáncer el 24 de marzo de 2022 en un hospital de Zaragoza, a los setenta y ocho años de edad. Dos meses antes había muerto, a los sesenta y seis años, su última esposa, la rusa Natalia Glazkova, una atractiva viuda a la que había conocido por internet.

Luis Roldán.

CAPÍTULO 39

El caso del líder campesino Sánchez Gordillo

El líder campesino andaluz Sánchez Gordillo, alcalde de Marinaleda (Sevilla) desde 1979, no necesita presentación porque él mismo gusta de presentarse: «Soy comunista o comunitarista, como se sintieron Cristo, Gandhi, Marx, Lenin y el Che. Una mezcla de todo eso».[228]

Dueño de una incultura forjada a trompicones, más panfletaria y folletaria que libresca, Gordillo es un gran admirador de las democracias socialistas cubana y venezolana (viajó al paraíso de Maduro en primera clase de Iberia, como un obispo). También se manifiesta devoto defensor de la causa palestina, y organiza ocupaciones de fincas, saqueos de supermercados («expropiación de alimentos») y marchas por la dignidad obrera con banderas rojinegras de la CNT, verdiblancas del Sindicato Andaluz de Trabajadores (SAT), y rojas de la

228. Cotta, 2009. Diputado al Parlamento de Andalucía, Sánchez Gordillo se hizo notar por su depurado estilismo (camisa leñadora abierta hasta el botón del ombligo, roja kufiya o pañuelo jordano o saudita que él, en su ignorancia, cree que es palestino —el palestino es negro—), por sus depuradas poses, más bien ostensiones, ante la prensa en el *photocall* del Parlamento, la mano en la cadera como un *picaor*, y por su original juramento o promesa: «Por imperativo legal prometo y me comprometo a luchar con todas mis fuerzas por subvertir el sistema de producción capitalista. Por eso me declaro insumiso a la economía del mercado, sus recetas y sus mandatos. Me comprometo a luchar por esta nación sin soberanía que es Andalucía. ¡Viva Andalucía libre!». En otro foro aclaró que su lucha es «por las criaturas humanas, la utopía, el pueblo andaluz, la nación andaluza, la insumisión y la libertad».

Unión de las Juventudes Comunistas de España (UJCE), al grito o aullido (que en su blog se define como «espartano») de «¡columna Andalucía, au, au au!».

El líder campesino en un mitin electoral.

Hombre de talante desprendido y liberal, y como tal, enemigo declarado de la avaricia, en 1996 se filtró a la prensa canallesca que estaba cobrando dos sueldos incompatibles: el de diputado y el de profesor de EGB en excedencia. O sea, por un lado más de trescientas mil pesetas mensuales, dietas aparte, y por otro más de doscientas mil, con sus complementos y demás avíos.

Es el caso que por aquel entonces Sánchez Gordillo aparecía cotidianamente en el telediario con unos vaqueros cochambrosos, una camisa de mercadillo abierta a la legionaria y una barba de profeta refractaria al champú (o quizá el champú refractario a la barba) y, según testimonio de sus más allegados, abandonado del desodorante, pero ajena a esta notoriedad la Consejería de Educación no se daba por enterada y le seguía remitiendo su nómina mensual.

El banco o caja de ahorros le enviaba puntualmente, como es natural, un aviso de ingreso bajo el concepto «Magisterio» o «Consejería de Educación», pero Sánchez Gordillo, el genuino apóstol de los descamisados, no advirtió la anomalía, dado que, como manifestaría al destaparse el pastel: «Soy una persona que le tiene poco aprecio al dinero».

También declaró que rara vez comprueba el estado de su cuenta corriente. Como la mejor defensa es un ataque (de eso entienden mucho los chavistas), exigió que su causa fuera pública. «Luz y taquígrafos, porque yo no tengo nada que ocultar. Yo soy un hombre del campo, no entiendo ni sé de letras, pero soy de una opinión y el que me busca me encuentra» (diría parafraseando a Manolo Escobar).

A sus devotos y seguidores les explicó que su empapelamiento, que al final se quedó en nada, obedecía «a una sucia venganza de los buitres carroñeros que andan cerca del delegado».[229]

En 2023 dejó la alcaldía después de cuarenta y cuatro años de dictadura personal inspirada en sus admirados dinosaurios Fidel y Chávez. Poco después, el Ayuntamiento del pueblo fue condenado «por violar los derechos fundamentales de la plantilla del Ayuntamiento [...]: contratos en fraude de ley que deben ser regularizados por la Inspección de Trabajo, salarios por debajo del salario mínimo interprofesional (SMI), no reconocimiento de antigüedades, impedir la conciliación de la vida laboral y familiar, falta de convenio colectivo, reducción de las treinta y cinco horas semanales, sanciones a quienes reclamaban los derechos básicos, bolsas de trabajo sospechosas, vulneración del derecho de huelga, persecución sindical...».[230]

En fin, una alhaja de persona.

229. Eslava, 1996, p. 12.

230. Véase <https://www.diariodesevilla.es/juzgado_de_guardia/actualidad/Sanchez-Gordillo-condenado-fundamentales-Ayuntamiento_0_1795920>, sentencia firme del Juzgado de lo Social n.º 6 de Sevilla, sentencia n.º 207/23.

CAPÍTULO 40

El caso de los trinques aznarianos

Aznar supo recoger gran parte de la cosecha sembrada por el Gobierno anterior en lo referente a control del déficit, de la inflación y de la privatización de empresas estatales (en su caso, en beneficio de los grupos financieros que lo auparon al poder), mientras concedía regalos fiscales a sus patronos y favorecía descaradamente a la Iglesia.

El Gobierno de Aznar, asistido con singular destreza por su ministro de Economía, Rodrigo Rato, aplicó la cirugía que la ministra Thatcher había ensayado con éxito en el Reino Unido: privatizaciones de todo lo privatizable,[231] austeridad caiga quien caiga, liberalización y mano dura.

El cauterio funcionó: Aznar pagó las deudas acumuladas por el anterior desgobierno y recuperó notablemente la economía.

Ascendido al Olimpo de los políticos, nimbado de imperial majestad, el presidente Aznar anunció, con esa voz ligeramente engolada y profunda con la que reprime sus adolescentes gallos, que no se presentaría a la presidencia por tercera vez. Con magnanimidad cesárea no quería aferrarse a la poltrona como hacen otros (la mayoría).[232] Él era distinto.

231. Telefónica, Tabacalera, Iberia, Repsol, Argentaria, Enagás, Endesa y Santa Bárbara.

232. Conocida es la proclividad del político español a aferrarse al puesto, a sus dietas, sinecuras y canonjías. «No se despegan ni con agua caliente, pero cuando lo hacen tienen retribución consolidada y se reintegran al oficio civil ganando

Imparable en su proyección internacional, Aznar recibía clases aceleradas de inglés (*My tailor is rich, socialists are filthy,* etcétera) con el ojo puesto en una remuneradora itinerancia por universidades y organismos del mundo mundial donde impartiría conferencias para iluminar a las élites occidentales con lecciones magistrales de política, economía y conducción de pueblos (antes lo había hecho Felipe González, con apreciable éxito de crítica y de caja).

Lástima que el tiempo haya deslucido esa imagen brillante. ¿Hubo avaricia entre los patriotas a los que Aznar encomendó la salvación de España? Por lo pronto, veintidós de sus treinta y cuatro ministros han resultado salpicados por la corrupción.[233] Entonces nacieron o se reprodujeron los casos Bárcenas, Correa, Gürtel, Caja Madrid, las cacerías de Blesa, las tarjetas *black* y los millones de Rato y Lazard que se describen al menudeo en las páginas siguientes.

Y una última pregunta. ¿Podríamos considerar un caso de avaricia que un gobernante utilice bienes del Estado en caprichos propios de millonario como fletar un avión para asistir a una corrida de toros en la Maestranza (Alfonso Guerra en 1988)[234] o encontrar su helado favorito (Aznar en 1996)?[235]

---

más que sus colegas en observancia del ibérico refrán: "Los duelos con pan son menos".» Avaricia, lo sé.

233. Esta contabilidad aparece más pormenorizada en el blog de *Estrella Digital*, 19 de agosto de 2015.

234. «El vicepresidente del Gobierno, Alfonso Guerra, recurrió el pasado domingo al uso de un Mystère de la Fuerza Aérea española, enviado especialmente desde Madrid, para eludir una cola de varios kilómetros en la frontera portuguesa de Vila Real de Santo Antonio. Guerra, que regresaba a España tras pasar unos días de vacaciones en la región portuguesa del Algarve, fue increpado cuando pretendió colarse por numerosos automovilistas que aguardaban en Vila Real una cola de varios kilómetros para tomar el transbordador hacia la localidad onubense de Ayamonte. El vicepresidente del Gobierno desistió entonces de cruzar el paso fluvial y regresó a la localidad lusa de Faro, donde lo recogió el Mystère, tomando después rumbo a Sevilla» (*El País*, 1988).

235. «Había una regla sagrada que debía cumplirse a rajatabla: el presidente tomaría helado de café de la marca Häagen-Dazs en el almuerzo y en la cena [...].

José María Aznar con la mirada en el empíreo.

Un fin de semana nos quedamos sin helado en Jaén, en una de las fincas del Patrimonio Nacional que frecuentaban los presidentes. A un conductor se le encargo la misión de encontrar el helado, costara lo que costara, pero después de recorrer Jaén y sus alrededores no lo encontró [...]. El helado se convirtió en un asunto de Estado de manera que en alguna ocasión llegó a enviarse desde Madrid por avión para evitar sobresaltos» (González de Buitrago, 2014, p. 154).

CAPÍTULO 41

El caso de los fondos europeos

¿Recuerdan la historia bíblica del maná con el que Yavé alimentó al pueblo hebreo durante su peregrinación por el desierto?[236]

La dieta diaria caía del cielo, sin trabajo alguno. Menuda bicoca.

—Gracias, Yavé, eres cojonudo —dijo Moisés.

Sin duda lo era, pero Moisés debía haber pensado que nadie da nada de balde. A cambio de aquel viático, Yavé le exigió al pueblo hebreo una sumisión y una obediencia francamente insoportables (las prohibiciones de comer jamón o caña de lomo, que ya me dirá cómo se justifican).

A España también le cayó el maná de los fondos europeos, lo que provocó en el Congreso una euforia similar a cuando les vuelcan a los pingüinos del zoo un cubo de pescado.

El ingreso en la Comunidad Europea trajo a España (y especialmente a sus regiones más deprimidas) un verdadero maná, una lluvia de millones de euros (concretamente la impresionante cifra de 118.000 millones de euros entre 1986 y 2006)[237] en fondos estructurales.

236. Éxodo 16, 4 y ss. ¿Qué gusto tenía el maná? En Éxodo 16, 31 se dice que sabía a obleas con miel; en Números 11, 7-8, que a tortitas de aceite. Un sabor u otro acabaría cansando si se piensa que los israelitas vagaron cuarenta años por el desierto, por eso los exegetas de la *misdrah* opinan que sabría a la comida favorita del consumidor, o sea, a Franco le sabría a sobrasada mallorquina; a Aznar, a helado de café; a Zapatero, a rabo de toro (uno de los platos favoritos de su ídolo Felipe); a los líderes sindicalistas, a langostino, y así sucesivamente.

237. Juliana, 2009, p. 27.

¿Nos regalaban los impuestos extirpados a los países ricos de Europa? Eso parecía, pero descuida, que a la larga te lo cobrarán con intereses (o a tus hijos) cuando venga el tío Paco con las rebajas.[238]

Durante años ha llovido sobre España el maná de los fondos regionales y de cohesión comunitarios, un trasvase de millones a fondo perdido de las regiones más avanzadas de Europa (Alemania, Holanda...) a las más atrasadas (España, Grecia, Portugal, etcétera).

Por todas partes se acometieron obras, algunas incluso necesarias, tras el cartel del Fondo Europeo de Desarrollo Regional (FEDER).[239]

Los fondos europeos repercutieron favorablemente en la desmayada economía de los españoles, especialmente en la no tan desmayada de los tradicionales amos del dinero, pero aún hubo migajas abundantes que alcanzaron a la tropa menuda, a los que pagan a plazos y viven de prestado.

¿Qué decir de los subsidios concedidos a la agricultura y a la pequeña industria para que mejoraran y actualizaran sus explotaciones? Gracias a ellos muchas personas modestas pudieron construirse un cuarto de baño alicatado hasta el techo y equipado con todos los adelantos, bidet incluido; gracias a ellos pudieron renovar la cocina, también alicatada hasta el techo y equipada de fogones de inducción; gracias a ellos, agricultores de borriquillo o motorcilla han podido adquirir un vehículo de gama media con turbo (cuando no tracción a las cuatro ruedas), con el que concurrir con la familia a las romerías y jolgorios de la comarca o se han podido comprar un apartamentito en la playa.

238. En 1986, el PIB de España era el 72 % de la media de la Unión Europea (476.400 millones), pero en 2014 había alcanzado el 94 % de la media (921.700 millones). O sea, que ahora nos toca dar más de lo que recibimos. Escribí esto después de asistir al telediario del 19 de agosto de 2015, bajo el impacto de la noticia de que 10.000 millones de euros extirpados de nuestros impuestos se destinarían a socorrer al pueblo griego para que no escapara del redil del Cuarto Reich alemán, perdón, quise decir del marco europeo del euro.

239. En veinticinco años, España recibió 230.000 millones de euros brutos. Si les restamos los 140.200 millones de euros aportados por España a la Unión Europea, todavía salimos ganando 88.000 millones.

El español ha vivido, todavía vive, mejor que nunca. «Por encima de nuestras posibilidades», como dijo el ministro de Fomento Pepiño Blanco, el que repostaba en una gasolinera de Lugo.

De que vivimos mejor que nunca no cabe duda. Incluso existen regiones tradicionalmente deprimidas en las que el subsidio de paro, mantenido un año tras otro y percibido por varios individuos de la familia, en realidad por casi todo el pueblo, ha catapultado a esos pueblos a un nivel de bienestar con el que nunca soñaron: ropa, zapatos, complementos, sobreabundancia de muebles en el hogar, hasta un mueble bar para recibir a los amigos, buenos alimentos congelados y sin congelar, salida diaria de copas, comilonas en las fiestas patronales, verbenas de barrio, romerías, viajes a Cancún, cenar de tapas o pinchos, cervezas en una terraza o en el bar de la plaza, coche estupendo, equipo de música, iPod, teléfono móvil desde los cinco años de edad, juguetes sexuales si se tercia, televisión de plasma en gran pantalla para ver a gusto los programas basura, arrellanados en el sofá, en calzoncillos y bata, los pies sobre la mesa, y una bandeja de bebidas y chucherías a mano.

¿Y qué me dicen de las fiestas pantagruélicas con cualquier fútil pretexto: aniversarios, cumpleaños, onomásticas, bautizos, comuniones, bodas, fiestas de las hermandades, divorcios, cenas de Navidad con la empresa o con los colegas, despedidas de soltero, sardinadas, caracoladas, erizadas, *calçotades*...?

Sanlúcar de Barrameda no daba abasto a producir langostinos y han tenido que instalar un criadero gigantesco en Medina del Campo.

En ese caldo de cultivo crecieron sobremanera la avaricia, los bancos y las constructoras se forraron y la ciudadanía se desbocó tras el espejismo. ¡Somos ricos!

Así nos comimos el faisán. Ahora toca comerse las plumas.

CAPÍTULO 42

El caso de los sindicatos Garduña

El sindicato es una asociación de trabajadores que se unen para defender sus intereses laborales (jornales y condiciones de trabajo).

En España, existen unos treinta sindicatos, pero los que realmente pesan son el comunista CC. OO. y el socialista UGT, que acaparan un 70 % de las subvenciones estatales. Los dos empezaron marxistas y han evolucionado hacia la socialdemocracia y últimamente hacia la mamandurria.

Los sindicatos clásicos se mantenían con las cuotas de los trabajadores. Los modernos se han convertido en una especie de ministerios que viven de subvenciones estatales. Eso debería bastarles, como basta a otros sindicatos de países desarrollados. Lo malo es cuando los líderes sindicalistas se dejan arrastrar por la avaricia e incurren en manejos ilegales para captar más fondos.

Insaciables como son, organizan cursillos imaginarios para formación de trabajadores inexistentes, o cursillos reales para trabajadores imaginarios, o cursillos supuestos para trabajadores reales. El caso es que cantidades millonarias se invierten en conceptos para los que no estaban destinadas (comilonas y francachelas incluidas).

Además, los más elevados cargos sindicales tienen acceso a financiaciones encubiertas, como la participación en consejos diversos de entidades públicas, o en los consejos de administración de las cajas de ahorro, con sus correspondientes retribuciones.[240]

240. Sansón, 2014, *passim*.

«Los sindicatos —leemos en un auto de la juez Alaya— encontrarían durante una década en Andalucía esta otra forma [las comisiones por los expedientes de Regulación de Empleo, ERE, en los que participaban] de financiación irregular.»[241] Se refiere la juez a la supuesta trama de facturas falsas de UGT Andalucía por sus cursos de formación.

¿Se lucraron los sindicatos de una parte de los fondos públicos destinados a garantizar una renta hasta su jubilación a los trabajadores que perdían su empleo? Eso parece.

¿Sindicatos que roban a los obreros en lugar de protegerlos?

Los responsables de las mediadoras Uniter y Vitalia, José González Mata y Antonio José Albarracín, declararon ante la juez Alaya que UGT y CC. OO. constituían una especie de *lobby* que podía malograr la firma del ERE de una empresa si sus *brokers* no obtenían mordida en las prejubilaciones subvencionadas por la Junta de Andalucía, digamos entre 0,5 % y el 1 % del coste total del ERE.

«El interés que defienden hoy nuestros sindicalistas parece que tiene poco que ver con el que defendían los líderes del movimiento obrero hace décadas.»[242]

Navidad de 2009. El sindicato UGT Andalucía quiere también unirse a esa fiesta entrañable en la que los españoles celebramos el nacimiento del Niño Dios.

La actividad sindicalista, siempre encaminada a la redención del proletario, no tiene por qué estar reñida con la sana celebración. No

241. Al parecer, las consultoras Uniter y Vitalia y el bufete Estudio Jurídico Villasis habrían pagado a estos sindicatos más de 7,6 millones de euros en comisiones que «no responderían a ningún concepto definitivo y efectivamente soportado, pues los mismos no prestarían ni facturarían ningún servicio a Uniter que los justificara». Véase <https://www.elconfidencial.com/espana/2013-06-19/la-juez-alaya-culpa-ya-a-los-sindicatos-de-financiacion-irregular-en-el-caso-de-los-ere_197579/>.

242. Sansón, 2014, *passim*. Ciertamente, hay muchos sindicalistas liberados que solo trabajan cuando el sindicato convoca manifestación o huelga. Son esos cincuentones entrados en carnes que aparecen reiteradamente con pancartas o al frente de vociferantes piquetes.

se trata de rebajar el nivel de vida de los plutócratas que en estas fechas se atiborran de mariscos, sino de aumentar el nivel del obrero componente de la famélica legión para que también él pueda permitirse, llegada su hora, consumir esos exquisitos crustáceos.

Por ahora no es posible, dado que vivimos en un régimen de explotación capitalista que escamotea tales delicatesen a los más humildes, pero, no obstante, el sindicato obrero quiere tantear ese terreno experimentando las consecuencias de la ingestión de esos productos en la persona de sus líderes. Para ello encarga una mariscada de 2.047 euros[243] en el exclusivo restaurante Puerto Delicia con cargo a una subvención de la Junta de Andalucía (en la factura consta: «Comida acciones difusión VII acuerdo»).

Ítem más. En abril de 2011, la temible juez Mercedes Alaya llama a declarar al sindicalista Antonio Rodrigo Torrijos (de CC. OO. Andalucía) no por haberle intentado cambiar el nombre a la Navidad (propuso llamarla «fiestas del solsticio de invierno»), sino para que explique su «marcado interés» en la venta de terrenos de Mercasevilla.

El avezado sindicalista cree que debe demostrar su vinculación afectiva a la referida empresa municipal y para ello cuelga en su blog una foto en la que aparece frente a dos estupendas bandejas de mariscos. La foto, según confiesa, se tomó dos años antes en la Feria del Marisco de Bruselas, a la que acudió con el séquito de Mercasevilla. Las consecuencias de tan impremeditada acción no pueden ser más contrarias al objetivo deseado. Rechifla general de los adversarios políticos que el interesado atribuye a sucia maniobra de esa derechona que «trata de difundir la imagen de que soy un hombre corrupto, inculto, grosero, oscuro y que dilapido el dinero ajeno».[244]

243. Para veinte cargos sindicalistas se encargaron treinta raciones de langostinos (1.080 euros), seis pargos al horno (126 euros), seis bloques de *foie* (90 euros); ocho botellas de Rioja reserva Marqués de Arienzo (152 euros), cervezas, postres varios y los cócteles y orujos de sobremesa. Fue un almuerzo de trabajo plenamente satisfactorio. *Mens sana in corpore pleno.*

244. Torrijos dimitió finalmente de Izquierda Unida cuando la justicia lo imputó en tres cargos: sobornos a funcionarios y altos cargos de la Administración (ope-

La mariscada de Torrijos.

El escritor Francisco Núñez Roldán ha renovado la letra del himno revolucionario «A las barricadas»:

Negros percebes están en el plato,
rojas cigalas nos lo impiden ver,
aunque el proletario no los pruebe nunca
un cargo elegido los debe comer.

¡En pie antiguo progre, a por la bandeja,
hay que aprovecharse de la ocasión:
a las mariscadas, a las mariscadas,
por el triunfo de una buena digestión!
(Bis).

Todo exceso tiene aparejado un castigo y el pecado de la gula no podía ser una excepción. El sobrepeso, la obesidad, la salmonelosis,

ración Enredadera); posibles delitos de malversación, falsedad y societario en Fundación de Sevilla y, el más suculento de todos, en Mercasevilla, por el que la Fiscalía Anticorrupción le solicitó dos años de prisión (por prevaricación, delito societario, fraude y exacciones ilegales de funcionario público y maquinación para alterar el precio de las cosas).

la hiperuricemia propia del abuso del marisco (subida de los niveles de ácido úrico en sangre).

En las imágenes de los primeros sindicalistas, los del tiempo de Pablo Iglesias, solo vemos tipos escuálidos. Sus sucesores, los liberados sindicalistas de nuestro tiempo, tienen problemas de sobrepeso (los contrarrestan machacándose en el *gym*) y algunos hasta padecen gota, consecuencia de las comidas de trabajo. Nunca se les ha visto más rozagantes, con esas gruesas cervices, esas papadas, esas panzas (vean las de Torrijos, antes de que los disgustos lo menguaran).

El bienestar material y la libertad de que disfrutan los líderes de la clase obrera anuncian tiempos venideros en los que el obrero alcance el bienestar de su explotador. Algunos pensarán que es una utopía. Quizá lo sea, de acuerdo, pero por lo pronto ya la han alcanzado los líderes sindicales. Ya solo falta que detrás de ellos la alcancen el resto de los trabajadores.

CAPÍTULO 43

El caso de las magnas obras

Nueva escena: desayuno de trabajo en una sala de juntas impresionante decorada por un interiorista amigo, en la sede del Gobierno de una de las diecisiete autonomías.

Reunión de consejeros, subsecretarios, técnicos y otros funcionarios, todos duchados y trajeados, todos encantados de haberse conocido, todos estupendos demócratas que apostaron por el cambio.

Cambio incluso en lo personal, las tres ces (CCC).[245]

—Se trata del proyecto del Centro de Interpretación del Cangrejo Ferruelo —anuncia el presidente de la corporación—. Ya sabéis, por los dosieres que habéis recibido, que el cangrejo ferruelo es un artrópodo perteneciente al grupo o infraorden de los crustáceos, y más concretamente a los cangrejos verdaderos, que no hay que confundir con los ermitaños.

Asienten todos como si hubieran leído el dosier y estuvieran al tanto. Prosigue el presidente:

—El cangrejo ferruelo es una especie endémica, privativa de nuestra provincia y una de las más interesantes de la comunidad, por lo tanto debemos protegerla y velar por su conservación y bienestar. Incluso a petición del diputado Lupiáñez podíamos convertirlo en

245. Las tres ces: cambio de coche (Simca 1000 por Volkswagen Golf), casa (pisito en barrio obrero por chalet adosado en urbanización elegante) y coño (esposa cuarentona, ya algo ajada, por la secretaria que tiene veintitrés y está para mojar pan).

nuestra seña de identidad. En lugar del toro de Osborne, que simboliza a España, podíamos adoptar al cangrejo ferruelo, que anda de frente y come de lado, como el caballo del ajedrez. Así nos distinguimos y adquirimos una seña más de identidad, como el asno que simboliza a Cataluña.

—¿Tan en peligro está?

—¿El asno catalán?

—No. Nuestro cangrejo.

—En peligro de extinción inminente —afirma, serio, el presidente—. Y no creáis que este asunto no me quita el sueño. Me lo ha explicado Holgado, el secretario de Ecologistas Tocapelotas, ya sabéis lo servicial que es y lo agradecido que está por la subvención que reciben de la Diputación. El otro día lo invité a comer en la marisquería La Centolla Feliz y me explicó el tema: el cangrejo ferruelo acusa los problemas de alteración de su medio. Al vivir en un hábitat tan reducido y aislado como nuestros arroyos, es muy sensible.

—¿Y en qué consistirá el Centro de Interpretación? —pregunta la diputada de Violencia de Género.

—Paneles explicativos, dioramas, pantallas de plasma, programas táctiles para ciegos, vitrinas explicativas... En fin, todo a la última, a lo grande. Tiene que ser un referente nacional, incluso europeo, como el Guggenheim o la neocueva de Altamira o el acuario de Valencia.

—El Guggenheim son palabras mayores —objeta el diputado de Cultura.

—Mucho ruido y pocas nueces —replica displicente el diputado de Enormes Obras—: yo lo visité cuando la asamblea del partido en Bilbao, y lo único que saqué en claro fue que aquello es una especie de almacén para exponer unas planchas de hierro oxidado. Lo nuestro tiene que ser un polo de atracción para el turismo, que es riqueza para la región y puestos de trabajo. Ya tengo al estudio Arquitectos Afanosos trabajando en el prediseño del edificio: figuraos una mole de cristal y titanio con forma de cangrejo ferruelo con las patas, o quelas, como también se llaman, extendidas como abarcando la plaza de la Constitución. Un edificio innovador que revitalice el espacio público y sea referente identitario. Imaginaos: de un lado la Diputación, del otro el Centro de Interpretación del Cangrejo construido justo encima del río.

—¿Qué río?

—Coño, ¿qué río va a ser? El arroyo Cantarranas.

—Pero, Pepe, es un arroyo y apenas lleva agua.

—Cuando le hagamos un trasvase del pantano de la Trilla y lo limpiemos de basuras y yerbajos, quedará un río de lo más aparente, aguas claras y cristalinas para criar un vivero de cangrejos ferruelos en condiciones óptimas que podrá contemplarse desde el Centro de Interpretación, puesto que tendrá el suelo de cristal, como si el visitante caminara sobre el arroyo, el río quiero decir. Y hablamos con los del Instituto Geográfico para que en mapas futuros le cambien el nombre y le pongan otro más aparente, Guadalferruelo, por ejemplo, en memoria del cangrejo que será su inquilino distinguido.

—Suena bien.

—Tendremos que expropiar seis o siete casas, pero eso ya está en el departamento de proyectos —interviene el presidente—. Como os decía, el Centro de Interpretación va a parecer un cangrejo ferruelo así, extendido, y los visitantes le entran por el pico, o como se llame por donde esos bichos comen.

—Maxilas —apunta el secretario.

—Vale, pues por las maxilas —conviene el presidente—. Y los camiones de reparto, porque dentro habrá un restaurante con algún cocinero vasco de renombre, que entren por debajo de la cola donde tiene las navajas jodedoras.

—Estiletes copuladores, presidente —corrige el secretario.

—Todo esto saldrá por un pastón —sugiere el diputado de Hacienda.

—Ahí está lo bueno —piensan todos.

El Centro de Interpretación del Cangrejo Ferruelo no es más que uno de los muchos magnos proyectos faraónicos en los que invierten millonadas las instituciones públicas.

Además del prestigio de la comunidad, de la provincia o de la ciudad, los megaproyectos rinden sustanciosos beneficios por los suculentos contratos que las instituciones firman con las empresas constructoras y con las suministradoras de los carísimos contenidos.

Lo dicho: sobre la maltratada piel de toro de España llovieron millones de euros como llovió el maná sobre el pueblo de Israel en el desierto del Sinaí. Fue el paraíso de políticos trincones y manirrotos.

Como aquel río de oro y plata americano que en tiempos imperiales nos traían los galeones de la flota de Indias.

Aquellos ducados se dilapidaron en guerras y empréstitos con los banqueros europeos; estos euros, sin embargo, se han quedado en España y le han permitido adelantar y evolucionar en poco más de quince años más que en el siglo precedente: España entró en el nuevo milenio con una fiebre constructora de palacios de congresos, ciudades de la cultura,[246] centros de exposiciones, museos de arte contemporáneo, puertos, autopistas,[247] líneas de alta velocidad,[248] aeropuertos,[249] polideportivos, piscinas climatizadas y tranvías deficitarios.[250]

246. Estupenda la Cidade da Cultura de Galicia, de Santiago de Compostela, diseño del carísimo arquitecto norteamericano Eisenman, «una acrópolis cultural con forma de concha de Santiago en una colina que invita a los peregrinos al conocimiento». Costó 420 millones de euros y desde entonces ha sufrido varias obras «de redefinición», intentando encontrar un sentido a sus espacios.

247. La mayor parte en quiebra porque tienen un tráfico (intensidad media diaria o IMD) que no llega ni al 30 % del tráfico que las haría rentables.

248. En 1999, el Gobierno de Aznar presentó el Plan de Infraestructuras 2000-2007, que preveía la construcción de siete mil doscientos kilómetros de líneas de alta velocidad (AVE). El PSOE prosiguió con el proyecto de muy buena gana. Hoy España tiene más y mejores ferrocarriles que Estados Unidos, Japón, Alemania o Francia, países de renta per cápita muy superior a la nuestra. El problema es que no viaja suficiente gente para amortizarlos y es dudoso que puedan ser rentables en el futuro.

249. Con la mitad de población de Alemania (y un tercio de su PIB), España dispone del doble de aeropuertos. Casi todos los aeropuertos españoles son muy deficitarios. El Gobierno acepta que nunca alcanzarán ni a cubrir los gastos operativos, mucho menos a recuperar la inversión.

250. El tranvía de la bahía de Cádiz (230 millones de euros): el Tribunal Superior de Justicia de Andalucía anuló el proyecto (además se han extraviado unos

La repera.

Hay pueblos agropecuarios donde no había ni un deportista y hoy existe un polideportivo perfectamente equipado y una estupenda piscina municipal cubierta. Infrautilizados quizá e imposibles de mantener, de acuerdo (el problema del desarrollo sostenible), pero, en cualquier caso, ahí están, para que ningún ciudadano se pueda quejar de que no podría practicar deporte si quisiera.

¿Y qué decir de los centros culturales perfectamente equipados para teatro, cine, asambleas y otros usos ciudadanos? Quizá estén infrautilizados fuera de época electoral, cuando albergan los mítines de las distintas fuerzas políticas, pero eso no significa que con el tiempo, algún día, no puedan estimular la vida cultural de la ciudadanía. Lo importante es tener la herramienta, después confiemos en que su mera presencia estimule algún día su uso, si no en esta generación, irreparablemente logsetomizada, en la siguiente. O en la otra.

En mis excursiones arqueológicas por Siria y Jordania he encontrado a veces antiguos anfiteatros romanos reciclados en castillos de la época de los cruzados. ¿Quién sabe si a la vuelta de unos años no veremos, o verán nuestros descendientes, esos teatros y esos estupendos palacios de congresos que ahora no tienen función alguna convertidos en mezquitas?

¡Las obras monumentales! Todo ese alegre trasiego de decenas de millones de euros, ¿cuánto ha dejado en las cajas de los partidos políticos? ¿Cuánto en los bolsillos de los políticos?

---

ocho millones de euros). El tranvía de Jaén: no se ha inaugurado y costó 120 millones de euros, a los que hay que sumar los gastos de mantenimiento anual. El tranvía de Parla: costó 130 millones de euros. La Fiscalía ha denunciado a once ediles por la ampliación de las obras. El tranvía de Vélez-Málaga: 40 millones de euros, funcionó durante cuatro años y hubo que abandonarlo por los altísimos costes de explotación (déficit de unos 800.000 euros anuales). El tranvía de Madrid Oeste: el Gobierno regional paga al concesionario por ocho millones de viajeros, muchos más que los que realmente lo utilizan (Otero, 2015, p. 37).

Datos: España se disputa con Botsuana el puesto número 30 en el índice de percepción de la corrupción.[251]

Cada partido tiene su sentina, a la que hay que entrar con una pinza en las narices. El que contrata y otorga licencias puede fácilmente corromperse.

Estalla el escándalo, siempre por la labor de algún periodista insuficientemente remunerado que publica lo que le susurran gargantas profundas del propio partido, resentidas porque no alcanzaron lo que querían. Una ocasión estupenda para los partidos de la oposición: airean tus trapos sucios y te podrían arruinar las próximas elecciones.

Lo malo es que como todos están corruptos y todos saben, existe una *omertà*. Cacarean, amagan, amenazan, insultan... Pero el caso de corrupción lo silencian, no sea que te repliquen con la misma moneda y perdamos todos. Recuerden el pacto de no agresión en las elecciones catalanas, del tripartito. Los grupos llegaron al acuerdo de que en campaña no dirían ni una sola palabra sobre mangancias porque les iba a salpicar a todos.

Y así sucesivamente.

251. Según un informe de Transparencia Internacional, la ONG que vigila la corrupción (Nieto, 1997).

CAPÍTULO 44

El caso Millet

Un idealista soñador, Fèlix Millet i Tusell, fundó en 1990 la Fundació Orfeó Català-Palau de la Música, una institución filantrópica, el club donde las personas de refinada cultura que aspiran a ser alguien en la sociedad catalana se congregan para saberse pertenecientes a una exquisita minoría, escuchar a Wagner, lucir elegantes galas y promover la música clásica en Cataluña.

En su condición de promotor de la cultura, Millet estaba en posesión del Lazo de Isabel la Católica, la Cruz de San Jorge y otras distinciones más menudas. Su nombre se le impuso a una plaza en Barcelona.

Hasta aquí el violín, demos ahora paso al trombón.

Corría el año 2002. A la mesa de un funcionario pesquisidor llegó una cobarde nota anónima que acusaba al «inefable Fèlix Millet» (así lo denominaba) de desviar a su cuenta personal parte de los fondos del Palau de la Música. El funcionario obró cuerdamente y archivó el repugnante anónimo. «Impensable que un hombre tan ilustre se haya pringado», pensó acaso.

Pasan los años y agentes de la Fiscalía menos escrupulosos, en su afán de hurgar en las basuras del Palau (toda nave, por bella que sea, tiene una sentina a donde van a parar las inevitables deyecciones de la tripulación), detectan el pago de comisiones de la empresa constructora Ferrovial a Convergència Democràtica de Catalunya (CDC) a través del Palau de la Música.

Consternación de la sociedad civil catalana.

En total, se calculaban 6,6 millones de euros en comisiones ilegales por las concesiones de las obras de Ciudad de la Justicia y de la línea 9 del Metro de Barcelona.

O sea, el Palau, una de las más prestigiosas instituciones de la cultura catalana, en entredicho como pantalla para ocultar vergonzosos trapicheos y mordidas.

¿Es posible, o se trata de una sucia maniobra de los españolistas que envidian nuestra cultura?

El impacto de la noticia fue inenarrable: el tercer movimiento de la *Sinfonía n.º 5* de Shostakóvich ejecutado por una orquesta enlutada y con las cabezas y los instrumentos cubiertos de ceniza y mondas de las basuras de la Boqueria no habría acertado a expresar la tristeza que invadió a los melómanos barceloneses.

En junio de 2009, la Fiscalía se querelló contra Fèlix Millet i Tusell y sus colaboradores más cercanos por apropiación indebida y falsedad. Se investigaba un presunto desvío de dos millones de euros, pero cuando la Fiscalía empieza a tirar del hilo nunca se sabe lo que puede sacar. Aconsejado por sus abogados, el filántropo Millet reconoció que había desviado dinero a sus cuentas.

—¿De cuánto estamos hablando?

—No mucho: un desfalco de 3,3 *millonets* de euros.

—¿Y en qué se ha ido ese pastizal?

—Acá y allá y acullá: en obras de reforma de sus propiedades para que tuvieran el aspecto suntuoso que correspondía a su rango y condición. Y luego, en viajes, seiscientos cincuenta mil euros para conocer lugares tanto hogareños como exóticos: París, Londres, islas Maldivas, Dubái... Y en restaurantes de postín, para explorar la pujante gastronomía catalana. Y en pagos a artistas en dinero negro y otras actividades que una justicia menos rigurosa habría admitido como gastos de representación.

—No olvide las bodas de sus hijas.

—¡Ah, sí! Y en las bodas de Clara y Laila, que se realizaron en el propio Palau, un marco incomparable, con fondos de la institución.

Y un detalle enternecedor: Millet cobró la mitad de los gastos del enlace (cuarenta mil euros) a sus consuegros, con lo cual redondeó el negocio.

Acosado e incomprendido, despojado de la Cruz de San Jorge, como Isabel Pantoja lo ha sido de la Medalla de Andalucía por otra mangancia, Fèlix Millet i Tusell guardó «inmutable silencio» ante los jueces, pero renunció a su cargo en el Patronato del Palau de la Música y hasta a la presidencia del banco de la pequeña y mediana empresa, Bankpime, que era su trabajo remunerado, público y respetable.

Los daños colaterales del caso fueron importantes. El juez y el fiscal anticorrupción empitonaron a CDC por el cobro de comisiones ilegales y le embargaron la majestuosa sede central para que cubriera la responsabilidad civil del caso. Convergència ofreció otras quince sedes menores del partido a cambio de liberar la central con el propósito de ponerla a la venta, pero al parecer estaba tasada en 12 millones de euros y el lote ofrecido en sustitución no llegaba ni a cuatro. No hay color...

La investigación pasó por las manos de cinco jueces de instrucción y concluyó en octubre de 2013. Las cosas de palacio van despacio, e incluso a veces no van.

La sentencia, de enero de 2018, condenó al Fèlix Millet a nueve años de prisión por delitos continuados de malversación y apropiación indebida, de tráfico de influencias, de blanqueo de capitales y contra la Hacienda pública, así como a una multa de 2,8 millones de euros.

En 2022 Fèlix Millet consiguió el tercer grado penitenciario debido a su delicado estado de salud, pero apenas pudo disfrutarlo, porque falleció en 2023, a los ochenta y siete años de edad.

CAPÍTULO 45

El caso del camarada Fernández Villa, apóstol de Rodiezmo

Rodiezmo es un pintoresco pueblecito minero y agropecuario de las montañas de León, verdes prados, pastantes vaquitas y paisaje crespo y minero.

Un lugar ideal para una cuchipanda.

Desde el advenimiento de la democracia, el PSOE ha venido celebrando en la verde campa de Rodiezmo un encuentro lúdico-político autocomplaciente en el que achispados militantes con revolucionario pañuelo rojo al cuello conviven en sana camaradería, escuchan mítines, entonan «La Internacional» puño en alto y reponen fuerzas con culines de sidra, lingotazos de los recios vinos de la tierra, cecina, morcillas y sobre todo chorizos encubiertos (me refiero no a las personas, sino a los bollos *preñaos*, naturalmente).

La fiesta de Rodiezmo, como una romería laica y socialista, era cita obligada para todo el que es alguien en el partido o el que aspira a serlo, y especialmente, por sus connotaciones mineras, para el Sindicato Minero de Asturias (SOMA-FITAG-UGT), cuyo legendario secretario general José Ángel Fernández Villa, treinta y cuatro años al frente del sindicato, oficiaba de anfitrión y maestro de ceremonias. Codazos había por estrechar su pilosa y honrada mano obrera y por hacerse una foto con él.

La romería de Rodiezmo vivió su edición más glamurosa en 2009, bajo la égida de Zapatero, cuando la secretaria de organización del PSOE, doña Leire Pajín, la ministra de la Mujer doña Bibiana Aído y el presidente de la Fundación Pablo Iglesias, don Alfonso Guerra, los tres con sendos pañuelos rojos al cuello, levantaron el puño y cantaron «La Internacional»: *«¡Arriba, parias de la Tierra! / ¡En pie, famélica legión!»* y el resto del himno, sin omitir lo de hundir al imperio burgués.

—Y el camarada Alfonso Guerra, ¿por qué aplaude abrazado a su chaqueta?

—Por seguridad. Es donde lleva la billetera.

La prensa derechona se cebó en ellos alegando que cantaban «La Internacional» vestidos de Armani, y que la señorita Pajín lucía unas gafas de ochocientos euros[252] y que percibía un sueldo mensual de cinco mil euros que, con otros complementos, equivaldría al de veinte mileuristas de su edad. Ítem más de don Alfonso Guerra: alegaron que llevaba un reloj de pulsera de tres mil euros (menos mal que Cándido Méndez sustrajo del escrutinio de los fotógrafos el peluco de su colección que lucía aquel día).

Y yo me pregunto: ¿qué pasa? ¿Es que para defender a los pobres hay que vestir o vivir como ellos? Precisamente la señorita Leire y el señor Guerra usan este tipo de lujos para indicar que no cejarán en su lucha de clases hasta que los pobres disfruten de bienes semejantes. Para reforzar esa idea, en apariencia utópica, no dudan en predicar con el ejemplo.

Lo mismo puede decirse de Fernández Villa, semblante de honrado trabajador, con bigote un poco antiguo, de cuando Pablo Iglesias fundó el partido, Medalla al Mérito en el Trabajo, diputado regional y senador del PSOE por Asturias, un hombre reverenciado por su abnegada dedicación a la lucha obrera.

Fernández Villa manifestó una faceta desconocida de su personalidad cuando, aprovechando la amnistía fiscal de 2012, legalizó millón y medio de euros que tenía escondidos en ese limbo indeterminado que frecuentan los banqueros y demás explotadores de la clase trabajadora. Esta vez el hombre calculó mal, porque, aunque la le-

252. No las llevaba puestas, pero al vérselas con una patilla inserta en el canalillo intermamario, supusieron que eran de su propiedad.

galización del dinero lo pone a salvo de cualquier acusación de delito fiscal, si se sospecha el origen ilícito de esa fortuna, el expediente pasa a la Fiscalía Anticorrupción, que te empura por cohecho o apropiación indebida.

¿Penoso, no? Toda una vida trincando discretamente para que un error de lo más tonto te deje con el tafanario a la intemperie.

Como del árbol caído todo el mundo hace leña, enseguida afloraron sospechas de que en los años heroicos fuera informador de la policía.

A los pocos días de esta campanada, el líder obrero dimitió de la presidencia de SOMA-UGT «por motivos de salud».

¡Que Dios se la conserve muchos años, para que disfrute de ese pastón y del que tenga oculto, si lo hubiere!

Lo mismo le deseamos a su colega en las tareas políticas, el popular Francisco Granados, titular también de millón y medio de euros en Suiza.[253]

La romería de Rodiezmo, seña de identidad socialista, languideció los últimos años y podemos darla por muerta en 2023, cuando su organizador, el sindicato SOMA-FITAG-UGT, la considera «una cuestión superada».

¡Mecachis en la mar, qué poco duran las alegrías en la casa del pobre!

253. No mencionaremos, por evitar prolijidad, otros prohombres y promujeres patrios tan distanciados del vil metal que prefieren tenerlo en los llamados paraísos fiscales de «Andorra (Javier y Arantxa Sánchez Vicario, Montserrat Caballé, Alfredo Graus, Antoni Rosa Marvá, Alex Crivillé, Sito Pons); Miami (Julio Iglesias, Raphael, Bertín Osborne); Mónaco (Severiano Ballesteros, Carlos Sáinz, Emilio Sánchez Vicario, Plácido Domingo, Abraham Olano); Suiza (Conchita Martínez, Manuel Prado y Colón de Carvajal), etcétera» (Núñez, 1995, pp. 72-74). Tampoco diremos una palabra de las sociedades de inversión de capital variable (SICAV), un chollo legal por el que los ricos riquísimos solo pagan un 1 % (¡sí, un 1 %!) a Hacienda, un paraíso fiscal incrustado en las democracias occidentales y especialmente en España. El que quiera saber más, me lea el libro de Rocafort, 2011, en cuya portada aparecen, muy sonrientes, el cineasta Pedro Almodóvar y la empresaria y presentadora Ana Rosa Quintana.

CAPÍTULO 46

El caso de *los Pujoles*

A la familia de Jordi Pujol, presidente de la Generalitat catalana durante veintitrés años, se le puede imputar el pecado de avaricia, concedámoslo, pero desde luego no el de corrupción.[254]

Su padre, Florenci Pujol i Brugat, fue un hombre tesonero que desde un humilde empleo de botones en la Banca Marsans ascendió, peldaño a peldaño, a corredor de bolsa independiente.[255] Caso

254. El diario *El Mundo* destapó en noviembre de 2012 la existencia de una fortuna oculta de los Pujol en paraísos fiscales de Europa y América: unos 1.800 millones de euros que procederían del cobro del 3 % de cada obra o servicio adjudicado por la Generalitat durante los veintitrés años (1980-2003) en los que Jordi Pujol fue presidente autonómico. El expresidente lo ha negado, claro, pero quizá movido por ese prurito cristiano de poner la otra mejilla, no ha querido llevar el caso a los tribunales. Señor Pujol, se lo digo de corazón: no se puede ser tan bueno. Enseguida iba yo a consentir que *El Mundo* me acusara de tener 1.800 millones en paraísos fiscales y se fuera de rositas. Me buscaba un buen abogado y le ponía una querella que se le iba a caer el pelo.

255. Al parecer, era un mago con las divisas: Manuel Ortínez, otro hombre hecho a sí mismo que empezó de contrabandista y terminó de director del Instituto Español de Moneda Extranjera, cuenta en sus memorias: «En Tánger las pesetas se convertían fácilmente en dólares. Al fin y al cabo, solo había que pasar los nueve kilómetros del estrecho de Gibraltar y tener amigos combinados en las aduanas de los dos lados. Yo entregaba las pesetas en Barcelona, en billetes de cien, que hacían un bulto considerable, y las pesetas convertidas en dólares aparecían en Estados Unidos o Suiza... Operación delicadísima que no podías hacer con cualquiera. Entre otras cosas, porque cuando uno entregaba el paquete de billetes, no tenía la absoluta seguridad de que llegaran a su destino. No había comprobante... Con Floren-

parecido de promoción por el esfuerzo solo se ha dado en Alfonso Escámez, que de botones de sucursal bancaria rural llegó a presidir un banco y a los banqueros.

Católico y catalanista, Jordi Pujol sintió, desde su juventud, el corazón escindido entre una temprana vocación religiosa y la llamada de la oprimida patria catalana. Finalmente, se decidió por esta segunda, dado que había conocido en la Confraria de la Mare de Déu de Montserrat de Virtèlia a una atractiva y discreta muchacha que con el tiempo había de convertirse en su santa esposa y madre de sus siete hijos: Marta Ferrusola.

Detenido y maltratado por la policía franquista, Jordi Pujol resultó condenado a siete años de cárcel de los que cumplió dos y medio. Diputado del Congreso al advenimiento de la democracia, compatibilizó sus actividades políticas con las financieras como vicepresidente ejecutivo de Banca Catalana, una institución que, tras unos estimulantes inicios, dio un traspié y acabó intervenida por el Banco de España por presuntas irregularidades en su gestión (una minucia, en realidad: otorgaban créditos irrecuperables a empresas en crisis siempre que los recipiendarios fueran catalanistas). En este descalabro, los pequeños ahorradores perdieron sus dineros, pero afortunadamente los directivos, entre ellos el propio Pujol, pudieron salvar los suyos.[256]

—¡Mis ahorros de toda la vida perdidos! —exclamó un damnificado.

—De perdidos, nada: los tienen Pujol y su cuadrilla, pardillo.

El insensible fiscal general del Estado presentó una querella contra Jordi Pujol y una veintena de antiguos directivos de Banca Catala-

---

ci Pujol nunca tuve otro trato que este» (Ortínez, 1993). Cuando Franco se empeñó en publicar en el *Boletín Oficial del Estado (BOE)* los nombres de los «capitalistas traidores» implicados en el escándalo Rivara, comentado páginas atrás, Florenci cobró cierta indeseada notoriedad al aparecer en la página 3898 (*BOE* del 9 de marzo de 1959).

256. Cuando el Estado intervino Banca Catalana, en 1982, presentaba un agujero de cerca de unos 770 millones de euros. El saneamiento le costó al Estado 340.000 millones de pesetas, unos 2.043 millones de euros (Ordóñez, 2014, p. 322).

na por los presuntos delitos de apropiación indebida y maquinación para alterar el precio de las cosas. Esto ocurría en mayo de 1984, cuando Pujol acababa de ganar por goleada las segundas elecciones catalanas: su partido, Convergència i Unió (CiU) pasó de cuarenta y tres a setenta y dos escaños). El *molt honorable* estuvo sublime cuando salió al balcón del Palau de la Generalitat, testigo secular de tantos grandes eventos, para escribir una página brillante en el libro de la historia: «Dejadme que os diga una cosa, que es la última vez que la digo, pero quiero que quede claro —advirtió paternalmente a la multitud enfervorizada que de manera totalmente espontánea se había apiñado en la plaza de Sant Jaume—. El Gobierno de Madrid, el Gobierno central concretamente, ¡ha hecho una jugada indigna! Y a partir de ahora, cuando se hable de ética, de moral y de juego limpio, podremos hablar nosotros, pero no ellos».

«Ética, moral y juego limpio»: el vibrante discurso dejó a los tribunales del Estado en estado casi catatónico. Fue como un mazazo de decencia en el pecho respingoncillo (así se lo pintan) de la ciega justicia. La altiva dama cedió, claro. En noviembre de 1986, la Audiencia Territorial de Barcelona (cuarenta y dos magistrados) dio carpetazo al proceso y exculpó al presidente de la Generalitat y al resto del consejo de administración de Banca Catalana.

Aliviado, pero todavía indignado desde su probada superioridad moral, Pujol contraatacó acusando al Estado central de haber negado el socorro a la Banca Catalana por odio a Cataluña, porque a otros bancos en crisis bien que los ayudaba. Un hombre de su probidad moral no tenía por qué aguantar esos ataques que en realidad eran agresiones a Cataluña, tan identificado estaba con ella. Afortunadamente, después de estos raptos de indignación se serenaba apaciguado por la paciente esposa y muy especialmente por la fiel secretaria y mujer para todo María José Bargalló.[257]

257. En 1995 circuló insistentemente el rumor de que esta eficiente secretaria era amante de Pujol. Marta Ferrusola salió al paso de ese infundio: «Todo son calumnias, mi única rival es Cataluña». Esta supuesta amante del presidente Pujol

Pasaron los años. Los agentes del lado oscuro volvieron a la carga. Todo empezó por confusos y malintencionados rumores de que Pujol y sus hijos se había forrado ilícitamente y de que tenía una cuenta secreta, llamada Soleado, en el banco HSBC Private de Ginebra.[258]

De pronto, muchos malintencionados recordaron el desliz de Pasqual Maragall el 3 de marzo de 2005 cuando se le calentó la boca y acusó, en sesión parlamentaria, a sus oponentes de CiU: «Hemos llegado al meollo de la cuestión: ustedes tienen un problema y este problema se llama 3 %».

¿Tres por ciento? ¿Aludía don Pasqual a supuestos cobros de comisiones en la adjudicación de obras?

Horrorizado, Artur Mas le rogó: «Retire su expresión [sobre el 3 %] para que podamos restablecer este mínimo de confianza que el país necesita». Más calmado, Maragall retiró lo dicho en gracia al necesario consenso para reformar el Estatuto.

Aquel rifirrafe, presenciado por tantos diputados, ujieres y demás personal, y convenientemente filtrado a la prensa, no se olvidó, claro, y salió nuevamente a relucir cuando acusaron al *molt honorable* de mantener cuentas ocultas en Suiza.

Jordi Pujol lo negó tajantemente al principio (enero de 2013), pero después, acosado por la prensa amarillista, admitió haber ocultado a la Hacienda pública «un dinero ubicado en el extranjero», herencia de su padre, Florenci Pujol.

---

es la que, supuestamente movida por el supuesto despecho de la mujer que se siente utilizada y no convenientemente remunerada, aireó a los cuatro vientos que el clan Pujol apaleaba millones de euros en cuentas de paraísos fiscales. Tomen nota: una esposa o amante despechada es como un miura al que introduces un panal de avispas en la oreja. Guárdate de esos cuernos. Así ocurrió también en el caso de Juan Guerra, el hermanísimo.

258. «El contable de la Gürtel manejaba una cuenta de la familia en el banco HSBC Private de Ginebra, donde Jordi Pujol Jr. consta como director de una empresa de mármol, que, por poner un ejemplo, solo en 2008 obtuvo unos beneficios que alcanzaron los 12,74 millones de euros» (Llorente, 2014, p. 35).

Muy disculpablemente, en treinta y cuatro años el *molt honorable* no había encontrado nunca el «momento adecuado» para regularizar esa herencia ante el fisco (este dato nos da idea de la intensidad con que se entregaba a *fer país*, con el consiguiente quebranto de sus intereses particulares), por lo que humildemente hizo un acto de contrición.[259]

Al parecer se trataba de unos cuatro millones de euros, situados en un banco de Andorra, una cantidad resultante del aumento de la fortuna heredada de su padre, el agente de bolsa Florenci.

—Mi padre tuvo este dinero fuera con una mentalidad de reserva, de rincón, no para hacer negocios ni para incrementar el depósito. Lo hizo en previsión de que llegaran malos tiempos —aclaró Pujol, descartando cualquier indicio de avaricia.

Y añadió que el patriarca de la familia obró de este modo por miedo a que la actividad política de su hijo viniera mal dada con el consiguiente desamparo de la familia. Puro *seny*.

Los sicarios españolistas de la Agencia Tributaria y de la justicia se ensañaron con la saga. «En mayo de 2017, la Unidad de Delincuencia Económica y Fiscal (UDEF) de la Comisaría General de Policía Judicial concluyó que la familia Pujol-Ferrusola obtuvo un «beneficio económico no justificado» de 69 millones de euros en sus cuentas de Andorra desde 1990, cuando comenzó una operativa para ocultar «grandes sumas de origen desconocido» que responde a un «plan preconcebido y ordenado».[260]

O sea, un cóctel de cohecho, tráfico de influencias, delito fiscal, blanqueo de capitales, prevaricación, malversación, cuentas secretas en paraísos fiscales y falsedad documental.

Había conculcado todo lo conculcable, el *molt honorable*.

¿Qué tenemos, una vez examinados los papeles? Una saga familiar industriosa que salió adelante con esfuerzo y tesón: Marta hizo un dinerito con su tienda de flores, una empresa potente que inclu-

259. García Bueno, 2014.

260. Véase <https://es.wikipedia.org/wiki/Jordi_Pujol>

so mereció la adjudicación del contrato para renovar el césped al estadio del Barcelona; los hijos, en particular Jordi y Oriol, han logrado una regular fortuna a base de olfato comercial y dura *feina*, sin transgredir jamás la raya roja que separa la ética del trabajo y del esfuerzo de la especulación, el tráfico de influencias, la mordida y el latrocinio. Ambos son bienaventurados, ya que padecen persecución por la justicia.

La justicia se ha ensañado especialmente con Jordi, el delfín del *molt honorable*.

Jordi, un hombre prudente como las vírgenes del Evangelio. Debido a su recelo por la seguridad de las transferencias bancarias (heredado del abuelo Florenci, sin duda) ha preferido trasladar los fajos de billetes de banco a banco en el maletero del coche (de ello da fe su exnovia María Victoria Álvarez). Hombre concienzudo, ha investigado también la capacidad de distintos maleteros y ello le ha llevado a reunir una colección de coches de alta gama adquiridos a precios ridículos (menos de cien mil euros por el lote que incluye un Porsche, un Ferrari, un Jaguar, un Lamborghini Miura y hasta un Seat 600), aunque la impertinente Agencia Tributaria insiste en que tirando por lo bajo valen no menos de millón y medio de euros.[261]

261. Victoria Álvarez, novia o amante de Jordi Pujol Ferrusola entre 2006 y 2009, se personó el 13 de diciembre de 2012 en la UDEF para denunciar que su antigua relación exportaba dinero a Andorra en bolsas cebadas con billetes de doscientos y quinientos euros, y que ella le había reprochado su avaricia con estas palabras: «Eres un enfermo con el dinero. Ya tienes suficiente como para que vivan tranquilos tus hijos y los hijos de tus hijos». Es evidente la intención de Victoria Álvarez de mortificar a su antiguo novio, del que además dice haber recibido maltrato físico, aunque argumente que en su denuncia «no hay despecho ni venganza», pero los que seguimos al filósofo Friedrich Nietzsche, nada sospechoso de misógino (de hecho, le contagiaron una sífilis, prueba de que sucumbió a los encantos del bello sexo), sabemos que «en la venganza, como en el amor, la mujer es más bárbara que el hombre».

Tomen nota los que se hallen en circunstancias similares y escarmienten en cabeza ajena. ¿Mi consejo? Antes de formalizar relaciones con la nueva indemnicen satisfactoriamente a la cesante antes de decirle «adiós, fue bello mientras duró», no

—Iba a los chatarreros y los coches le salían por nada y menos —lo defiende la matriarca.

El otro hermano, Oriol Pujol, en su deseo de favorecer a Cataluña rediseñando un nuevo mapa de estaciones de la Inspección Técnica de Vehículos (ITV) más eficaz que el propuesto por el Gobierno anterior (el tripartito), ideó un procedimiento para aligerar los engorrosos trámites de concesión de estas estaciones y, sin más fin que el pronto acceso de los automovilistas catalanes al disfrute de las ventajas propuestas, incurrió en la debilidad venial de amañar los nuevos concursos de concesión con ayuda de su socio Josep Tous. La Agencia Tributaria, bien conocida por sus tiquismiquis españolistas, lo acusa por ello de colaborador necesario de una trama de corrupción relacionada con la falsificación de varias facturas a cuenta de la Generalitat para ingresar 72.000 euros al citado socio Tous.

También quieren investigar al benjamín de la familia, Oleguer Pujol Ferrusola simplemente porque adquirió un lote de 1.152 oficinas del Banco Santander por el que pagó a tocateja 2.177.382.975 euros. ¿Qué pasa, es que uno no puede invertir sus ahorrillos en unos locales para crear riqueza?[262]

Todo este trabajo lo hicieron los Pujol calladamente, como hormiguitas laboriosas. Da fe de ello el hecho de que una persona tan próxima al patriarca como Artur Mas, *conseller* de Obras Públicas y de Economía sucesivamente, y eslabón intermedio entre Pujol padre

---

se les revuelva como un jabalí herido. Recuerden también el caso de la beldad rubia y el Campechano relatado páginas atrás.

262. El Ministerio Público sospecha que los Pujol han contratado al testaferro internacional Herbert Arthur Joseph Rainford, con sede en Londres, que a través de la sociedad Brantridge Holdings Limited emplearía fondos de origen ilícito depositados en los bancos opacos *offshore* de Islas del Canal de la Mancha, Guernsey y Jersey. Por otra parte, la UDEF subraya que «las empresas españolas administradas/gestionadas por Oleguer Pujol suelen tener como socio único a una sociedad pública limitada (BV) radicada en los Países Bajos, la cual es administrada por otra/s sociedad/es pantalla radicada/s en Luxemburgo y cuyos gerentes o administradores suelen residir en Londres».

Jordi Pujol, durante su comparecencia en el Parlamento catalán, el 26 de septiembre de 2014.

y Oriol hijo en el partido, jamás sospechara de irregularidad alguna ni de los «supuestos» cobros de 3 % que iban a parar a las arcas de CDC (o cuentas privadas en Andorra y Suiza).

Asqueado por tanta mezquindad, Oriol Pujol renunció generosamente a su escaño en el Parlamento de Cataluña y dejó la secretaría general del partido con la cabeza muy alta.

Mientras tanto, proseguía la batería de acusaciones contra el patriarca del clan. Todos querían hacer leña del arbusto caído, incluso la bruja Adelina, que iba por los platós de televisión largando por su desdentada boca.[263]

263. La relación de Pujol con la sanadora viene de antiguo. Según Philip McMahan Bolich, antiguo directivo de Banca Catalana, Pujol estaba convencido de que lo habían aojado y por eso hacía esos tics y guiños que lo caracterizaban. Le dijeron que eso lo remediaba una sanadora de Andorra y se aficionó tanto a ella que la visitaba con frecuencia para que le pasara un huevo por la espalda. El huevo quedaba negro después de absorber las energías negativas del sujeto. Al parecer, Jordi Pujol animó a la bruja Adelina a montar consulta en Barcelona, a donde acudía un par de veces por semana y Pujol le facilitaba clientela, pero la taimada y desagradecida lo acusa ahora de llevarse una crecida comisión: «Pujol es más agarrado que un chotis —aseguró en el programa de televisión *Hable con ellas* del 23 de septiembre

Ahíto de tanta inquina, Jordi Pujol compareció gallardamente ante el Parlamento de Cataluña el 26 de septiembre de 2014.

Fue un día histórico. Interpelado sobre los supuestos orígenes ilícitos de su fortuna, el *honorable* expuso, con la sobriedad gestual que lo caracteriza y ese marcado escoramiento lateral con el que a menudo refuerza sus argumentos, su malestar por la campaña desatada en su descrédito.

Subiendo el tono, Demóstenes no lo habría hecho mejor, amonestó a los diputados, antes fervientes aprendices suyos: «*Escolti, i que sense adonar-se, la gent..., que si vas segant, diguem, la branca d'un arbre al final cau tota la branca, tots els nius que hi ha. No, és que després caurà aquell d'allà! Aquell d'allà que... No, no..., és que després cauran tots!*» («Cuidado..., que si vas cortando, digamos, la rama de un árbol, al final cae toda la rama con todos los nidos que hay en ella. No, es que después caerá aquel de allá, aquel de allá que... ¡No, no, es que después caerán todos!»).

O sea, amenazaba con tirar de la manta. Los padres de la patria captaron el mensaje. Quizá alguno comprendió que ningún nido está seguro cuando cae el de Pujol, al que todo le debemos.

Pujol, como ferviente cristiano, conoce bien la historia de Sansón, que ciego, desesperado y anudado a las columnas del templo, arrastró en su caída a todos los filisteos que se creían a salvo de peligros.

Abundando en la Biblia, su lectura de juventud, Pujol es el Moisés que conduce al pueblo elegido por Dios —el catalán, claro— a la tierra prometida. Adaptado a los nuevos tiempos ha sustituido el Arca de la Alianza por las bóvedas de almacenamiento de los bancos en paraísos fiscales.

Él conoce, y nadie puede llevarle la contraria, que la caridad bien entendida comienza por uno mismo.

---

de 2014—. No me daba nada de nada [...], fue más espabilado que yo porque me traía a todos sus amigos y me daba ciento cincuenta euros diarios, pero él se llevaba quinientos o seiscientos por persona. Hizo negocio, yo no».

El Campechano debería haberle concedido algún marquesado, como al presidente Suárez, o por lo menos un condado o un señorío. Me imagino su blasón o escudo de armas: sobre fondo de oro, una raposa parda rampante llevando una gallina en la boca (o sea, cebada con gallina), una barretina por timbre y en pergamino su mote familiar: Peix al Cove.

CAPÍTULO 47

El caso Malaya, con los amores del Cachuli y la Pantoja

Cuando el hecho biológico inevitable nos privó de Jesús Gil, en el hueco que dejaba (tan espacioso como su propia humanidad) crecieron algunos alevines que, como la historia ha demostrado, aunque provistos de su misma avaricia, carecían de su habilidad para sortear escollos legales.

—O sea, y tal y tal, que si quieres trincar a lo grande tienes que dejar buenas propinas, y tal y tal —razonaba Gil—. Si te lo llevas crudo todo y no repartes, se te cabrean los funcionarios y lo que antes te has ahorrado te lo tienes que gastar en abogados, y tal y tal.

Sucedió a Gil en la alcaldía de Marbella Julián Muñoz, alias Cachuli, un hombre plenamente identificado con la *jet society* a la que había servido en su anterior oficio de camarero, un hombre cuyo estilismo consistía en llevar sandalias con calcetines, la pretina del pantalón de cuello vuelto una cuarta por encima del ombligo y en transportar los fajos de billetes en bolsas de basura infinitamente más discretas que los tradicionales maletines.

—¿No lo llaman dinero negro? —lo imagino argumentando— ¡Pues en bolsas de basura!

Fuese por el estilismo del pantalón hasta el sobaco, fuese por el producto de las bolsas de basura, o quién sabe si por su encanto personal, Julián Muñoz enamoró perdidamente a la tonadillera y viuda de España, Isabel Pantoja, y ella lo enamoró a él, o sea, que el encabrinamiento fue mutuo.

Él, Cachuli, estaba vinculado matrimonialmente a una leona con la melena teñida y aficionada a las rayas y a los bolsos de marca, Mayte Zaldívar, a la que había conocido en los años setenta en un local de toples llamado La Poupée (no se priven, su foto de pamela y con las coquetuelas ubres al aire circula por internet).

Ya pareja de hecho, la antigua empleada de La Poupée y el camarero dieron en ganarse la vida honradamente al frente de una industria familiar, el bar Macay, un establecimiento de esos en los que no hay nada que ocultar y apilan las cajas de botellas vacías y las bombonas de butano en el salón de los clientes y en el retrete sustituyen con un ramal la cadena de la cisterna que algún desaprensivo les ha birlado.

Estos humildes comienzos explican el orgullo de Mayte cuando Cachuli ingresó en el partido de Gil y este lo aupó a la alcaldía, un ascenso social que le permitió dejar el bar, ejercer como primera dama, operarse los juanetes, dejar las prendas de mercadillo para vestir de marca y codearse con lo que quedaba de la *jet set* marbellí (poco ya, pero algo). Nada más humano que su airada reacción cuando Cachuli se lio la manta a la cabeza, la dejó plantada y se mudó a casa de la tonadillera Isabel Pantoja a vivir un tórrido romance que comenzó camino del Rocío, tan propenso a los polvos, y se malogró cuando bajo las ramas de un olmo la Guardia Civil caminera se lo llevó codo con codo.

Las malas lenguas que hacen leña del árbol caído aseveran que la Pantoja, una mujer de casta que lleva sangre de reyes en la palma de la mano (alusión al ilustre ancestro gitano de la artista), se arrimó al Cachuli movida por el interés pecuniario (el maldito parné de la copla, versión folclórica de la avaricia que nos ocupa).[264]

264. La situación pecuniaria de la Pantoja era la siguiente: la finca Cantora necesitada de reformas y con la cabaña esquilmada, la mansión de La Moraleja hipotecada y el restaurante La Cantora, en Fuengirola, regentado por Paquirrín, a punto de echar el cierre tras el fracaso de su «plato estrella», el pollo a la Pantoja, la versión española del *canard à la presse*, de La Tour d'Argent, París. Al parecer, la gente desdeña el pollo y prefiere carne roja atiborrada de hormonas y antibióticos. Un perito de Hacienda, a preguntas del fiscal, informó que en seis años de actividad profesio-

Julián Muñoz e Isabel Pantoja.

Empitonados por cohecho, malversación de caudales públicos, prevaricación, tráfico de influencias, y el resto de los posibles delitos, los dos enamorados marbellíes arrastraron en su caída a un entramado de empresarios y abogados que se extendía por toda la Costa del Sol, Huelva, Cádiz, Murcia, Córdoba, Sevilla, Madrid y hasta Pamplona.

---

nal la Pantoja había ingresado en sus cuentas corrientes la cantidad de 272.000 euros. El funcionario encontraba sospechoso que en 2003, su primer año triunfal al lado de Cachuli, los ingresos de la tonadillera ascendieran de golpe a 293.000 euros. En ese débil indicio se basan los que aseguran que la Pantoja es interesada. Otro detalle inculpatorio para los críticos es el hecho de que el primer regalo que Cachuli le hizo a su amada consistió no en una sortija con brillante ni en un brazado de rosas rojas, sino en un lavaplatos industrial CH 1010, con cuba estampada y doble velocidad de avance, valorado en siete mil trescientos euros (era de segunda mano), que tanta falta hacía en el restaurante de Paquirrín.

Informado el juez por la Fiscalía Anticorrupción, empapeló a ochenta y seis ciudadanos, todos de apariencia respetable y solvente (baste decir que el montante global de las fianzas fijadas fue 5.200 millones de euros). El más perjudicado fue, quizá, Juan Antonio Roca, antiguo gerente del urbanismo marbellí y mano derecha del llorado Jesús Gil, al que, en chirona, privado de la contemplación del Miró que tenía colgado en el retrete de su mansión, se le reprodujo el molesto estreñimiento que ya tenía casi curado.[265]

El juez repartió sanciones con prudente equidad: para Roca diecisiete años y una indemnización de 240 millones de euros por el póker penal (cohecho, blanqueo de capitales, fraude y prevaricación); para Cachuli, siete años por blanqueo y cohecho, con suma y sigue porque estaba inculpado en otra docena de procesos; para la Pantoja, dos años de prisión y multa de 1.147.148,96 euros; para Mayte Zaldívar, dos años, seis meses y un día, más una multa de 1,7 millones de euros por blanqueo de capitales.

Hago un alto para que se enfríe el ordenata, conecto el telediario, veo a la Pantoja salir de la cárcel de mujeres de Alcalá de Guadaíra para su preceptivo permiso penitenciario. Hace el paseíllo hasta el coche que la aguarda altiva, contoneando las insatisfactorias caderas (es bisontona, mucho de arriba y poco de abajo), jaleada por sus fans. En el Pick Up he puesto mi canción favorita, la que dice:

Hazme tuya una vez más, amor.
Quiero llenarme de ti
igual que ayer.
Que se repita esa noche.
Tiéndeme en la arena,

265. También le han decomisado veinte inmuebles en Murcia, Madrid y Málaga, diversos saldos bancarios, media docena de automóviles (ninguno utilitario), un avión, una ganadería de reses bravas, una cuadra de caballos y algunos óleos de firma que de no haberse adquirido para blanquear dinero testimoniarían la fina sensibilidad del propietario.

en la misma playa de mi Cartagena,
bajo las estrellas,
escuchando el canto, ay, del mar azul.

De la misma forma
que lo hiciste anoche,
ámame una vez más.

¡Esta es mi España!

Julián Muñoz resultó liberado antes de tiempo por «una enfermedad grave e incurable» que alegaba.[266] Ahora vive en Marbella, se tiñe el pelo con reputado tinte ala de cuervo y lleva una vida discreta. En la docuserie sobre su vida declara: «Yo estaba como si tuviera una caja en la cabeza y solo veía Pantoja, Pantoja, Pantoja. Más que una obsesión era una adicción. Esa adicción acabó destruyéndome».

En cuanto a la Pantoja, salió del trullo con la cabeza muy alta y recuperó su vida y su proyección social (invitada al Baile de la Rosa en Mónaco, nada menos). Hoy vive de su arte y no quiere saber nada de Cachuli.

Tampoco quiso saber nada de la boda de su hija, Isa Pi, con Asraf. Ni ella ni Kiko Rivera, el hermano de la novia, asistieron a la celebración.

266. Un cóctel de dolencias que incluye cardiopatía isquémica-hipertensiva y una diabetes *mellitus* tipo 1, unidas a otras dolencias, entre las que se encuentran una dislipemia, una arteriopatía sistémica con *stent* iliaco, insuficiencia venosa, hipoacusia bilateral, adenoma de próstata, artrosis cervical, ictus sin secuelas neurológicas y aneurisma de aorta.

CAPÍTULO 48

El caso de los eres

Pasaron ya los tiempos en que José María el Tempranillo, bandolero andaluz, robaba a los ricos para socorrer a los pobres. Hoy, con la mudanza de los tiempos, los nuevos bandoleros, los de corbata y aforamiento, roban a los pobres para dárselo a los ricos.

La cosa empezó en 2001, cuando la Junta de Andalucía decidió subsidiar a las empresas a punto de suspender pagos o de reducir la plantilla, o a los trabajadores que iban al paro, con expedientes de regulación de empleo, los eres.

Para esas subvenciones se destinaron 721 millones de euros, cantidad que en 2011 se amplió a 1.217 millones.

Pasó el tiempo y todo iba como la seda cuando una juez entrometida, la señora Mercedes Alaya, y la Guardia Civil creyeron detectar indicios de delito en la beneficencia de los eres.

Investigado el asunto, acusaron a la Junta de Andalucía de irregularidades en el reparto de los fondos. Por lo visto, se pagaban prejubilaciones a personas que nunca habían trabajado en las empresas afectadas (12,3 millones de euros); se concedían subvenciones a empresas boyantes y a individuos que jamás habían sido empresarios (73,8 millones de euros), y se repartían comisiones generosas a aseguradoras, consultoras, bufetes de abogados y sindicalistas que no podían justificar servicios que merecieran tan altas facturaciones (entre 50 y 68 millones).

Puestos a malpensar, tampoco se descarta que los comisionistas entregaran las correspondientes mordidas a los funcionarios de la Junta que los favorecían, una conducta que en historia natural se conoce como *comensalismo*.

El Ministerio de Economía echó cuentas y calculó el fraude en 152 millones de euros.

Bajo la manta de los eres, que es extensa como para cubrir un campo de fútbol y, por lo tanto, virtualmente imposible tirar de ella, aparecieron interesantes ejemplos de codicia que, por interesar al tema de este libro, traeremos a colación.

Comencemos por dos Pacos: Francisco Javier Guerrero Benítez, director general de Trabajo y Seguridad Social de la Junta de Andalucía entre 1999 y 2008, y Juan Francisco Trujillo Blanco, su chófer y colega. Los emparejo porque, con el roce profesional, surgió entre ellos una tierna amistad y porque constituyen un conmovedor ejemplo de camaradería interclasista. Los dos tenían un empleo seguro, cada cual en su nivel, y si miramos dietas y otros emolumentos, decentemente remunerado. Pues no, siendo los dos de extracción humilde incurrieron en la tentación de vivir como los ricos ricos (avaricia), como los jeques árabes que salen en la tele.

A menudo almorzaban en el restaurante Cabo Reche (antes Infanta) y en otros restaurantes exclusivos, en los que, conscientes de que hay que estar a la altura de la gente fina, intentaban sostener la servilleta en el regazo y evitaban llevarse las viandas a la boca con el cuchillo. Luego, acabada la dura jornada de trabajo, se iban juntos de francachela al pub Caramelo, anteriormente llamado Birdie, en el sevillano barrio de Nervión, y luego de «copas, cocaína y fiestas», que la noche es joven.

Dueño del dinero de los eres, Guerrero repartió pródigamente subvenciones a cuñados, suegra, vecinos, sindicalistas, amigos y simpatizantes en general. Enemigo de papeleos y burocracia, cuando estaba en vena, llegó a conceder peticiones de ayudas que le llegaban en un pósit.[267] ¿Cabe mayor rumbo? ¿A ver qué señorito se-

267. «Empleo admite la teoría del pósit: pagó ayudas sin expedientes ni solicitudes», *La Razón*, 23 de febrero de 2012.

villano me lo iguala? A su chófer, cuate y compañero de farras, Paco Trujillo, le concedió 1,3 millones de euros para tres empresas inexistentes.[268]

¡Qué poco dura la alegría en la casa del pobre! En el presente caso, nueve años. Un día aciago llamó a su puerta la aguafiestas de la Junta, la juez Mercedes Alaya, una severa gobernanta que no supo comprender esa *joie de vivre* de Guerrero ni su generosidad con amigos y parientes. La juez lo empapeló y lo metió en la cárcel acusado de tráfico de influencias, malversación de caudales públicos, prevaricación y cohecho.

El chófer y compadre, Trujillo Blanco, ha salido mejor librado, menos mal, aunque anda quejoso porque ahora cuando entra en un bar los parroquianos se dan con el codo, se ríen y hacen comentarios por lo bajini. Desposeído del glamur de su etapa anterior, le han apeado lo de «ministro» y lo conocen por «el chófer de la cocaína».

Uno de los conseguidores que mediaban entre la Junta y los optantes a beneficios era el sindicalista Juan Lanzas, miembro de la Federación de Alimentación de UGT de Jaén, un admirable ejemplo de superación personal, pues de no tener estudios ni oficio ni beneficio, fue escalando puestos en el honrado sindicato de Pablo Iglesias hasta situarse como presidente de la cooperativa oleícola San Francisco de su pueblo, Albanchez de Mágina, cuyos socios le han interpuesto una querella por llevárselo crudo. Llueve sobre mojado, porque antes lo acusaron de lo mismo en cuantos eres intervino (Coosur, Cárnicas Molina y otros). Aficionado a los productos del

268. Dueño de ese pastizal, Juan Francisco Trujillo se entregó a la gran vida: en su pueblo, Llanos del Sotillo, una pedanía de trescientos habitantes en Andújar, Jaén, lo llamaban «el ministro»: se pasaba las horas alimentando con euros la máquina tragaperras. Los puticlubs de la zona aprendieron a tener una reserva de Moët & Chandon para cuando los visitara «el ministro», porque era lo único que bebía (exquisito paladar, le parecía la versión sofisticada del tinto de verano de su etapa anterior).

cerdo, existen indicios de que su plato favorito sea el chorizo a la brasa, a juzgar por las reiteradas pintadas que aparecieron en los muros de cerramiento de Cárnicas Molina: «Lanzas, te lo estás llevando calentito».

Después de tan brillante actuación sindical, Lanzas desamparó la UGT para crear una empresa propia con nombre en inglés, Maginae Solutions (observen qué notable idea para el discurrir de un analfabeto), una de cuyas primeras actuaciones consistió en cobrar ciento veintitrés mil euros por un informe para el ere de Mercasevilla, que debe de haberse traspapelado, puesto que no aparece. Fue precisamente el sospechoso número de prejubilaciones aprobadas en esta empresa municipal sevillana la que puso sobre la pista del fraude a la justicia.

El 22 de marzo de 2013 un piquete de la Guardia Civil caminera registró la sede de Maginae Solutions domiciliada en la vivienda de los padres de Lanzas, una amplia parcela en Albanchez de Mágina con huerto, olivos, higueras y cobertizos para aperos. Los agentes de la Unidad Central Operativa de Delincuencia Económica iban sobre seguro (la juez había calculado que el montante acumulado por Lanzas rondaba los 13 millones de euros), por eso registraron minuciosamente vivienda, piscina, arquetas de agua y hasta el subsuelo de la parcela con ayuda de un georradar. Durante la prolija operación los animaba la madre de Lanzas:

—Vosotros, *buscar*, *buscar*, que no vais a encontrar *na*.

La madre de Lanzas, esta sencilla y discreta mujer, se nos muestra ante todo como una madre orgullosa de su hijo, que tanto ha prosperado en la vida.

«Mi hijo tiene dinero *pa* asar una vaca», advirtió a la policía, palabras de apariencia imprudente que una vez interpretadas por los abogados de la defensa determinan un montante no superior a los cuarenta euros, que es lo que puede costar una buena carga de leña de encina suficiente para asar una charolesa de cuatrocientos kilos.

El minucioso registro de la vivienda familiar de Lanzas no arrojó los resultados esperados. La Benemérita solo encontró 81.000 euros olvidados en el fondo de un armario, o sea, calderilla, si se piensa el volumen de lo que buscaban.

Los malpensados han supuesto que la pasta podría ocultarse en otra casa, dado que Lanzas posee dieciséis, adquiridas tacita a tacita en estos años de bonanza. También podría ocultarse en Rumanía, en Luxemburgo o en algún paraíso fiscal ilocalizable. Uno de los atestados abiertos contra el antiguo sindicalista señala que entre 2001 y 2012 Juan Lanzas y su señora, doña Patrocinio Sierra García, movieron casi tres millones de euros cada uno.

Cuando salga de los líos en que los ha metido la justicia, Juan Lanzas no se va a quedar descalzo. Le quedará el dinero para asar una vaca que, alargándolo con economías y buena administración, puede estirarse bastante.

Además, si se le acabara tiene la espalda cubierta porque figura en los papeles como prejubilado de la empresa malagueña Hitemasa (antigua Intelhorce), en la que jamás trabajó. Se trata de un caso de bilocación tan notable como el de la santa de Ágreda, cuyo estudio recomiendo a mi buen amigo Javier Sierra, que sabe de estos fenómenos.

Digamos, ya para terminar, que no hay que confundir los eres con el Plan de Empleo Rural (PER), aunque dos de sus siglas coincidan y los dos se relacionen, remotamente si quieren, con la avaricia que nos ocupa.

El PER es una subvención concedida en 1986, bajo la presidencia de Felipe González, para subsidiar a trabajadores agrarios desempleados en las regiones aquejadas de paro endémico (Andalucía y Extremadura). El trabajador que haya trabajado en el campo hasta treinta y cinco jornales (solo veinte a partir de 2013), tiene derecho a seis meses de subsidio.

Desde el comienzo se pensó que el PER sería provisional y así fue, pues solo tuvo una vigencia de diez años porque a partir de 1996 pasó a denominarse Plan de Fomento del Empleo Agrario (PFEA) en concordancia con el espíritu lampedusiano que debe presidir estas iniciativas sociales. Coincidiendo con el cambio de denominación, se amplió a seis comunidades más (las dos Castillas, Aragón, Valencia, Murcia y las Canarias).[269]

Estaba apaciguado el pesebre nacional, con los políticos de distinto signo alimentándose pacíficamente lomo con lomo de los impuestos con los que tan gustosamente sufraga su manutención el contribuyente cuando, de pronto, una coz injustificada vino a perturbar la paz del establo: Micaela Navarro, una militante semianalfabeta promovida a consejera de Igualdad y Bienestar Social de la Junta de Andalucía, se ufanó ante los medios de que «mientras los catalanes cierran asilos, yo inauguro nuevas residencias».

Mal, muy mal. ¿Qué necesidad tenía usted de compararse favorablemente a los colegas catalanes, doña Micaela? ¿No podía haber dicho, simplemente: «Fijaos si soy eficiente que a pesar de la crisis estoy inaugurando nuevas residencias de ancianos»?

Por supuesto que sí. Y no hubiera ofendido a nadie. A pulso se ganó la airada réplica de Josep Antoni Duran i Lleida:

—Mientras los payeses catalanes no pueden recoger la fruta por los bajos precios, en otros sitios de España, con lo que damos nosotros de aportación conjunta al Estado, reciben un PER para pasar una mañana o toda la jornada en el bar del pueblo.

Aquí el alboroto, aquí las réplicas y contrarréplicas, aquí los cantazos, las coces y los relinchos, aquí las airadas declaraciones, aquí los denuestos, aquí las mutuas acusaciones, aquí las desabridas menciones de la santa madre o de los fieles difuntos, aquí el naufragio de la cortesía parlamentaria.

Introduzcamos un poco de sensatez en la polémica. ¿De dónde saca Duran i Lleida lo de los beneficiarios del PER dándose la buena vida en el bar del pueblo? Él en su vida ha pisado un pueblo de Andalucía (prefiere las moquetas del madrileño hotel Palace, donde habitualmente reside). Esa torticera información la ha recibido de indignados militantes de su partido andaluces o hijos de andaluces que emigraron a Cataluña en los años del hambre y ahora, impulsa-

269. Lampedusa, 1991, p. 66.

dos por el complejo de su sangre charnega, se han convertido al catalanismo más radical.

—Don Josep Antoni, yo siempre con usted, pero tengo una queja.

—Dime, Cucufato.

—No, don Josep Antoni, llámeme Cugat, que aunque nací Cucufato ahora soy catalán.

—Vale, dime, Cugat.

—Pues verá, don Josep Antoni: veraneo cada año en mi patria de origen, en Andalucía, un pueblecito de cuyo nombre no quiero acordarme entre Iznájar, la patria del *president* Josep Montilla, y Alcalá la Real, la patria de Pep Ventura, el inventor de la sardana. Pues sabrá que cuando me vine a las barracas de Montjuïc, en el año 1956, dejé en mi pueblo a dos hermanos y a varios primos, todos pasando más hambre que un caracol en un espejo, habitando en casuchas infames y cagando en el corral, hágase usted cargo.

—Me hago, me hago.

—Pues resulta que ahora, cuando regreso al pueblo para las vacaciones del verano, me los encuentro orondos y cebados, y viviendo en buenas casas, cocina, baños y patio alicatados hasta el techo, algunos con piscina y todo, todos dándose la gran vida y sin más obligación que recibir a la furgoneta de reparto que les trae las cajas de cerveza y la de juntarse cada día en La Peña, el bar de la plaza del pueblo, a echarse una partidita de dominó o a jugar a la brisca. Y mire usted que sin haber venido a Cataluña a trabajar como bestias, como hice yo, ahora viven mejor que yo, que solo tengo un piso noveno de un bloque de cemento en un barrio obrero de los años sesenta en Bellvitge, lejos de todas partes y sin más entretenimiento en mi jubilación que poner TV3 para que me adoctrine, como si no estuviera ya suficientemente adoctrinado, y esperar a que lleguen las vacaciones para bajar a mi pueblo andaluz, donde a los antiguos emigrantes nos recibe la familia con los brazos abiertos, bueno, pero luego, a nuestras espaldas, nos llaman vaciacorrales o rebañaorzas, también conejeros, y nos preguntan, de cachondeo, a quién vamos a votar.

Duran i Lleida asiente, grave. Con su fino olfato de político avezado capta el mensaje de su votante. No hay derecho a que en un país subdesarrollado, folclórico y jaranero se viva mejor que en la desarrollada Cataluña.

—Seguramente estarán afiliados al PER y declararán peonadas falsas para obtener el subsidio, o peor aún, trabajarán ilegalmente mientras lo reciben.

—En eso está usted cargado de razón. Trabajar, trabajan, pero en economía submarina o como se diga.

—*Submergida* —corrige Duran, pedagogo. Con *b* de *submarino*. Es uno de esos raros casos en que el catalán usa más letras que el castellano.

—Pues eso, don Josep Antoni. Lo que pasa es que allí la costumbre es fingir que no se trabaja porque el ideal es vivir como los señoritos. Esa es su seña de identidad como la nuestra es alardear de que trabajamos muchísimo, aunque luego no sea tanto.

—Capto la idea, Cucufato. Aprovecharé las palabras imprudentes de la tonta que han puesto al frente de la Consejería de Bienestar Social para darles un buen meneo.

He aquí cómo la envidia de un charnego fanatizado por la fe del converso, pero también reconcomido por la envidia de ver que sus primos andaluces viven infinitamente mejor que él, puede, vertido en el oído de un político avizor, soltarle la lengua y desencadenar un rifirrafe en las altas instancias de la nación donde debería reinar la armonía, dado que todos hocican en el mismo pesebre: el Estado.

Es natural que Josep Antoni Duran, líder de Unió Democràtica de Catalunya (UDC), se mosquee de la vidorra que se pegan los jornaleros andaluces afectos al PER. Olvida el truhan (lo digo en modo cariñoso, sin acritud) que el partido que dignamente dirige también se financió ilegalmente a través de unas subvenciones de la Unión Europea para la formación de desempleados (el denominado caso Pallerols).[270]

270. Por el empresario andorrano Fidel Pallerols, vinculado a «cierta actividad política» en torno a Unió y sus empresas, «que empezaron a recibir ayudas de la Ge-

Moraleja: cuando se trinca del Estado hay que medir las palabras. Valga el consejo tanto para el mentado politicastro provisto de dos caras como Jano (la que mira a Madrid y la que mira a Barcelona), como para la iletrada sureña que enhebra consignas para disimular su carencia de ideas.

Como dijo cierto diputado provincial sevillano a unos funcionarios que le iban con reivindicaciones: «De esta vaca [el Estado, se sobreentiende] mamamos todos, así que más nos vale no enredar».

---

neralitat para organizar cursos de formación ocupacional con fondos procedentes de la Unión Europea. La Dirección General de Empleo gestionaba esas ayudas» (García, Jesús, 2013). Josep Antoni Duran i Lleida esquivó el amargo trago de declarar ante el tribunal aceptando las culpas y abonando los 388.483 euros que se le reclamaban.

CAPÍTULO 49

El caso de Marbella

En los años cincuenta del pasado siglo Marbella era un bucólico pueblecito de pescadores que se extendía por la falda de un cerrete coronado por las ruinas de un castillo agareno. En sus estupendas playas de blanca y fina arena, los pescadores remendaban las redes y clasificaban el copo.

Los marbellíes eran pobres y vivían relativamente felices, ni envidiados ni envidiosos, como tantos pueblecitos españoles antes de que llegara la televisión a despabilarlos y el consumismo a complicarles la vida.

Después de la Guerra Civil, algunas personas pudientes se construyeron allí chalets de veraneo para aprovechar la temperatura bonancible, las estupendas playas y la baratura del terreno.

E irrumpió el negocio, o sea, la avaricia. Un empresario con vista de águila, don Ricardo Soriano y Scholtz von Hermensdorff, marqués de Ivanrey, compró por ciento diez pesetas una finca de doscientos veinte mil metros cuadrados y construyó en ella el complejo hotelero El Rodeo, destinado al turismo solvente, especialmente a los franceses, que iban a su colonia marroquí vía Algeciras.[271]

271. Un hombre singular este don Ricardo. En su calidad de ingeniero diseñó diversos modelos de motocicletas (la moto Soriano se anticipó a la Vespa italiana), de automóviles de carreras y de lanchas con motor fueraborda. Gran aficionado a cuanto ellas puedan tener de hospitalario, coleccionaba vello púbico de sus conquistas, lo que inspiró a Berlanga esa interesante faceta del marqués de Leguineche en *La escopeta nacional.*

¿Ustedes han visto en los reportajes de *National Geographic* como cuando un depredador de gran porte consigue una buena presa enseguida acuden al olor de la sangre otros depredadores menores, que a su vez atraerán a depredadores más pequeños y así, por la cadena trófica natural hasta llegar a los insignificantes?

Eso fue lo que ocurrió en Marbella: al olor del dinero acudió un sobrino de don Ricardo, Alfonso de Hohenlohe, que imitando a su tío adquirió una finca e instaló en ella el Marbella Club. Al parecer don Ricardo le dijo:

—Cámbiate a Marbella, hombre. Aquí vas a vivir como un príncipe con lo que gastas en invierno para caldear tu chalecito de Biarritz.

Detrás de Hohenlohe llegaron otros miembros de la nobleza europea pecuniaria o impecune atraídos por el binomio bienestar/ganancia: los Von Bismarck, los Rothschild, los Thurn und Taxis, los Metternich, los Goldsmith, y, ya en plan depredadorcito menor, Jaime de Mora y Aragón, un simpático y excéntrico caradura dotado para las relaciones públicas que hizo profesión de vivir sin dar golpe (simpático, políglota, cónsul general de la República del Zaire que le permitía el acceso a un pasaporte diplomático y avispado bebedor de agua disfrazada de *gin-tonic*).

Cuando ya estaba el pescado vendido y las parcelas se cotizaban a millonadas, el constructor José Banús instaló su puerto para yates y comenzó a llegar la hornada de la milla de oro: el rey Fahd de Arabia Saudí, Adnan Khashoggi, los Thyssen-Bornemisza y otros astros de las finanzas y el famoseo del cine y el Gotha: los duques de Windsor, Rainiero III de Mónaco con su bellísima y gélida (solo en apariencia) Grace Kelly, Sophia Loren, Rock Hudson, Kim Novak, Gina Lollobrigida, James Stewart, Ava Gardner, Aga Khan, Brigitte Bardot, Audrey Hepburn, Mel Ferrer, Gianni Agnelli, la princesa Soraya, Aristóteles Onassis y Maria Callas. Algunos se establecieron allí hasta que la horterez indígena les aconsejó mudarse a lugares menos incómodos: Roger Moore, Sean Connery, Deborah Kerr...

Hace años escribí una novela policiaca, *Llámame Bolga, como el río* (sic), bajo el seudónimo Ramón J. Uribe, de la que extraigo, por su oportunidad, estos fragmentos:

Ávalos, como tantos otros españoles, tenía una idea preconcebida de Marbella: el paraíso de los ricos ociosos, la milla de oro en la que discurren las limusinas y se alinean los palacios de los jeques árabes supermillonarios del petróleo, capaces de dilapidar 40 millones en la ruleta, de dejar quinientos euros de propina a un camarero o cinco billetes de quinientos a una felatriz que le ha practicado un francés satisfactorio.

Marbella, la meta de la sociedad guapa, de la *jet,* los yates de los millonarios alineados en las apacibles aguas de Puerto Banús, las *boutiques* exclusivas donde cualquier chuchería de diseño no baja de cinco mil euros.

Marbella, el paraíso de las joyerías internacionales, de los registradores de la propiedad, de los notarios, de las sociedades mercantiles, de los economistas especializados en ingeniería financiera [...].

—Alfonso de Hohenlohe atrajo a la crema de la nobleza y del dinero, a sus amigos, a los que aconsejaba construir chalecitos blancos de una sola planta para que no desentonaran de la arquitectura del pueblo. Por aquí pasaron los más grandes [...]. Los coños más deseados venían a solearse a Marbella, la gente más guapa de la pantalla, de las finanzas internacionales, del mundo de la moda... Hacían fiestas de mucho lujo y glamur, le daban trabajo a la gente de aquí, a los hijos de los pescadores y de los hortelanos. Ira de Furstenberg, usted se acordará de ella, una tía buenísima que trabajó en el cine...

—La recuerdo —repuso Ávalos—: un poco fabona de cara y la nariz pequeña, pero de buena alzada y estupendos muslos.

—¡Esa era! Una mujer alegre, una bendición de Dios, ¿hay algo en la vida mejor que una mujer alegre?

—Marbella, entonces, era el lugar preferido de la gente guapa: aquí ibas por la calle y te codeabas con jeques árabes, los millonarios del petróleo, banqueros, actores famosos, la *jet set* que pasaba el invierno en Gstaad y el verano aquí. Los mejores yates del mundo atracaban en Puerto Banús, las mejores putas de Europa, mujeres espectaculares, rubias, ojos verdes, generosas de todo y cada cosa en su sitio, macizas de quitarte el hipo, venían a hacer su agosto. Por una noche con un jeque sacaban un millón de pesetas y otro medio de propina. Entonces con un millón vivía una familia numerosa un año, y con desahogo.

Bebió un trago y se quedó pensativo.

—Todo eso acabó en 1986. ¡Qué lástima!

—¿Qué pasó?

—Entraron los socialistas en el Ayuntamiento e impulsaron, con su mejor voluntad, ¿eh?, un plan de ordenación urbana que ampliaba el paseo marítimo con tiralíneas, sin tener en cuenta que se llevaba por delante muy buenas villas y chalets. A Sean Connery, el agente 007, le cortaron medio jardín que llegaba hasta la playa. Al día siguiente puso en venta la finca y se fue de Marbella. A Deborah Kerr le atravesaron el jardín con una carretera: hizo lo mismo, malvendió el chalet y se fue de Marbella dando un portazo.

»Parecía que en el Ayuntamiento se habían propuesto acabar con los ricos y entregarle Marbella al medio pelo. Se permitieron construcciones en altura, hotelazos, horteradas... Comenzó la muralla de cemento en primera línea de playa, al estilo de Benidorm, empezaron a llegar los patanes de media Europa, con marcos o libras esterlinas, proliferaron las hamburgueserías y las tiendas de todo a cien, empezaron a verse vomitonas por las calles, los gamberros arrasaron los jardines, el pueblo se llenó de gente hortera y chabacana, obreros ingleses en *packs* turísticos de todo a cien, *hooligans* y camorristas que lo único que saben es ponerse ciegos de vino peleón. La gente bien empezó a huir de aquí, vendieron sus casas, al rebato de la migración se desplomaron los precios, las compraron nuevos ricos y horteras y el glamur se fue al carajo... Hasta contratar a la Pantoja para imagen de la ciudad..., ¡menuda imagen!

—Pero yo he visto árabes en coches de lujo.

—¡Quia! Lo que tú has visto son las migajas de lo que hubo. En los buenos tiempos llegaba el heredero de la corona saudí, el príncipe Fahd ibn Abdul, chilaba de seda bordada en oro, barbita de estilista para disimular la papada, numeroso séquito para el que alquilaba dos plantas del hotel Incosol. Todo a lo grande. Limusinas importadas, largas como un autobús, Rolls-Royce, Mercedes, lo que no se había visto en España, daban propinas de cien mil pesetas, organizaban fiestas en las que corría el champán francés y el caviar iraní. La piscina se llenaba con agua Evian perfumada con Chanel Nº 5. ¿Sabes que le escribió a la perfumería quejándose de que no envasaran en bombonas de cinco litros, porque sus criados tardaban horas en vaciar los botecitos en la piscina?

»Marbella estaba tocada por una varita mágica: un río de dólares afluía sobre ella. Luego vino la especulación inmobiliaria y todo se fue al carajo. Constructores patanes enriquecidos que encontraron en Marbella la ocasión de enriquecerse aún más, analfabetos que en su gramática parda solo saben que cada persona tiene un precio. Llegaron la corrupción, el cohecho, la prevaricación, el soborno, el tráfico de influencias. Huyó la *jet set* dejándole el campo a los especuladores urbanísticos. Con ellos llegaron las mafias podridas del dinero, los rusos, los marselleses, los italianos, aprovechando la inoperancia de la justicia española. Esto es el paraíso de los delincuentes de Europa. Llegó la época de Jesús Gil, que se ganó a los votantes poniendo orden en la calle, que estaba invadida de delincuentes, putas y macarras. Llegó el pelotazo urbanístico. La Sala de lo Contencioso-Administrativo del Tribunal de Justicia de Málaga está en quiebra técnica. Tardan seis años en resolver procedimientos y si el delincuente eleva recurso al Supremo, échale otros seis años. No hay delito que no caduque con esa lentitud de la justicia. Eso aparte de que los jueces hacían sus asambleas en Marbella a cargo del Ayuntamiento de Gil, desayunos de caviar beluga, champán francés a todas horas, servicios de compañía..., lo que hiciera falta.

»Gil prometió el tren bala con Málaga, un servicio de limpieza como Dios manda, la creación de sociedades mixtas, la participación del pueblo..., arrasó en las elecciones. Marbella dio un vuelco, Gil limpió las calles de basuras y de maleantes, devolvió las putas a los puticlubs, impuso su ley y su orden con una Policía Municipal resuelta. Se hizo con el poder durante quince años con cuatro mayorías abrumadoras: "Juro, y además prometo", dijo al jurar el cargo, asumiendo la fórmula acostumbrada de las derechas y las de las izquierdas.

—Iba a por todas.

—Y sabía cómo llegar al corazón de la gente. Decía: «Yo ya era millonario cuando llegué a Marbella. No he venido a robar; he venido a daros». A unos los compró con regalos, a otros con plusvalías. Llenó una bodega de jamones, cientos de jamones, que regalaba liberalmente. Compró a todo el mundo, esa es la verdad.

»Acudieron otros constructores, socios suyos, invitados al festín: el negocio era recalificar terrenos: un metro cuadrado de rústica vale un euro, pero si fuera urbanizable su valor se multiplicaría por mil. Y ¿quién decide que una finca rústica se convierta en urbanizable? El alcalde, claro. Tú le ibas a pedir que declarara urbana una finca rústica. Para eso lo invitabas a almorzar en La Dorada. A los postres, después de confraternizar y de enseñarte fotos de la familia, la mujer gorda con un capital en joyas encima y los niños, desplegaba una servilleta y te decía: «Este es el terreno que tú tienes». Doblaba la servilleta por el centro: «Esta es la parcela que me vas a dar a mí». Volvía a doblarla en cuatro partes: «Y esta es la que le vas a dar al Ayuntamiento».

—O sea, que al recalificar un terreno, se quedaba con la mitad.

—¡Exacto! Pero la cuarta parte, que es lo que le quedaba al constructor, era ya suficiente negocio. Luego llegó Roca, que, en 1992, figuraba en los registros del INEM como desempleado, un tipo pobre como una rata. Durante diez años se hizo asesor de urbanismo y fue el que manejó los hilos que había dejado Gil. Se hicieron multimillonarios después de quince años en el poder, y aunque ahora estén en chirona, al dinero que se llevaron de las comisiones ilegales échale un galgo. Lo tienen en paraísos fiscales y están esperando salir de la cárcel para disfrutarlo.

—¿Y Hacienda? ¿No hace nada?

—Hacienda no tiene medios. En este país, la justicia en general y Hacienda en particular están sobrecargadas de trabajo y solo puede perseguir a los pequeños defraudadores. Estos escualos de los que estamos hablando rompen las redes del Estado y campan a sus anchas. ¿Por qué te crees que los delincuentes europeos se vienen a ejercer a España? Porque saben que esto es la casa de tócame Roque, que aquí no les pasa nada. ¡Si yo te contara...! Te están atracando a mano armada, te defiendes, le das una patada al delincuente y el médico dice que le has roto un tendón de la rodilla... El juez te condena a pagar la rehabilitación, tres o cuatro meses, y el atracador se va de rositas y se ríe en tu cara. ¡Eso es lo que hay!

—Pues sí que me lo pones bien... —comentó Ávalos.

—Ya te digo. Estos peces gordos hacen lo que les sale. Hay sociedades interpuestas con nombres intercalados de testaferros, una maraña de compañías en la que es muy difícil de seguir la pista del dinero. Por un lado entra negro y, al desembocar del largo alambique lleno de desviaciones, ya está blanqueado. Restaurantes que no venden nada, librerías, talleres o lavanderías que siempre están vacías..., todo sirve para blanquear el dinero. La compra de obras de arte genera grandes plusvalías. Pagan a un pintor malo 50 millones por una mierda de cuadro, cuatro chafarrinones que ha hecho en medio de una borrachera, y él declara que le han pagado el doble. Ya tienes ese dinero blanqueado. ¿Vale algo el cuadro? Nada, una mierda. Pero el pintor vive de eso, y el galerista, y el corredor, y los intermediarios. Una lavadora de dinero negro. España es el paraíso para el dinero negro: la opacidad de las redes financieras lo consiente y no hay vigilancia para el delincuente. Los inspectores de Hacienda y los de Aduanas reclaman más medios, falta una Policía Fiscal como la que hay en el resto de Europa. Tenemos la Administración más avanzada del mundo para vigilar al pequeño contribuyente, pero los grandes defraudadores se cuelan todos sin problema... En la Costa del Sol se blanquean decenas de millones de euros mediante la compra de viviendas de lujo, automóviles de alta gama y obras de arte. Blanqueo de capitales provenientes de toda Europa. La legislación española los ampara con el secreto profesional de bancos y notarios.[272]

272. Uribe, 2008, pp. 141-142.

Jesús Gil, en Marbella.

CAPÍTULO 50

El caso Filesa

Después de la travesía del desierto franquista, que duró cuarenta años, como la de los hebreos en el Sinaí, llegó España a la tierra de promisión, la democracia, la verde pradera regada por arroyos de leche y miel que nos iba a equiparar con Europa.

Los partidos políticos recién nacidos (o renacidos) no tenían mucha experiencia democrática. Eran como niños en pañales.

Los niños en pañales, si me permiten apurar el símil, frecuentemente la cagan, o sea, son encantadores, están para comérselos, pero sueltan unas plastas considerables que ofenden gravemente las pituitarias.

La primera plasta que dejó el naciente PSOE fue el caso Filesa. El partido necesitaba dinero, muchísimo dinero, para financiar aquella agresivas campañas publicitarias preelectorales del año 1989 que nos metieron a Felipe *Nadiusko* por los ojos en vallas publicitarias, periódicos, radio, tele y carteles.

Todo eso costaba un pastón. ¿De dónde iba a salir tanto dinero?

—¿De las cuotas de los afiliados?

—No, eso no da ni para pipas.

—¿Del sindicato amigo?

—No, esos solo invierten en langostinos.

Los jóvenes alevines socialistas dejaron momentáneamente a un lado los cacareados cien años de honradez (¡pero ni un minuto más!) y crearon una trama de empresas (Filesa, Malesa, Time Export...) para financiar su campaña y dejar una caja de recursos razonable con la que pagar luz, fotocopias, papeles, cafelitos, grapadora, chinchetas, hotel para darle el salto a la secretaria y, en fin, todo eso que requiere una oficina (muchas oficinas, en realidad).

Ring, ring.

—Diga.

—¿Es la empresa Como los Chorros del Oro S. A.?

—La misma: limpiezas, desatascos, raspados, fregados y baldeados.

—Llamamos del Ayuntamiento de Rastrojos del Abad. Es que estamos interesados en confiarles la recogida de basuras y la limpieza del municipio. ¿Pueden hacernos un presupuesto?

—Mañana mismo lo tienen.

—Se pasan con él por el despacho del alcalde.

A las diez en punto de la mañana del día siguiente, ahí tenemos al gerente de Como los Chorros del Oro S. A., trajeado y con una cartera de polipiel, en plan ejecutivo, al que un municipal de gorra y porra introduce en el despacho del alcalde.

El retrato de Franco ha sido sustituido por el del joven monarca, con cierta cara de alelado; la bandera con el águila de san Juan (preconstitucional), por la del nuevo escudo, aligerado de símbolos sospechosos. También ha desaparecido el retrato de José Antonio, *el Ausente* (ahora más ausente que nunca).

El único vestigio del anterior régimen es la mesa escritorio barroca, fascistona, casi notarial, de la que se levanta el munícipe, un joven barbudo y en mangas de camisa, con esa cordialidad jovial que caracteriza a la nueva generación de políticos españoles.

Se hacen las presentaciones. El alcalde le ofrece asiento al visitante y se sienta a su lado, delante de la mesa armatoste, en plan colega. Repasa un momento con el ceño fruncido la carpetilla que le ha tendido el gerente de Como los Chorros del Oro S. A.

—Un poco caro, ¿no? —dice al fin señalando la cifra final, destacada en negrita al pie de la última página.

—Es que hacer el trabajo como Dios manda requiere mucha mano de obra, y al precio que está...

—Está al precio que debe —corrige el alcalde—: hay que dignificar al trabajador, los tiempos de la esclavitud pasaron ya.

—Totalmente de acuerdo —conviene el gerente.

—Bueno. Diez millones y medio de pesetas podríamos asumirlos, pero tenemos una pega...

—¿?

—Tendríamos que poner en la factura quince millones. Los cuatro y medio de diferencia son la comisión. El Ayuntamiento tiene un montón de gastos difícilmente justificables que hay que maquillar un poco.

—Por mí no hay problema —dice el gerente.

—Pues entonces, hecho. El mes que viene firmamos los contratos.

—Pero ¿no dice la ley que esto hay que sacarlo a concurso?

—Es un trámite, hombre. Lo sacaremos en el *Boletín Oficial* de la provincia para guardar las formas, pero el concurso es suyo.

Munícipe y gerente se despiden con un cordial apretón de manos.

Una vez solo, el alcalde telefonea a un superior:

—Pepe, compañero, apunta otros cuatro millones y medio para la caja del partido.

—¡Coño, Ambrosio, eso está bien! Tú sigue así y harás carrera. Ya mismo te veo de diputado provincial.

—A ver si es verdad, que esto de la alcaldía se me ha quedado corto.

No existía entonces el delito tipificado como «financiación irregular» de los partidos políticos.

En el caso Filesa quedó acreditada la financiación irregular del PSOE nacional con más de 1.200 millones de pesetas (15 millones de euros actuales) obtenidos de forma ilegal.

¿Qué dice Felipe González, el incorruptible, el de los cien años de honradez?

—Me he enterado por la prensa.

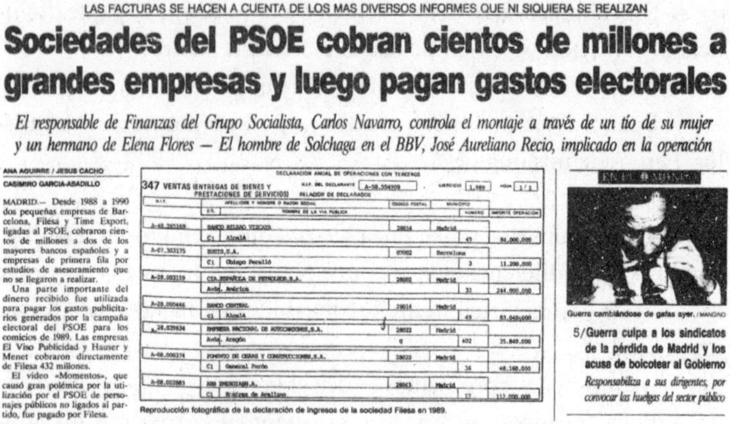

LAS FACTURAS SE HACEN A CUENTA DE LOS MAS DIVERSOS INFORMES QUE NI SIQUIERA SE REALIZAN

Sociedades del PSOE cobran cientos de millones a grandes empresas y luego pagan gastos electorales

El responsable de Finanzas del Grupo Socialista, Carlos Navarro, controla el montaje a través de un tío de su mujer y un hermano de Elena Flores – El hombre de Solchaga en el BBV, José Aureliano Recio, implicado en la operación

ANA AGUIRRE / JESUS CACHO

CASIMIRO GARCIA-ABADILLO

MADRID.– Desde 1988 a 1990 dos pequeñas empresas de Barcelona, Filesa y Time Export, ligadas al PSOE, cobraron cientos de millones a dos de los mayores bancos españoles y a empresas de primera fila por estudios de asesoramiento que no se llegaron a realizar.

Una parte importante del dinero recibido fue utilizada para pagar los gastos publicitarios generados por la campaña electoral del PSOE para los comicios de 1989. Las empresas El Viso Publicidad y Hauser y Menet cobraron directamente de Filesa 432 millones.

El video «Momentos», que causó gran polémica por la utilización por el PSOE de personajes públicos no ligados al partido, fue pagado por Filesa.

DECLARACION ANUAL DE OPERACIONES CON TERCEROS

347 VENTAS (ENTREGAS DE BIENES Y PRESTACIONES DE SERVICIOS) — RELACION DE DECLARADOS — N.I.F. DEL DECLARANTE A-58.354909 — EJERCICIO 1.989 — HOJA 1/1

N.I.F.	APELLIDOS Y NOMBRE O RAZON SOCIAL / NOMBRE DE LA VIA PUBLICA	CODIGO POSTAL	MUNICIPIO / NUMERO	IMPORTE OPERACION
A-48.265169	BANCO BILBAO VIZCAYA	28014	Madrid	
	C1 Alcalá		45	84.000.000
A-07.303175	BSITS,S.A.	07002	Barcelona	
	C1 Obispo Perelló		3	11.200.000
A-28.003119	CIA.ESPAÑOLA DE PETROLEOS,S.A.	28002	Madrid	
	Avda. América		32	244.000.000
A-28.000446	BANCO CENTRAL	28014	Madrid	
	C1 Alcalá		49	83.040.000
A-28.039634	EMPRESA NACIONAL DE AUTOCAMIONES,S.A.	28022	Madrid	
	Avda. Aragón	[illegible]	402	35.840.000
A-08.000374	FOMENTO DE OBRAS Y CONSTRUCCIONES,S.A.	28020	Madrid	
	C1 General Perón		36	48.160.000
A-08.002883	ABB ENERGIA S.A.	28043	Madrid	
	C1 Bráñez de Arellano		17	112.000.000

Reproducción fotográfica de la declaración de ingresos de la sociedad Filesa en 1989.

Guerra cambiándose de gafas ayer. / MANGINO

5/Guerra culpa a los sindicatos de la pérdida de Madrid y los acusa de boicotear al Gobierno

Responsabiliza a sus dirigentes, por convocar las huelgas del sector público

Página del diario *El Mundo* sobre el caso Filesa.

Felipe González parece querer insistir en que durante los más de trece años de poder socialista, él se ha ocupado de las tareas de gobierno, de eso se siente directamente responsable, pero no de lo que ocurría más abajo, en los niveles inferiores de la Administración.[273]

El 5 de mayo de 1995, el juez instructor del caso Filesa dictó auto de conclusión del sumario contra treinta y nueve personas, imputadas por los presuntos delitos de falsedad ideológica en documento mercantil, fiscal, malversación de fondos públicos, apropiación indebida, falsedad en documento público, delito monetario, tráfico de influencias y asociación ilícita. De la investigación se desglosó posteriormente el caso AVE ambos seguidos como consecuencia de la misma querella.[274]

De las cincuenta personas imputadas, doce se sentaron en el banquillo. Se dictaron ocho condenas de prisión, tres de ellas para car-

273. Prego, 2000, p. 279.

274. Wikipedia. Artículo «Caso Filesa», <https://es.wikipedia.org/wiki/Caso_Filesa>.

gos o excargos socialistas.[275] El exresponsable de finanzas del PSOE, Guillermo Galeote, resultó ileso.[276]

¿Y el partido contrario, el PP? ¿Se pringaba también el PP?

—Aquello era el salvaje Oeste —explica Jorge Verstrynge cuando se menciona la financiación del Partido Popular (PP, antes Alianza Popular [AP]) bajo la égida de Manuel Fraga—. En una campaña electoral en Galicia faltaban 40 millones de pesetas. Sanchís (tesorero del partido) me dijo que llamara a una compañía eléctrica, no recuerdo el nombre ahora, que ahí me darían el dinero. Llamé y me dijeron que sí, que tenían el dinero preparado, que enviara a una secretaria de mi confianza, que me lo darían en un maletín. Me dijeron que sería bueno que enviara a cambio un informe de esos como los que hacía Godsa (una sociedad pantalla con sede en el propio partido), un informe sobre una cuenca hidrográfica; llamé a Godsa y me dijeron que no tenían ningún informe como el que pedía la compañía eléctrica, así que les llamé para decirles que no había un informe como el que pedían. La solución aportada por la compañía eléctrica fue grotesca: «Compra el *Interviú* de esta semana», me dijeron, «coge la página 70 y copia el contenido, que lo pasen a máquina y le pones el título de "Informe de cuenca hidrográfica"». El artículo en cuestión informaba sobre un crimen pasional. A cambio de ese informe fantasma, AP obtuvo el maletín con los 40 millones de pesetas. Entonces fue cuan-

275. El senador Josep Maria Sala, el exdiputado del PSC Carlos Navarro y la excoordinadora de finanzas del partido Aída Álvarez, condenados a dos años, cuatro meses y un día.

276. El pecado del partido de Pablo Iglesias consistió en «la creación de un conglomerado de empresas para financiarse y mantenerse en el poder, a través de una serie de empresarios cercanos al partido [...] [con los que] controlar las cajas de ahorros y los consejos de administración de los grandes bancos, a aprovecharse de la reconversión industrial para poner las empresas estatales en manos de personas cercanas al partido, a controlar las emisoras de radio y televisión privadas». Además se implicaron en «negocios de ventas de armas, prebendas derivadas de las compras del petróleo y del gas, el comercio de Estado, las comisiones de los convenios económicos internacionales, los pactos secretos entre empresarios de prensa y el poder para el reparto de la televisión privada y otros muchos asuntos» (Díaz Herrera y Tijeras, 1991, *passim*).

do llamé a Sanchís para pedir explicaciones y me dieron de baja. Había dos cosas sobre las que Fraga no permitía discrepancias, el rey y la financiación del partido; le pedí explicaciones y me llevó a su despacho: «De financiación solo hablo yo ¿comprende?», me dijo.[277]

Un maletín con 40 millones de pesetas a cambio de un informe que contenía una noticia copiada de un *Interviú* da materia para pensar.

Los políticos pensaron. Y escarmentaron, como es natural.

Por lo pronto, el alcalde de nuestro relato cambió la mesa de despacho por otra mucho más moderna, el modelo Boston de la acreditada firma Christopher Guy, con cajón nevera incorporado (6.222 euros), que conjuntó con un sillón Big Star, regulable (mil doscientos euros). En la siguiente legislatura (seguía ganando el mismo partido) recibió a su amigo el gerente de Como los Chorros del Oro S. A. y después de interesarse por la familia (ya habían amistado y compartido algunas cacerías y algunas barbacoas en la finca del gerente) fue directamente al grano:

—Paco, he visto el nuevo presupuesto que me mandas..., caro ¿eh? Pero a nivel de desarrollo sostenible te lo voy a aceptar, pero esta vez le vamos a poner a los 20 millones otros cinco, porque no me veas cómo crecen los gastos municipales no justificables.

—Sin problema, Ambrosio.

—Y... otra cosa. Además me traes otro milloncete en metálico, o sea, en billetes grandes. Ese que no figure por ninguna parte.

—Lo que tú digas.

El gerente comprende que el alcalde se está pringando por el partido (el caso Filesa está en todos los periódicos) y alguna ganancia

277. Ortín, 2015. «Fraga Iribarne, que no era una bestia política sino humana, pensaba —con razón— que el dinero corrompía. Y él no quería corromperse. Pero, entonces, ¿cómo ganar las elecciones? Fraga creía en la división del trabajo. O sea, era de la opinión de que los trabajos sucios debían hacerlos aquellos que entendían de eso, pues de eso vivían» (Trias Sagnier, 2015).

personal tiene que sacar, que no vivimos del aire como los camaleones.

Después de aquellos catorce años de Gobierno socialista, España quedó, como prometió Alfonso Guerra, «que no la reconocería ni la madre que la parió», pero una reforma de tanto calado, confiada muchas veces a manos voluntariosas pero inexpertas, no podía hacerse sin pagar el precio de un tremendo desgaste político.

El Gobierno se vio obligado a imponer medidas impopulares para el partido y el sindicato que lo sostenía, especialmente la reconversión industrial y las privatizaciones para parchear el déficit público. Esta cirugía se reveló tan esencial para la modernización de España que durante muchos años vivió de sus benéficos resultados. Afluyeron inversiones del extranjero, llegaron fondos europeos y, al amparo de esa bonanza, creció el gasto público en Educación y Sanidad, configurándose el estado del bienestar.[278]

No obstante, el nuevo planteamiento económico acarreó también graves problemas. Tras los fastos de la Expo y la Olimpiada de 1992, en los que el Gobierno tiró la casa por la ventana, el país, que vivía su nueva adolescencia europea con estirón incluido, se vio aquejado por las fiebres de la crisis económica, consecuencia de un decenio de complicados ajustes, con el pesado fardo de tres millones de parados a cuestas y un incremento excesivo del gasto público. El malestar social creció con el conocimiento de la especulación (la llamada *ingeniería financiera*) y de la corrupción. Algunos sonados casos, hábilmente jaleados por la oposición, desacreditaron al Gobierno (Juan Guerra, Filesa, Roldán, GAL, fondos reservados...), que configuran en su conjunto lo que el economista Tamames denominó la *clep-*

278. Un estado del bienestar generoso y solidario en el que, por ejemplo, individuos pertenecientes a comunidades étnicas que jamás han aportado un céntimo a las arcas públicas (porque nunca han pagado impuestos) pueden recibir una vivienda gratis y disfrutar de los mismos servicios sanitarios y sociales que cualquier ciudadano que lleve media vida apoquinando a Hacienda una considerable parte de su salario y pagando, al propio tiempo, una hipoteca que los entrampa de por vida si quieren disponer de techo propio.

tocracia. En un breve periodo de tiempo dimitieron dos vicepresidentes (Alfonso Guerra y Narcís Serra) y cinco ministros.

Reflexionemos ahora. ¿Ha cambiado el trinque? ¿Se han vuelto los políticos indecentes algo más decentes después de los últimos escándalos de corrupción?

En julio de 2015 saltó a los medios la conversación grabada por la Guardia Civil entre José Miguel Moreno, exdiputado del PP en la Asamblea de Madrid y exalcalde de Valdemoro, y el empresario David Marjaliza (uno de los implicados en la trama Púnica).

—Bueno, tío, pues nada, que me voy de vacaciones. Prepárame pasta —le dice José Miguel Moreno.

—Menuda suerte..., ¡de vacaciones!

—Para eso me hice diputado, para estar tocándome los huevos. Y ahora estamos peor, porque ya julio está habilitado para hacer plenos y todo el mes tengo que currar.

—¡Qué putada! Acostumbrado a no trabajar, coño, es una putada.

—Bueno. Tú prepárame la pasta.

—¿Pero ya te has gastado la última? —inquiere el empresario.

—Yo me lo gasto todo, tío —responde Moreno.

En la revisión de este texto para su nueva edición encuentro lo siguiente: «Todo venía a cuento del caso Filesa y de sus últimas ramificaciones. *El Mundo* había desvelado los manejos de la coordinadora de finanzas de la Ejecutiva Federal del PSOE, Aída Álvarez, una mujer venida a más que alternaba el chándal dominguero con el repertorio de abrigos de piel que conservaba en una cámara frigorífica *ad hoc*. Ejercía de cobradora del partido, solo eso explicaba que hubiera ingresado en su cuenta un talón al portador de 150 millones de pesetas pagado y rubricado por el presidente de SEAT. Según publicó Melchor Miralles, Aída Álvarez se había jactado ante testigos de haber recaudado 6.000 millones para el partido y de despachar cada jueves con el vicesecretario general Alfonso Guerra».[279]

279. Ramírez, 2021, p. 242.

CAPÍTULO 51

El caso del Fórum Filatélico

Todo empezó cuando un despabilado muchacho portugués, Albertino Figueiredo, heredó una fortunita de su padre, quien, como en el cuento de *La lechera*, empezó con un camión de quinta mano, y poco a poco fue adquiriendo una pequeña flota de autobuses y camiones en los que transportaba gasolina para sus propias gasolineras.

Al fallecimiento de su padre, Albertino, que había cumplido los treinta años, quiso cambiar de aires y mudarse a España. Para ello liquidó las propiedades familiares y se topó con que no podía trasvasar sus escudos a pesetas porque la evasión de divisas estaba muy vigilada y castigada por la dictadura portuguesa.

Solución. Invirtió los escudos en sellos de valor filatélico, pasó los sellos y los vendió en Madrid cobrando en pesetas. Con esto se aficionó al mundo del sello y dejó su trabajo de ingeniero para dedicarse al comercio filatélico. En pocos años era el primero y más prestigioso de su clase, académico de honor de la Real Academia Hispánica de Filatelia y propietario de un negocio con casi tres mil empleados y más de cien oficinas en treinta países que facturaba 250 millones al año. El patriarca del sello vivía en una lujosa residencia de La Moraleja, en cuyas paredes colgaban Renoirs, Picassos, y algún Miró.

«¿Por qué no abrir el negocio a los pequeños inversores?», pensaron Albertino y otros socios peritos en filatelia. Y crearon dos sociedades, poco menos que filantrópicas, Afinsa y Fórum Filatélico, que prometían suculentas ganancias a los pequeños inversores.

Da igual que la Organización de Consumidores y Usuarios (OCU) advierta sobre el riesgo de estas inversiones. La codicia puede más. Llega un listo y te dice:

—Usted se ha roto el espinazo trabajando toda la vida y ha conseguido ahorrar unos eurillos que tiene en el banco, donde le dan una miseria que no compensa ni siquiera la depreciación natural de la moneda. No sea tonto y ponga su dinero a trabajar.

—¿Cómo lo pongo a trabajar?

—Fácil, invierta en sellos.

—¿En sellos? ¿En sellos de Correos?

—Eso mismo. ¿Sabía usted que en el mundo hay millones de coleccionistas de sellos, *filatélicos* los llaman, que mueven miles de millones de euros?

—Algo de eso tenía oído —convenía el interlocutor.

—Bueno, pues hay una empresa que invierte el dinero de sus afiliados en sellos que después vende con una plusvalía considerable y paga unos beneficios altísimos. Es lo que más dinero da. Una inversión segura.

La cosa empezó en 1979. Agentes de la empresa a comisión miraban en el periódico la lista de los recién nacidos el día anterior y visitaban a los padres para ofrecerles un regalo de ciento veinte euros en sellos si invertían en la empresa.

—Piensen ustedes en el porvenir de su hijo. Será como abrirle una cuenta corriente que le asegure un futuro.

Los padres picaban, claro (la gente se obnubila cuando cree que puede conseguir algo gratis) y suscribían un contrato por el que se obligaban a pagar una pequeña cantidad mensual por la que se les garantizaba un interés del 15 % en los primeros cinco años y del 20 % en los cinco siguientes. Eso sí, el dinero no se podía recuperar antes de diez años. Los socios recibían estupendos incentivos si captaban a otros socios. Por ese camino, la compañía llegó a contar con cerca de cinco mil comerciales, casi todos salidos de los propios socios que se convertían, gracias a las suculentas comisiones, en entusiastas apóstoles del negocio.

Es natural, el nuevo agente lo primero que hacía era convencer a la familia, amigos y conocidos para que invirtieran en sellos. Invertían a lo mejor por compromiso y al mes siguiente, cuando recibían las ganancias, se convencían del chollo. «Esto es estupendo. Voy a aportar el resto.»

¿De dónde salía el dinero? Como en toda estafa piramidal, de las inversiones de los nuevos clientes, con cuyo dinero se pagaba la rentabilidad a los antiguos.

—Aquí tiene usted, doña Clotilde, la revaluación de sus sellos.

—¡Ay, qué ilusión! —exclamaba doña Clotilde contando sus sesenta euros—. ¡Es como si mis ahorros criaran euros!

—De eso se trata, señora mía.

Lo malo de las estafas piramidales es que al cabo del tiempo la pirámide no puede crecer más y se desploma. En cuanto ven la primera grieta, los constructores se largan con el dinero y dejan la lujosa oficina en la que captaban incautos (que resulta que era alquilada) con un cartel en la puerta: «Cerrada por vacaciones».

Y, efectivamente, están de vacaciones. Con lo que han sacado tienen vacaciones para toda la vida.

El principal inculpado del Fórum Filatélico, José Manuel Carlos Llorca Rodríguez, huyó a Venezuela y se sometió a una operación de cirugía estética para cambiar de cara.

El 9 de mayo de 2006 Fórum Filatélico y su hermana Afinsa se desplomaron después de veintisiete años de actividad. Intervino la justicia, llegaron contables que evaluaron los fondos y resultó que los 4.300 millones de euros que constaban en los libros del Fórum difícilmente se podrían liquidar por 86 millones.

El agujero patrimonial, según otras fuentes, era de 2.800 millones de euros.

¿Y el dinero? El dinero lo tenían invertido en «una red internacional de sociedades interpuestas al servicio de la actividad defraudatoria». Enjuiciadas las empresas por «presunta estafa, insolvencia punible y administración desleal», el casi medio millón de pequeños ahorradores afectados se quedaron sin dinero y sin sellos.

—Si ya lo decía yo, si ahora con eso del *mail* de internet nadie escribe cartas, ¿para qué sirven los sellos? —se queja el anciano esposo de doña Clotilde.

Como nadie escarmienta en cabeza ajena, en el año 2002 el Banco Filatélico Español S. A. (Banfisa) estafó en torno a 100 millones de pesetas (seiscientos mil euros) a unos doscientos inversores.

Damnificados del Fórum Filatélico se manifiestan.

CAPÍTULO 52
El caso de la burbuja inmobiliaria

Había un atasco por accidente en su camino habitual a Wall Street y el banquero le ordenó al chófer de la limusina:

—Morgan, tome un camino distinto, el que le parezca.

—Hay un atajo, señor, pero pasa por un barrio negro marginal —advirtió Morgan, negro él mismo.

—No importa. Tómelo.

Fue como ir al zoológico. Ante el cristal tintado de la ventanilla del Mercedes Clase V desfilaba la variada fauna humana que poblaba aquel barrio. El banquero notó que había muchos negros en camiseta, mano sobre mano, sentados a la puerta de las humildes viviendas.

—¿Y esta gente de qué vive? —inquirió.

—Verá, señor —el chófer desvió un momento la mirada por el retrovisor—. Mayormente de ayudas sociales, pero casi todos tienen trabajos de poca monta, eventuales, algún trapicheo. Las viviendas son alquiladas, a precio tirado.

Pensó el banquero: «El barrio es una mierda, pero está en una buena zona. Podría prosperar. Si estos negros consiguieran un crédito hipotecario muy barato comprarían sus casas. Muchos no podrían pagarla, ya se sabe cómo son de manirrotos, pero para entonces se habría revalorizado la vivienda y valdría más que la deuda. Si nos la quedamos para el banco, salimos ganando».

El banquero descolgó el teléfono del automóvil.

—Miss Goodsucker, convoque reunión de directiva para las once.

A las once, siete directivos tomaron asiento en cómodas butacas Drome antiácaros tapizadas en piel de antílope.

—Creo que vamos a ampliar nuestra cartera de clientes. He estudiado el barrio del Bronx Sur y creo que allí se oculta una cantera de inversores que no podemos ignorar.

Así fue como creció el capital financiero basado en la mera especulación.

El banco concedió créditos baratos, las llamadas hipotecas *subprime* o basura (por el alto riesgo de impago). Los indigentes compraron sus casas. Los bancos de Wall Street prestaron dinero a otros bancos filiales a bajo interés para que concedieran créditos inmobiliarios baratos.

El mercado empezó a calentarse. Subían los precios y los inversores se entusiasmaban: «La casa que compro hoy en cien mil euros valdrá el mes que viene ciento quince mil y, en medio año, ciento cincuenta mil. Bien pensado voy a comprar otra vivienda. Vamos a hacernos ricos».

Entre 1997 y 2007 los precios de la vivienda se duplicaron, al tiempo que la construcción se disparaba hasta el 5 % anual. De la escasez de viviendas se pasó, en tan solo unos años, a un exceso de vivienda nueva que lastraba a las constructoras.[280]

—Compra un piso, hombre, y te lo financiamos, que los intereses están tirados —animaba el bancario al cliente.

Iba el perito del banco a evaluar el piso elegido y lo hacía tirando por lo alto. Un piso que costaba doscientos cincuenta mil euros lo tasaban en trescientos mil. Un chollo.

—Pero además te vamos a dar trescientos veinticinco mil para que renueves el mobiliario y te compres un coche nuevo —decía el director de la sucursal bancaria—. ¡Vida nueva!

280. El precio de las viviendas aumentó un 183 % de media en términos nominales y un 117 % en términos reales. En estos años se construyeron más de cinco millones de pisos.

Una hipoteca por cuarenta años y a un interés tan bajo, ¿quién no se animaba?

—En realidad, el precio del piso me parece un pastón, teniendo en cuenta los sueldos que ganamos —decía la esposa, más sensata.

—¿Qué más da, Lola? Ya sé que es alto, pero si lo vendemos dentro de dos o tres años valdrá casi el doble. ¿Tú no has visto cómo suben los precios de la vivienda?

La codicia espoleó a cientos de miles de ciudadanos: «Yo no necesito ese piso, que ya tengo dos, mi vivienda y el apartamento de la playa, pero es que meterme en otro no me va a costar sacrificio alguno: los intereses tan bajos, el precio de la vivienda que sube como la espuma. ¡Venga, vamos a por el piso!».

Los bancos daban dinero a manos llenas. Al olor de la ganancia acudieron bancos extranjeros a participar del festín.

Todo el mundo se entrampó con los bancos para comprar ladrillos.

Pero una burbuja no puede crecer eternamente.

1. Los prestatarios pobres no pueden pagar los intereses hipotecarios.
2. Aumentan las tasas de morosidad y los desahucios bancarios de las fincas hipotecadas por impago.
3. Los precios de los inmuebles bajan, las hipotecas basura pierden valor, lo que perjudica gravemente el balance de los bancos.

Los bancos advierten que tienen demasiadas hipotecas malas en el mercado (créditos tóxicos, los llaman).[281] Se alarman. Cortan el grifo.

Sucede una crisis crediticia, hipotecaria y de confianza en los mercados.

281. A partir del año 2006, las transacciones inmobiliarias disminuyeron debido a la carestía de las viviendas y la subida de los tipos de interés. Esto produjo un parón en la actividad constructiva. De construirse unos ochocientos mil pisos en el año 2007, pasamos a poco más de cincuenta mil en el 2013.

—¿No decían las agencias que las hipotecas basura eran seguras?

—Me temo que nos hemos pasado de listos. ¿Cómo van a ser seguras si las llamamos basura? El valor de la vivienda no crece tanto como pensamos, y cuando mucha gente deja de pagar la hipoteca el banco se encuentra con un producto devaluado que no sabe dónde colocar.

Los inversores pierden la confianza en los bancos. Se desencadena el pánico.

Se genera una crisis bursátil.

La burbuja inmobiliaria y sus víctimas.

El desplome del sistema comenzó por Lehman Brothers Inc., una compañía de servicios financieros de Estados Unidos, el banco de los bancos, como si dijéramos. Lastrada por el gran número de impagos en el sector hipotecario se desplomó:

—Señores, estamos en quiebra.

Fue un fatídico 15 de septiembre de 2008. La Bolsa de Nueva York se hundió más de un 40 %. El efecto mariposa[282] extendió el

282. ¿En qué consiste el efecto mariposa? Lo explicaré con un ejemplo práctico: un trabajador turco que añora la simplicidad de sus rústicos orígenes, cuando

cataclismo a los bancos de todo el mundo.[283] Como fichas de dominó fueron cayendo, clac, clac, clac... La devastadora onda expansiva.

La crisis reduce la demanda de consumo. Las empresas reducen su producción y despiden trabajadores. Desciende el PIB.

Para evitar su quiebra, los Gobiernos rescataron a los bancos, comprando sus activos tóxicos con fondos presupuestarios. O sea, el dinero del contribuyente rescata al banco y evita su ruina.[284]

En buena lógica, el banco debería pertenecer ahora al contribuyente que lo ha rescatado con el dinero de sus impuestos, ¿no?

Por supuesto que no. En cuanto se recupere del susto, el banquero volverá a lo suyo, que es exprimir al contribuyente.

---

pastoreaba cabras en Capadocia, caga en el invernadero alemán donde trabaja (le parece que eso de hacerlo en el retrete es una mojigatería). Su deposición, que hemos de imaginar fluida y de una textura semejante a la de las natillas, resulta ser portadora de bacterias *Escherichia coli* (el O104:H4, perteneciente a los filos *Escherichia coli* enterohemorrágica o EHEC), que contaminan los pepinos de la mata más cercana (si es que no se limpió con ellos el truhan), lo que provoca un brote epidémico que se salda con treinta y dos muertos y unos miles de afectados. La alarma sanitaria consiguiente, aventada por las precipitadas declaraciones de una vacaburra de la Administración alemana, desencadena la crisis del pepino que arruina a los agricultores bajo plástico de Almería, lo que a su vez acarrea el quebranto de las industrias de la zona, singularmente de la whiskería El Erizo Hendido, atendida por pupilas ucranianas, cuya caja desciende casi un 40 % debido a la inapetencia de los parroquianos habituales.

283. Los bancos europeos habían comprado a los bancos americanos bonos hipotecarios titulizados (CDO) y seguros de impago sintéticos (CDS). Un 25 % de los créditos hipotecarios generados en Estados Unidos se habían exportado al exterior.

284. No es la primera vez que ocurre, y mucho me temo que tampoco será la última. En enero de 1978 el Banco de España se incautó del Banco de Navarra. En febrero de 1983, capotaron los nada menos que diecisiete bancos de Rumasa (los recursos negativos superaban los 20.900 millones de pesetas), el Banco Atlántico, la Banca Masaveu y Exbank y otras dos docenas de bancos y banquillos menores que acarrearon la pérdida de ahorros de miles de accionistas y pequeños ahorradores. Algunos bancos se reflotaron con dinero público, naturalmente, y casi todos sus gestores se fueron de rositas, aunque los hubieran condenado por diversos delitos.

En España, un pigmeo dentro de la economía mundial, la crisis se agravó porque ese año muchas grandes constructoras se arruinaron: habían acumulado tanta vivienda nueva, superior a la demanda, que los precios se desplomaron.[285]

Bloques abandonados a medio construir tras el estallido de la burbuja inmobiliaria.

285. La oferta de vivienda nueva superaba cinco veces la demanda. De los 1,5 millones de viviendas, 612.512 estaban recién terminadas; 384.050 en construcción.

CAPÍTULO 53

El caso de las preferentes

¿Pueden los banqueros estafar al prójimo, aunque sea de manera encubierta?

Natural. El medro sin demasiados escrúpulos está en su ADN. Son tiburones que, por ley natural, se alimentan de pececillos y a veces (más raramente) se devoran entre ellos.

La caída de Lehman Brothers y la crisis de las hipotecas *subprime* produjeron una crisis financiera (la Gran Recesión de 2008) que repercutió especialmente en España, donde la euforia económica se basaba casi únicamente en la sobrevaloración del ladrillo.

Los banqueros y los directivos de las cajas de ahorros necesitaban ampliar capital para cubrir los huecos que les dejaba el sector inmobiliario.

—¿Cómo ampliamos capital si los bancos internacionales en los que antes nos surtíamos están acojonados y han cerrado el grifo?

—Oye, ¿y si echamos mano de los ahorrillos de los clientes?

—¿Cómo?

—Hagamos unas preferentes de renta variable que los animen a confiarnos el dinero y así ampliamos el capital.

O sea, tentemos la codicia de estos desgraciados. El recurso a la codicia, vender euros a ochenta céntimos, nunca falla.

Considere el lector el cuajo, la falta de escrúpulos y la desvergüenza que hay que tener para idear un plan para estafar a cuatro desgraciados, lo que incluye viudas de pocos recursos y pensionistas.

Los banqueros no son personas corrientes. Están hechos de una pasta especial. Viven en una mansión con mayordomo, sauna, piscina climatizada y tres coches de alta gama en el garaje, disfrutan de una bodega surtidísima de los caldos más exquisitos, se duchan con agua Evian, tienen el frigo lleno de delicatesen... no les falta de nada.

Esa abundancia debería garantizarles una actitud amable ante la vida, pero si advierten algún lucro cesante en su cueva de Alí Babá se les dispara el sistema nervioso parasimpático y se muestran implacables.

—Oye, ¿y si la justicia cae sobre nosotros? —pregunta el cauto que nunca falta en toda comunidad humana.

—¡Venga, hombre, qué justicia ni qué niño muerto! ¿Cuándo se ha visto a un banquero en la cárcel?[286] A la justicia nos la pasamos nosotros por el arco del triunfo. ¿No tenemos a los partidos cogidos por los huevos con las deudas que les condonamos? ¿Podría el Gobierno pagar las nóminas si nosotros no facilitáramos la pasta?

Los banqueros se pusieron manos a la obra y diseñaron un producto bancario de atractiva envoltura, las preferenciales.

—Tenemos que conseguir que nos confíen esos ahorros que tienen en depósitos de renta fija (totalmente garantizados) para invertirlos en acciones preferentes y deuda subordinada.

—En ese caso no estarán garantizados.

—Ellos ni se van a enterar de que los arriesgan. Lo importante es que entonces podremos computarlos como capital del banco y salir del apuro.

Acciones preferentes: un activo de alto riesgo financiero que en tiempos de bonanza puede ofrecer un alto interés bancario, pero en tiempos de tribulación es seguro que dará grandes pérdidas.

El producto estaba en la linde misma de lo ilegal, cuando no la traspasaba, dado que se basaba en la ignorancia del cliente.[287]

286. Mario Conde no era banquero, por eso precisamente acabó en la cárcel, porque era un intruso en el cerrado club de los banqueros con pedigrí. Y el pedigrí bancario, como la solera de los vinos, requiere años de lenta maduración.

287. Correos internos de las delegaciones de Catalunya Caixa en Asturias y Galicia alentaban a los bancarios a presentar las preferentes y la deuda subordinada como

Los bancarios, esos chicos y chicas que nos atienden en las oficinas y a veces nos obsequian con un bolígrafo o un calendario de la entidad, advirtieron lo peligroso del trapicheo.

—Don Guillermo, es que nuestros clientes son ahorradores, no inversores —objetó uno a su inmediato superior, el jefe de zona—. Ellos no sabrán que pueden perder su dinero.

—Tú calla y véndelo, que para eso se te paga.

Y si no, a la calle. En el mundo bancario la ciega fidelidad del empleado es un requerimiento esencial. Tienes que estar con la empresa a muerte. Como el patriarca Abrahán con Yavé. Si te pide que degüelles a tu hijo, no titubees.

Repara en el hecho de que de vez en cuando los cambian de oficina para que no se encariñen con los clientes.

El bancario mitigó sus naturales escrúpulos («tengo una familia que alimentar, yo solo soy un intermediario, si no lo hago yo lo hará el que venga en mi lugar») y, tragado el sapo, se dispuso a recibir a los clientes que tanto confiaban en él con una sonrisa.

—Doña Eugenia, he observado que estos ahorrillos que tiene usted a renta fija no le rinden nada. He estado viendo que apenas veinte euros al año. Tengo por aquí un producto preferente de renta variable con el que usted ganará por lo menos tres veces más. Esto solo se lo ofrezco a los buenos clientes del banco, a los amigos.

—Ay, hijo, ¿y es seguro?

—¿Se lo iba a ofrecer yo si no lo fuera? Aquí han metido sus ahorros mi madre y mis tíos, toda mi familia. Dinero seguro.

—Bueno, pues mételos. Tú sabrás.

—Firme usted aquí y aquí, doña Eugenia, y alégrese porque ha hecho un buen negocio.

Las preferentes de renta variable subieron especialmente entre 2009 y 2011 favorecidas por el auge del ladrillo. Unos setecientos mil clientes picaron sin advertir que su dinero, unos 30.000 millo-

---

productos a plazo fijo a tres meses o plazo fijo con depósito anticipado, cuando dichos productos son una inversión a perpetuidad (*El País*, 2014).

nes de euros, quedaba expuesto a las inclemencias del mercado bursátil.

Ocurrió lo que fatalmente tenía que ocurrir: como los problemas no se arreglaron, las preferentes se depreciaron y cuando los accionistas quisieron recuperar lo invertido se encontraron con que los seis mil euros se habían reducido a cincuenta.

Las que más créditos concedieron fueron las cajas de ahorros que estaban en manos de los partidos políticos. En sus consejos se sentaban representantes de partidos políticos, sindicatos y patronal que tienen poca idea de banca.

—Idea, ninguna. Yo estoy aquí por las estupendas dietas. Me convocan, asisto, oigo informes que no entiendo, como el que oye llover, me dicen lo que hay que votar, voto y cobro. Un chollo. Y después me invitan a comer en un restaurante de lujo.

—¿A la carta?

—Natural. Yo me pido un buen chuletón de buey y los camaradas sindicalistas su clásica mariscada.

La caja de Coscolluela del Monte tiene 100.000 millones de euros prestados a inversores en ladrillo, pero en realidad las viviendas hipotecadas, con la bajada de los precios, solo valen menos de la mitad.

Los consejeros de la caja temen quedarse con el culo al aire. «Mejor nos fusionamos con otras, que la unión hace la fuerza y seremos un interlocutor más fuerte.»

De la fusión de siete cajas de ahorros en 2010 (Caja Madrid, Bancaja, Caja Canarias, Caixa Laietana, Caja Rioja, Caja Ávila y Caja Segovia) surge una nueva caja, Bankia.

Bankia consigue que el Estado la socorra con un préstamo de 4.500 millones de euros.[288] En julio de 2011, Bankia crea una filial (Banco Financiero y de Ahorro) que saca sus acciones a cotizar en bolsa (es la manera de captar los 7.000 millones que necesita para sanearse).

288. Del Fondo de Reestructuración Ordenada Bancaria (FROB).

Aquí es donde aparece Rodrigo Rato, vástago de la rancia familia financiera, tañendo, optimista, la campanita.

—Nuestro gozo en un pozo: solo hemos recaudado 3.000 millones de euros. Nos faltan 4.000 millones.

Alarmado por la crisis, el Ministerio de Economía exige más reservas a las entidades financieras. Los directivos de Bankia falsean las cuentas esperando compensarlas en el futuro, cuando la crisis escampe y las condiciones mejoren.

Rodrigo Rato, su presidente, anuncia que en 2011 el beneficio de Bankia ha sido de 309 millones de euros. Es una mentira piadosa: en realidad, ha registrado unas pérdidas de 2.979 millones de euros.

Bankia puede mentir, pero no puede dar créditos. El Estado la interviene. Inyecta 19.000 millones de euros para mantenerla a flote.

El rescate del banco impone quitas de capital al canjear las preferentes por acciones. Las acciones de Bankia se devalúan más de un 70 %. Algunos damnificados logran que la justicia obligue a la entidad a reembolsarles todo el dinero invertido, pero la mayoría lo pierde. Adiós ahorrillos.

Es que la avaricia nos ciega y luego pasa lo que pasa.

CAPÍTULO 54

El caso Gürtel

Este señor con pinta de maleante, Francisco Correa Sánchez, nació en Casablanca, la ciudad donde me robaron la mochila, sin que ello signifique que exista correlación alguna entre los dos sucesos, que están, por otra parte, muy separados en el tiempo.

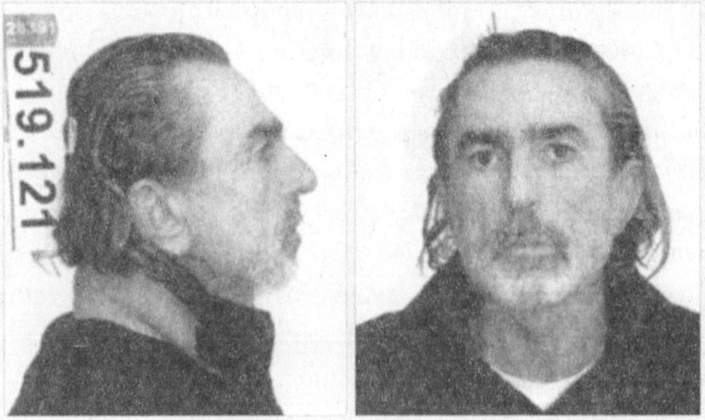

Ficha policial de Francisco Correa Sánchez.

Paquito era todavía un niño despabilado que se enzarzaba a pedradas con los moritos del barrio vecino (los entrañables juegos de entonces) cuando su padre, que era zapatero, mudó a la familia a Madrid, a un modesto pisito de Carabanchel.

Fue un salto cualitativo, porque en la capital de las Españas el futuro magnate del pelotazo obtuvo un empleo como botones aprovechando que hablaba francés, idioma natural, además del moro, en su patria de origen.

Soslayemos su vida íntima, en la que solo encontraremos a una esposa quejumbrosa y un hijo enfermizo a los que abandonó. Mejor exploremos su vida pública.

Movido por su vocación empresarial y por su anhelo de servir a la sociedad, el joven Correa ingresó en el PP, al que ofreció los servicios de su empresa Special Events en la organización de asambleas, mítines, encuentros, convivencias y jaranas, pudiendo calificarse su ejecutoria profesional de intachable.

Como organizador de eventos, su especialidad, no tenía rival. Fiestas por todo lo alto, con variedad de productos bebibles y aspirables y, si se me permite la grosería, follables.

Entre sus signos externos de riqueza, a Correa le gustaba exhibirse con una jaca de procedencia eslava, una mujer de lujo que despertaba admiraciones y envidias entre el personal.[289]

—Es que está *pa* reventar.

Amigo de sus amigos, Correa trabó amistad con el yerno de José María Aznar (fue testigo en su principesca boda) y tejió una trama de servicios/aprovechamientos en los que sus variadas empresas lograban sustanciosos contratos de las comunidades autónomas y ayuntamientos del PP.[290]

Prestemos atención ahora a Ana Garrido, una atractiva rubia a la que contrató el Ayuntamiento de Boadilla del Monte en 1993 como animadora infantil.

289. Considere el lector la frustración de los funcionarios de la Agencia Tributaria que, pese a ser perfectamente conscientes de que las jacas rubias, de ojos azules y formas voluptuosas llegadas de los países del Este constituyen un evidente signo externo de riqueza, no pueden clasificarlas oficialmente como tales, so pena de ofender a las organizaciones feministas.

290. Por cierto, entre los invitados a la principesca boda figuraron, además de los reyes de España y de Felipe González, Jaume Matas, Miguel Blesa, Álvaro Pérez *el Bigotes*, y otros personajes que después alcanzarían merecida notoriedad.

Ana, laboriosa como una hormiguita y no exenta de cualidades organizativas y de simpatía personal, fue escalando a puestos de mayor responsabilidad y sueldo hasta desembocar en directora de Juventud en 2007.

Ya tenía un despacho en la Casa de la Juventud con una bandera nacional y otra municipal detrás de la mesa y un coqueto frigorífico panelado en maderas nobles y surtido de bebidas *light*.

Podría decirse que estaba satisfecha con la vida.

De pronto, el alcalde González Panero, también conocido por el Albondiguilla a causa de su apariencia esferoide, la degrada al puesto de técnico del que había partido años atrás. Como en el juego de la oca cuando los dados te resultan adversos y tienes que regresar a la casilla de inicio.

¿Cómo se lo tomó Ana?

Francamente mal, pero que muy mal.

Cherchez la femme, dicen los franceses. Como en el caso de los Pujol, padre e hijo, para el alcalde de Boadilla del Monte, una mujer despechada fue la causa de la pérdida del paraíso. Recordemos a Nietzsche: «En la venganza, como en el amor, la mujer es más bárbara que el hombre».

Sistemática y paciente como una hormiguita, la degradada Ana consagró más de un año de su tiempo a recopilar pruebas documentales de contratos sospechosos suscritos por su alcalde. Con todo ello compuso un abultado dosier que tituló *Investigación sobre los presuntos delitos de corrupción cometidos por don Arturo González Panero, alcalde presidente del Ayuntamiento de Boadilla del Monte*.

Segundo paso: anónimamente envió el dosier a la ONG tocapelotas Manos Limpias, y ellos, con el colmillo goteando como lobos hambrientos, se lo remitieron a la Fiscalía Anticorrupción.

Empapelado por la Fiscalía, el alcalde González *Empanado* se defendió con esas contundentes razones que suelen esgrimir los *pringaos* cuando los sorprenden con la mano en el carrito del helado: «Al ser anónimo el dosier, podían haber puesto cualquier cosa, hasta que yo maté a Manolete».

No, amigo mío, a Manolete lo mató Islero, un miura de 495 kilos. A ti te ha empitonado no tu teniente de alcalde y enemiga natural María Jesús Díaz, de la que sospechas, sino la mosquita muerta que enviaste el año pasado al cuarto de la fotocopiadora.

Al final, atando cabos, se supo quién había compuesto el dosier.

Ana Garrido perdió el trabajo. Ahora anda por el mundo quejumbrosa y dolida contando su caso, pero la caja de los truenos que destapó sigue abierta y repartiendo a diestro y siniestro sustos e inculpaciones.

La Agencia Tributaria, que a veces llega tarde, pero llega, repasó aquellos papeles y, tirando del hilo, descubrió una enmarañada red de pagos, sobornos y evasión de impuestos. Sacando del dosier las corruptelas, que como las cerezas salían a manojitos, los inspectores de Hacienda descubrieron que Special Events se llevaba a partir un piñón con otra empresa, Orange Market, propiedad de Álvaro Pérez, más conocido como el Bigotes, quien, además de íntimo de Correa, lo era del presidente del PP valenciano, Francisco Camps.

Fue como hurgar en un vertedero: el limpio vuelo de la gaviota pepera ocultaba, al parecer, un alijo de trapos sucios, basuras varias y pringues que afectaban a decenas y decenas de personas, muchas de ellas de notable significación pública: diecisiete políticos peperos habían cobrado presuntamente 5,5 millones de euros de la trama corrupta de Francisco Correa, parte en especie y parte en efectivo. El eurodiputado Guillermo Galeote pudo recibir de Correa 1.353.000 euros; el senador Bárcenas, 652.000; el presidente Camps, un dandi bronceado y con la sonrisa siempre a punto, trajes valorados en doce mil euros (el sastre declaró que los trajes los pagaba Pablo Crespo, administrador de Special Events y mano derecha de Correa).

Ítem más, también se supo que a Correa le encantaba que lo llamaran Don Vito (el padrino de la famosa película de Coppola, por ahí se ven sus inclinaciones) y en los papeles a veces aparecía como Gürtel, traducción al alemán del apellido Correa que él había adoptado en su inquieta juventud después de consultar un diccionario.

—El caso Gürtel es el Filesa del PP.

—Maticemos, amigo mío: los dos casos parten de mordidas, comisiones y latrocinios, pero mientras los chicos de Filesa robaban para su partido, el PSOE, los del Gürtel se saltaron esa formalidad y robaron directamente para lucrarse ellos mismos.

Es que en el tiempo transcurrido entre Filesa y Gürtel la desvergüenza de los políticos también ha evolucionado, como todo. Gürtel supone la existencia de quince importantes cargos públicos, que doblan en número a los siete niños de Écija, asociados para forrarse personalmente de empresas colaboradoras del partido.

Don Vito estaba avecindado en Valgrande, una lujosa urbanización de Sotogrande (Cádiz), oportunamente cercana a Gibraltar, en cuyos bancos su tinglado societario practicaba chanchullos varios.

La vida sonreía a nuestro hombre, y él, con su perfil aquilino y angulado, lucía su Land Rover Discovery (cincuenta mil euros sin apliques) y su yate Montecristo, de treinta y nueve metros de eslora. Descalzo está claro que no estaba, pero cuando se avenía a caminar como los demás mortales frecuentaba los clubs y cercados más exclusivos, los santuarios sociales normalmente cerrados a personas sin pedigrí.

En fin, digamos en su disculpa que desde los tiempos de botones se había acostumbrado a pisar moqueta. Es que el dinero y la influencia abren todas las puertas.

Entonces vino la caída con que los dioses (y la Agencia Tributaria y la prensa cotilla) castigan la soberbia de los poderosos, la *hybris*, como la llamaban los griegos.

El juez Garzón, nada menos, empapelamiento, cárcel...

Si comparamos la foto de su asistencia a la macroboda de la princesa aznariana, en la que luce arrogante, triunfador, acompañado de rubia despampanante (su segunda señora, la Barbie recauchutada la llamaban) y un pelín hortera (esos pelos de señorito jerezano, engominados por arriba y como rabos de rata colgándole del occipucio) con las tomadas en y tras su permanencia en el talego, donde rápidamente adquirió pinta de delincuente menor, advertimos que esa

Francisco Correa, alias Gürtel, acude a la boda de la hija de Aznar.

transformación solo es posible si este hombre ha sufrido un proceso depresivo importante.

Con la escalera de color de la delincuencia fina en la mano (o sea, delitos de cohecho, tráfico de influencias, blanqueo de capitales, fraude fiscal, asociación ilícita y falsificación documental) le tiene ganada la voluntad a cualquier juez que se ocupe de su caso. Por eso ha visitado repetidamente la cárcel y hoy se halla empapelado en diversos procesos a cuál más turbio y enrevesado. También es cierto que ha tenido peor suerte que otros avariciosos/codiciosos de su tiempo.[291]

Caído en desgracia don Vito, su Barbie recauchutada, en el siglo María del Carmen Rodríguez Quijano, le reclama el divorcio, la mansión de Sotogrande y una pensión de cuatro mil quinientos euros mensuales.

291. A él le han crecido los enanos, empezando por algún testaferro que ha tirado de la manta y cantado de plano ante la justicia (Antoine Sánchez, su primo, desembuchó ante la Fiscalía Anticorrupción «para salir de la "dramática" situación económica que padecía»).

Como dicen los argentinos, «en acabándose la plata, el amor se desbarata».

En 2023, el Juzgado Central de Vigilancia Penitenciaria de la Audiencia Nacional concedió el tercer grado a Francisco Correa en premio por «una evolución muy positiva».

CAPÍTULO 55

El caso de Luis Bárcenas

Este hombre con pinta de galán otoñal de película italiana de los años cincuenta, exsenador y extesorero del PP declara ante los jueces de la Audiencia Nacional que desde 1982 su partido montó un sistema «perfectamente institucionalizado» de cobro de donativos de empresas a cambio de favores políticos y económicos, y que los sucesivos presidentes del partido (Manuel Fraga, Antonio Hernández Mancha, José María Aznar y Mariano Rajoy) han estado informados de la existencia de esa caja B de dinero negro con el que se financiaban campañas y se pagaban sobresueldos.[292]

O sea, la empresa tal hace un cuantioso donativo al partido y el Gobierno de ese partido concede sustanciosos contratos a la empresa.

La caja secreta del partido, engordada con esos ingresos, atiende a los gastos de la organización y a los sobresueldos de los capitostes más significados.

¿Sobresueldos? Al parecer, cada capitoste recibía un sobre mensual con una paga secreta procedente de los fondos B, en concepto de *gastos de representación*.

El caso lo destapó el diario *El Mundo* en enero de 2013. Pocos días después, *El País*, su diario hermano y rival, se sumó a picotear la carroña dándole publicidad suplementaria.

292. Pódcast *Los papeles*, *El País*, 2021.

El meollo estaba en unos estadillos de pagos donde se asentaban cantidades y las iniciales del destinatario que coincidían con las de políticos importantes. Como es natural, intervino la justicia y comenzaron los registros, los interrogatorios y las pruebas periciales, especialmente grafológicas, a ver si la letra era o no de Bárcenas (él al principio lo negaba).

Luego viene lo turbio: empleados del PP irrumpen en el despacho de Bárcenas, requisan sus ordenadores y los vacían de datos «para que puedan ser usados por otros oficinistas de la casa» (admirable sentido del ahorro).

Luis Bárcenas dedica un gesto elegante a la prensa.

María Dolores de Cospedal, esta antigua Guapa de la Feria de Albacete que sigue siendo encantadora incluso cuando lo que dice no cuela, declara a la prensa que Bárcenas había dejado su empleo de tesorero del PP tiempo atrás, aunque siguiera figurando como tal porque se le pagaba la indemnización «en diferido», con «una simulación de retribución» que, para darle visos de normalidad, abonaba incluso los pagos a la Seguridad Social y al IRPF.[293]

Requeridos por el juez, Javier Arenas, Francisco Álvarez Cascos, Ángel Acebes, María Dolores de Cospedal y otros prohombres y promujeres del partido niegan haber recibido sobresueldos de Bárcenas.

Y Bárcenas en la trena pidiéndole al juez unos eurillos para mantener a la familia, que la tiene pasando necesidad. Y el juez desconfiado, que cree que su preso atesora un pastizal en Suiza.[294]

293. Aquí está el trabalenguas: «La indemnización que se pactó fue una indemnización en diferido, y como fue una indemnización en defini... en diferido, en forma, efectivamente, de simulación, de simulación o de lo que hubiera sido en diferido en partes de una..., de lo que antes era una retribución, tenía que tener la retención a la Seguridad Social, es que si no hubiera sido, ahora se habla mucho de pagos que no tienen retención a la Seguridad Social, ¿verdad? Pues aquí sí que se quiso... se quiso hacer como hay que hacerlo, es decir, con la retención a la Seguridad Social, y mire usted, yo le voy a decir algo bien claro, si hubiera habido algo que ocultar, si hubiera habido algo que ocultar, es más, gobernando en España el Partido Socialista, y por lo tanto teniendo acceso a absolutamente toda la documentación oficial, pues no se habría hecho un pago en diferido de una indemnización en forma de retribución, o se habría hecho ese pago también dándole la forma en su parte de cotizaciones sociales, no se entendía que hubiera nada que ocultar, y no había nada que ocultar, y por eso se hizo con esa claridad, fue un acuerdo entre partes, hoy hay personas que pueden discutir si es más o menos oportuno, si jurídicamente está mejor o peor llevado, o mejor o peor hecho, pero así es como se pactó, y si hubiera habido algo que ocultar, repito, porque tengo que recordar, tengo que recordar, esto no pasa nunca, pero que además, este partido no tenía ninguna voluntad de ocultar porque tengo que recordar, que gobernaba en España el Partido Socialista, con lo cual el acceso se puede usted imaginar tanto Hacienda como la Seguridad Social, es muy fácil, es muy fácil...».

294. Otra vez sale Suiza, el bello país helvético que tanto inspira a algunos españoles irritables como Rafael Torres cuando escribe: «Nueve de cada diez multimillonarios españoles eluden sus obligaciones fiscales simulando fijar su residencia y la residencia de sus fortunas en otros países, pero a ningún Gobierno se le ha ocurrido todavía combatir ese fraude monstruoso y esa conducta antisocial despojándolos, por ejemplo, de la nacionalidad española, declarándolos personas no gratas e impidiéndoles, incluso, por ello, la entrada en territorio español» (Torres, 2008).

En fin, mientras estas cosas se averiguan, ahí tenemos a los padres de la patria de las dos castas, el PSOE y el PP, acusándose mutuamente de ladrones.

Gente que juró o prometió proceder honradamente se lucra con unos ingresos ilegales.

Dijo la sartén al cazo: «Aparta que me tiznas».[295]

295. Menos mal que apareció Podemos dispuesto a devolver la decencia y la ética a nuestra democracia. Lo demuestra el hecho de que su principal ideólogo, Juan Carlos Monedero (digamos, parafraseando a Machado: ¡qué bien los nombres ponía quien le puso Monedero!), creara una sociedad para defraudar 175.000 euros a Hacienda de los 400.000 que percibía por asesorar a Chávez, el demócrata venezolano. Descubierto el trinque, se apresuró a ingresar en la Agencia Tributaria 200.000 euros (los 175.000 debidos más 25.000 de sanción) adelantándose a la posible inspección de Hacienda. Estos eran los que venían a sustituir a los partidos corruptos.

CAPÍTULO 56

El caso de las ovejas que se resistían a soltar la lana

Llegó el momento de la verdad. El primer impreso de declaración de la renta que incluía la casilla para que el contribuyente/creyente señalara con una crucecita su conformidad con que parte de sus impuestos se destinaran al sostenimiento de la Iglesia, de sus pastores y de sus cultos.

Los obispos aguardaban el luctuoso resultado, cada cual tras su máscara.

Tremenda decepción.

Los españolitos que en las encuestas se confiesan católicos, apostólicos y romanos se abstienen de marcar la crucecita que financia a su Iglesia.

Bueno. Quizá este resultado decepcionante se pueda atribuir a que los fieles no se han enterado bien. «Ya verás como en años sucesivos esto se enmienda.» «Quizá debemos hacer algo de publicidad.» «Tenemos que anunciarnos, vender nuestro producto.»

Ni por esas. En sucesivas declaraciones las crucecitas en la casilla de la Iglesia descienden, mientras aumentan las de «otros fines de interés social».

Más publicidad clerical.

—El buen paño en el arca se vende —sentencia un obispo veterano.

Este es el problema, eminencias: que no venden buen paño, que la gente se va percatando de la estafa celestial y que esas certezas estriñen la bolsa del feligrés tibio que camina hacia la indiferencia religiosa o se ha instalado en ella.

Resultado: lo previsible, el Estado adelanta un dinero que después no recauda.

¿Qué hacer? Dejar a la Iglesia en números rojos.

Al final, el Estado, generoso, condona cada año la deuda. En su libro de cuentas, que es el de todos los contribuyentes, escribe: «Se elevan a definitivas las cantidades entregadas a cuenta».

O sea: pelillos a la mar. Estamos en paz.

¿Quiere esto decir que el Estado supuestamente laico y aconfesional sigue financiando con el dinero de todos los españoles a una institución religiosa que no es de todos, como en los tiempos de Franco?

—Exacto.

—¿Y eso lo han consentido también los Gobiernos socialistas que siempre han llevado el laicismo en su programa?

—Vamos a ver, querido votante laicista: qué tendrá que ver que los políticos sean de izquierdas o de derechas. En esta pseudodemocracia regida por trincones y mangantes, a los políticos solo les preocupa asegurarse los votos necesarios para ganar las siguientes elecciones, o sea, perpetuarse en la bicoca.

Los políticos son la versión actual de la antigua aristocracia, o sea, clase privilegiada. Los del PSOE son conscientes de que una parte de su electorado es católico y, por lo tanto, sensible al pastoreo de la Iglesia. Con el chantaje de hacerles perder votos, la Iglesia los extorsiona.[296]

296. Para eso es accionista mayoritaria la Conferencia Episcopal de la emisora Cadena de Ondas Populares Españolas (COPE), desde la que se descarga fuego graneado sobre el PSOE. Aparte de los púlpitos y declaraciones de los obispos. Porque por sus palabras también los conoceréis. José Gea Escolano, obispo de Mondoñedo-Ferrol, el 27 de agosto de 1992 declara que el voto al PSOE es incompatible con la fe católica; el 30 de septiembre acusa al PSOE de «ser uno de los mayores responsables de la degradación moral». Para conseguir sus fines, los obispos no le hacen ascos a sumar sus fuerzas a la protesta obrera. Veamos: almuerzan por todo lo alto los obispos de Cuenca, Javier Osés, Guix y Algora con los sindicalistas Antón Saracíbar (UGT) y José María Fidalgo (CC. OO.), y como consecuencia de ese

—¿Qué buscan los obispos —se preguntan Felipe/Aznar/Zapatero/Rajoy y sus acólitos, cómodamente instalados en las poltronas del poder?

¿Qué van a buscar, criaturas? Lo que siempre han buscado: dinero y poder, pastorra y mangoneo.

El poder ya lo tienen (por eso os/nos extorsionan). Démosles dinero para que incordien menos.[297]

—¿De cuánto dinero estamos hablando? —inquiere el contribuyente.

—*Grosso modo* de unos 5.000 millones de euros anuales. Como esa cifra alarma, se divide en distintos conceptos para que resulte más asumible por la ciudadanía. Así, sobre el papel, nos dicen que en el año 2001 el Estado entregó a la Iglesia 130 millones de euros (unos 22.000 millones de pesetas); en 2006, 144 millones de euros; en 2007, 150 millones (más de 25.000 millones de pesetas)... Y así

---

almuerzo unos días después (18 a 22 de mayo), la Conferencia Episcopal se declara a favor de la huelga general convocada por UGT-CC. OO. Este intervencionismo de los obispos en la política contrasta vivamente, para que se vea lo hipócritas que son, con las declaraciones de la Comisión Episcopal para la Pastoral Social, que acusa al Gobierno del PSOE de hacer electoralismo con su política económica. O sea, la Iglesia puede hacer electoralismo, pero los políticos, no.

297. El parásito eclesial sabe hincar la jeringa succionadora en los momentos en que el huésped se encuentra especialmente débil. Constaten: el presidente de la Conferencia Episcopal, Elías Yanes Álvarez, va a ver a Felipe González a la Moncloa justo en vísperas de las elecciones. ¿Para qué? ¿Para escucharlo en confesión? Dudoso. Más bien para tratar el tema del maldito parné, ¿qué, si no? Imaginemos la escena del sofá. Yanes le dice a Felipe: «¿Qué me das si los obispos no te ponemos palitos en las ruedas durante la campaña?». Resultado: cuando faltan solo unas horas para el comienzo de la campaña electoral, el Gobierno socialista acuerda pagar a los profesores de religión que dependerán de los obispos. Y además se reconvierte en terreno urbanizable el que poseen en Madrid unas cuantas congregaciones religiosas (con lo que se sumaron a la especulación inmobiliaria las religiosas de los Sagrados Corazones, el Instituto de Religiosas Franciscanas de María, el Colegio de San Ramón y San Antonio y otros). El sacrificio de Felipe (o sea, de nuestros dineros, los contribuidos por los contribuyentes) valió la pena. La Iglesia se abstuvo de incordiar y el PSOE ganó por cuarta vez las elecciones.

sucesivamente hasta llegar a 2013, en el que el Estado entregará a cuenta cada mes a la Iglesia 13.266.216,12 euros, pero la asignación prevista en los presupuestos para todo el año, cuando se liquide la declaración de la renta, asciende a 249 millones (tres más que en 2012, o sea, el Estado se aprieta el cinturón debido a la crisis, pero a la Iglesia le aumenta la asignación).

—¿Me está usted diciendo que el Gobierno que suprime las ayudas a los comedores de los colegios de los niños, disminuye el sueldo de los funcionarios, sube las retenciones de las pensiones a los jubilados y les hace pagar parte de los medicamentos, no solo no rebaja un céntimo a la asignación de la Iglesia, sino que se la aumenta?

—No se me sulfure, hombre, que no he terminado.

En esa cifra global no se cuentan otras aportaciones que el Estado le hace a la Iglesia por diversos conceptos, a saber: la labor social de la Iglesia (unos 5.000 millones de euros aportados por el Estado, las autonomías y los ayuntamientos), las subvenciones a centros católicos concertados, unos 3.500 millones de euros;[298] los 600 millones de euros destinados a pagar los salarios de unos 81.000 profesores de adoctrinamiento católico ¡que los obispos contratan y despiden aleatoriamente!; los gastos de sostenimiento de siete universidades regidas por órdenes religiosas, los de las quince facultades eclesiásticas, 41 centros teológicos, 11 colegios universitarios, 55 escuelas universitarias y 72 institutos superiores que reciben financiación pública; el sostenimiento de hospitales concertados, ambulatorios y dispensa-

298. Este expolio consentido del Estado arrancó en los años de la UCD, como hemos visto, plagado de políticos católicos que entregaban subvenciones a la Iglesia como quien sabe que le quedan cuatro días en el Gobierno. Al documento *Una alternativa para la enseñanza* del Colegio de Doctores y Licenciados de Madrid (enero de 1976), que reclamaba una enseñanza pública, gratuita y laica, replicaron los obispos con sus *Planteamientos ante la enseñanza* en los que reivindicaban «la obligación de la formación cristiana en la enseñanza de todos los centros públicos y privados». Al final ganaron los obispos, como es natural, y en los Pactos de la Moncloa (octubre de 1977) se admitía la enseñanza privada sostenida con fondos públicos.

rios[299] (unos 235 millones de euros); el de centros de ancianos y discapacitados (876 millones) y el de orfanatos (937 millones).

Sumemos las subvenciones a las ONG de la Iglesia (Cáritas, Manos Unidas), y a entidades de diverso cuño (Hermanitas de los Ancianos Desamparados o las Hijas de la Caridad de San Vicente de Paúl). Y, finalmente, el mantenimiento del patrimonio artístico y cultural (280 museos, 103 catedrales y más de 1.000 monasterios, que se llevan más de 200 millones de euros anuales).[300]

Ese es el dinero que se entrega a la Iglesia para que lo administre a su manera, sin control alguno. Después está el dinero que la Iglesia se ahorra porque está exenta de pagar los impuestos con los que el Estado grava a todo españolito, sea persona física o sociedad. La Iglesia no tributa por sus inmuebles, ni por sus actividades económicas, ni por las donaciones que recibe, ni por la especulación urbanística a la que se dedica (es uno de los mayores especuladores del país),[301] ni por el precio de las entradas a sus monumentos (cuya restauración y mantenimiento financia el Estado). Todo eso escapa del control de Hacienda.[302]

299. Centros hospitalarios concertados: 107; ambulatorios y dispensarios: 128; casas de ancianos o discapacitados: 876; orfanatos: 937; guarderías: 321; centros de reeducación: 365, y varios, 717 (Juan G. Bedoya, «Las cuentas del catolicismo español», *El País*, 30 de septiembre de 2006).

300. En Francia, ese patrimonio pertenece al Estado, aunque su uso se ceda, en determinados casos, a la Iglesia.

301. Un botón de muestra: en 1992 el Arzobispado de Madrid remite al Ayuntamiento de Madrid doscientas siete sugerencias para la revisión del Plan General de Ordenación Urbana (PGOU). De estas alegaciones, doscientas pretenden cambios de uso de suelo de otras tantas parroquias. O sea, pura especulación. «El Ayuntamiento —denuncia un concejal— quiere que le dejemos las manos libres para recalificar parte del suelo de su propiedad. Quieren hacer algo que ya hicieron en el pasado, años setenta y ochenta: vender iglesias» (Grimaldos, 2009, p. 171). Especular con el terreno y no pagar impuestos, en el nombre de Dios. Añadamos que en abril de 2007 la Comisión Europea emplazó al Gobierno español para que explicara por qué la Iglesia no paga a los ayuntamientos el impuesto sobre construcciones, instalaciones y obras (ICIO).

302. La Comisión Europea objetó que una empresa privada (la Iglesia) no pagara el IVA (impuesto europeo) en España. Presionado por sus colegas europeos, el

Si sumamos las subvenciones que la Iglesia recibe de las Administraciones públicas (central, autonómica y local) al impago del impuesto de bienes inmuebles (IBI) y otros impuestos podemos calcular que la Iglesia rebaña del Estado español unos 11.000 MILLONES DE EUROS, que prorrateados entre los residentes en España vienen a ser unos doscientos sesenta euros. O sea, cada familia española sostiene a la Iglesia con unos mil euros anuales. Lo quiera o no. Esa es la cantidad que la garrapata vaticana extrae de tu sangre, exangüe lector contribuyente.

—¿?

Sí, querido contribuyente: tu Estado sigue financiando a la Iglesia como en los tiempos de Franco, si no más. La Constitución, en lo referente a la Iglesia, es papel mojado. Sencillamente, no se aplica. Ya decíamos que se trata de un parásito que vive a costa de su huésped, la cuadrilla clerical engordando como garrapatas de la sangre de nuestros impuestos. De los impuestos que el Estado supuestamente moderno y laico nos extirpa. Trabajamos medio año para Hacienda y el otro medio para mantenernos.

—Pero mantener a la Iglesia viola el espíritu y la letra de la Constitución.

—En efecto, la viola, la estupra y la somete a toda clase de sevicias, querido contribuyente.

Los obispos parásitos ordeñan la vaca del Estado, que es de todos, mientras el presidente del Gobierno y su ministro de Hacienda, los que deberían velar por el procomún, miran para otro lado y disimulan. O tañen el pastoril caramillo.

Cuando el abuso comienza a ser escandaloso, saca la calculadora el arzobispo de Zaragoza, monseñor Ureña, y proclama, con toda la jeta, que los que protestan deberían estar agradecidos porque la Iglesia ahorra al Estado más de 36.060 millones de euros al año, la ver-

Gobierno español ha tenido que cobrarle el IVA a la Iglesia a partir de 2007, pero la ha compensado por esa pérdida elevándole el porcentaje de asignación tributaria, del 0,5 al 0,7 %.

sión actualizada de la multiplicación de los panes y los peces o de las cuentas del gran capitán.

No es cosa solo de la derecha meapilas ni de la Cospedal de mantilla en el Corpus. El PSOE, que debiera defender el laicismo como parte de su ideología, ha financiado a la Iglesia incluso más que la derecha. La izquierda mantequilla cree que haciendo concesiones a la Iglesia se ganará su aprobación. Craso error: ya decía Bismarck: «Nunca tendrás bastante dinero para comprar a tu enemigo».[303]

Treinta años de pseudodemocracia han demostrado que la Iglesia no se contenta con una parte de los privilegios franquistas: los quiere todos, lo quiere todo. Aspira a detentar nuevamente el control social. A los obispos, cuanto más les das, más quieren, más fuertes se sienten y más exigen. Cabría añadir: y más afanan.[304]

303. La Iglesia puso toda su fuerza, que es mucha (COPE, prensa, púlpitos), para desprestigiar a los socialistas en vísperas de las elecciones que descabalgaron a Felipe González del Gobierno sin que por ello se apeara de su habitual hipocresía: «Amadísimos hermanos: no os decimos a quién debéis votar, pero si a quién NO podéis apoyar». El obispo de Mondoñedo, José Gea Escolano, pidió abiertamente que se negara el voto al PSOE, cuyo programa era «incompatible» con el sentir de la Iglesia. El arzobispo de Valencia Agustín García-Gasco advirtió a sus fieles a pocos días de los comicios: «Los católicos deben tomar partido en las próximas elecciones [...], porque son una oportunidad más de manifestar al mundo nuestro compromiso cristiano que algunos pretenden silenciar». Y, por si quedaba duda, a continuación enumeró una serie de puntos que el católico debía considerar, todos ellos coincidentes con la política del partido más derechista. En 2007, el obispo de Huesca, Jesús Sanz Montes, animó a votar contra los socialistas en su pastoral «Los idus de marzo». Los obispos andaluces orientan el voto hacia partidos que defiendan el matrimonio como «unión estable entre un hombre y una mujer». El 31 de enero de 2008 una nota electoral de los obispos señaló: «Leyes gravísimamente injustas que deben ser cambiadas» y el melifluo *portavoz* señalaba: «Los católicos deben votar a partidos y programas compatibles con la fe y las exigencias de la vida cristiana». La Iglesia muerde la mano que le da de comer (esto es, de Grimaldos) y se lanza directamente a la arena política.

304. *Afanar* equivale a *robar*. Eso son palabras mayores, podría pensar el lector. Verá: los afanadores de la sotana también están registrando a nombre de la Iglesia muchas ermitas, santuarios y edificios religiosos sin titular definido. Esta man-

El magistrado José Antonio Martín Pallín denuncia la maniobra de la Iglesia: «La trampa es muy burda: conservan intacta su condición de parte contratante de un tratado internacional y, al mismo tiempo, se disfrazan de su condición de españoles para disparar contra los programas de determinados partidos políticos».[305]

¿Cómo se financian otras Iglesias europeas? En Francia, Estado laico desde 1905, este no mantiene a la Iglesia; en Alemania, el contribuyente marca en la declaración la confesión que quiere subvencionar y se le ingresa hasta un 9 % de su declaración. El que no marca, no paga nada. En Italia se dedica un 8 % a fines de interés social y a la Iglesia católica.

---

gancia la perpetran con ingeniería legal, o sea, acogiéndose a los artículos 206 y 207 de la Ley Hipotecaria, una reglamentación aprobada en 1948 que concedía al Vaticano privilegios exclusivos. Con ese subterfugio, y al coste de los pocos euros que le cuesta inscribir las propiedades a su nombre, la Iglesia católica está amasando un patrimonio millonario. Con una firma y un pago simbólico, un bien público pasa a propiedad de la Iglesia sin que el Ayuntamiento se entere. El proceso se ha intensificado «gracias a una modificación de la ley que el Gobierno de Aznar aprobó en 1998, cuando el Ejecutivo derogó un artículo que prohibía expresamente apropiarse de los lugares de culto». El Gobierno usa la protección de datos para no responder a la pregunta (véase <http://www.publico.es/458171/el-gobierno-usa-la-proteccion-de-datos-para-ocultar-los-inmuebles-que-adquirio-la-iglesia-desde-1998>).

305. Martín Pallín, 2008.

CAPÍTULO 57

El caso de la cleptocracia política

En un viaje en AVE de Sevilla a Madrid encontré a un amigo de la infancia que años antes había sido alto cargo de una autonomía.

—Algunos entran en política para medrar —me explicó—, pero también hay políticos vocacionales, personas bienintencionadas que buscan el bien común, servir a la sociedad. Luego llega un momento en que empiezas a hacer chanchullos para financiar al partido y piensas que el fin justifica los medios: robo para que el partido se mantenga en el poder o gane las próximas elecciones, porque eso redundará en beneficio de la sociedad. La tercera fase, que sobreviene casi inevitablemente, es cuando piensas: «Yo estoy afrontando responsabilidades personales por robar para el partido, bien está que me compense tomando algo para mí, aunque solo sean migajas». Y cuando empiezas tomando algo para ti, ya no paras. De las migajas pasas a las tajadas.

—Hasta que sales de la política.

—¡Qué va, hombre! Cuando sales sigues ganando dinero a manos llenas. Los presidentes perciben un sueldo vitalicio de 36.000 euros, más otros noventa mil euros al año «para el funcionamiento de su oficina». Además, disponen de un asesor personal, una secretaria, el escolta y coche oficial. Pero eso es el chocolate del loro. Durante tu tiempo presidencial has conocido a gente, has hecho favores a nivel estatal, has estrechado amistades poderosas con el mundo de las finanzas internaciones. Mira a Felipe González, un hombre cuya honradez casi nadie pondrá en duda. Es uno de los principales asesores de Gas Natural y tiene una próspera empresa, Ialcon Consultoría, entre cuyos clientes figura Carlos Slim, el magnate más rico del mundo, con sus 53.500 millones de dólares. Mira también a Aznar. Asesora a la petrolera ExxonMobil y al grupo mediático Neocon News Corporation. Y además trabaja en la Universidad de Georgetown.

—Y tiene la tableta de chocolate en el estómago, a su edad.

—Un tío pura fibra. Un hombre hecho a sí mismo: incluso habla catalán en la intimidad.

Chiste de Forges.

CAPÍTULO 58

El caso de las singularidades del País Vasco

Cedamos la palabra a Roberto Centeno, que lo explicará mejor que yo, como consejero delegado de la Campsa y testigo que fue del enjuague:

> Mi jefe era el ministro de Hacienda, Francisco Fernández Ordoñez, quien quería dotar a España de un sistema fiscal moderno en el que se erradicara cualquier privilegio o componenda a favor de regiones o personas. Las tres provincias vascas y Navarra tenían unos fueros históricos derivados de las guerras carlistas y pensados para una sociedad atrasada y pastoril. Franco había anulado los fueros de Vizcaya y Guipúzcoa, que no se habían unido al alzamiento, y los había mantenido en Navarra y Álava, que lo habían apoyado. Fernández Ordoñez quería acabar con este anacronismo histórico y anular también los fueros de Navarra y Álava, es decir, que todos los españoles fuéramos iguales ante el fisco. Sin embargo, los cabezas de lista de UCD por Guipúzcoa y Vizcaya, Marcelino Oreja y Agustín Rodríguez Sahagún, ambos pesos pesados en el partido, no solo se opusieron tajantemente, sino que exigieron que fueran restituidos en las provincias donde se presentaban, con el «patriótico argumento» de que si no se hacía así, UCD perdería las elecciones en ellas. Fernández Ordoñez se negó en redondo a aceptar esta clamorosa injusticia fiscal. Los dos «barones» consiguieron el apoyo del insensato falangista Suárez, quien ordenó a su ministro de Hacienda la restitución del régimen foral. Algunas personas cercanas a Fernández Ordóñez, entre ellas Mariano Rubio, el último gran gobernador del Banco de Espa

ña, le advertimos de las consecuencias de este disparate y le pedimos que abandonara a Suárez, pero mi jefe no era de carácter luchador y al final aceptó. Hoy las provincias vascas pagan 8.000 millones al año menos a Hacienda de lo que les correspondería si estuvieran en el régimen común y, además, las diputaciones vascas, que ingresan el IVA de todos los productos vascos vendidos en el resto de España (80 %), solo lo devuelven parcialmente, por lo que se apropian de miles de millones adicionales. Gracias a este expolio al resto de españoles, el País Vasco y Navarra tienen hoy la mayor renta per cápita de España.[306]

Cupo vasco, de fuero a privilegio.

El sociólogo Imanol Zubero, de la Universidad del País Vasco, explica que cada vez haya menos independentistas: «Lo veo más en claves de bilateralidad, de aceptar formar parte de un Estado compuesto, que si se federaliza mucho mejor, pero que si es autonómico bastará con preservar la singularidad para ser una nación dentro de un Estado al que hablar de tú a tú».

Ya lo decía Arzalluz: «¿Para qué queremos un Estado? ¿Para plantar berzas?».

306. Centeno, 2014.

CAPÍTULO 59

El caso del rey pedigüeño

Parece ser que bajo la tutela de Franco, el príncipe Juan Carlos y su esposa Sofía pasaron estrecheces económicas, como tantas familias españolas.

—¿Sabes lo que yo gano? —le confió al periodista Jaime Peñafiel—. Setenta y cinco mil pesetas. Y con eso tengo que tener para todo. Incluso para la peluquería de la princesa. Eso es todo lo que tengo. No tengo más dinero. ¡Hasta las cocacolas y las llamadas telefónicas que la princesa hace a Atenas para hablar con sus padres me las fiscalizan!

La situación era dramática. Fuertes de Villavicencio, el severo jefe de la casa civil del Caudillo, vigilaba los gastos de la joven pareja optante al trono de España.

Para Juan Carlos fue su momento Scarlett O'Hara en *Lo que el viento se llevó*. Encaró el futuro, agitó el puño hacia el sangrante cielo crepuscular y se prometió:

—A Dios pongo por testigo de que no podrán derribarme. Sobreviviré, y cuando todo haya pasado, nunca volveré a pasar hambre, ni yo ni ninguno de los míos. Aunque tenga que mentir, robar, mendigar o matar. ¡A Dios pongo por testigo de que jamás volveré a pasar hambre!

Hablo en metáfora, naturalmente, pero el lector avisado y baqueteado por la vida estará de acuerdo en que no hay peor cosa que verse sin dineros.

Fallecido Franco y entronizado Juan Carlos como sucesor suyo, uno de sus principales objetivos, además de traer la democracia a España, según le dictaba el Gran Hermano americano, fue acrecentar su trasteada cuenta corriente. Con este motivo le dirigió una carta al sah de Persia, Reza Pahlevi, al que había conocido diez años antes cuando asistió a su fastuosa coronación imperial.[307]

22 de junio de 1977

Mi querido hermano:

Para empezar, quisiera decirte cuán inmensamente agradecido estoy por que hayas enviado a tu sobrino, el príncipe Shahram, a verme, facilitándome así una respuesta rápida a mi petición en un momento difícil para mi país. Me gustaría a continuación informarte de la situación política en España y del desarrollo de la campaña de los partidos políticos, antes, durante y después de las elecciones. Cuarenta años de un régimen totalmente personal han hecho muchas cosas que son buenas para el país, pero al mismo tiempo dejaron a España con muy deficientes estructuras políticas, tanto como para suponer un enorme riesgo para el fortalecimiento de la monarquía. Después de los seis primeros meses de Gobierno de Arias, que yo estuve igualmente obligado a heredar, en julio de 1976 designé a un hombre más joven, con menos compromisos, a quien yo conocía bien y que gozaba de mi plena confianza: Adolfo Suárez. Desde aquel momento prometí solemnemente seguir el camino de la democracia, esforzándome siempre en ir un paso por delante de los acontecimientos a fin de prevenir una situación como la de Portugal, que podría resultar aún más nefasta en este país mío. La legalización de diversos partidos políticos les permitió participar libremente en la campaña electoral, elaborar su estrategia y emplear todos los medios de comunicación para su propaganda y la presentación de la imagen de sus líderes, al tiempo que se aseguraron un sólido soporte financiero. La derecha, asistida por la banca de España; el socialismo, por Willy Brandt, Venezuela y otros países socialistas europeos; los comunistas, por sus medios habituales. Entre-

307. Reza Pahlevi, un megalómano enriquecido por el petróleo que, aunque nieto de un arriero analfabeto, se proclamó heredero de los imperios de Jerjes y Darío, y adoptó los títulos de «rey de reyes» y «luz de los arios».

tanto, el presidente Suárez, a quien yo confié firmemente la responsabilidad del Gobierno, pudo participar en la campaña electoral solo en los últimos ocho días, privado de las ventajas y oportunidades que expliqué ya anteriormente y de las que se pudieron beneficiar los otros partidos políticos. A pesar de todo, solo, y con una organización apenas formada, financiado por préstamos a corto plazo de ciertos particulares, logró asegurar una victoria total y decisiva. Al mismo tiempo, sin embargo, el Partido Socialista obtuvo un porcentaje de votos más alto de lo esperado, lo que supone una seria amenaza para la seguridad del país y para la estabilidad de la monarquía, ya que fuentes fidedignas me han informado de que su partido es marxista. Cierta parte del electorado no es consciente de ello y los votan en la creencia de que con el socialismo España recibirá ayuda de algunos grandes países europeos, como Alemania, o en su defecto de países como Venezuela, para la reactivación de la economía española. Por esa razón es imperativo que Adolfo Suárez reestructure y consolide la coalición política centrista, creando un partido político que sirva de soporte a la monarquía y a la estabilidad de España. Para lograrlo, el presidente Suárez claramente necesita más que nunca cualquier ayuda posible, ya sea de sus compañeros o de países amigos que buscan preservar la civilización occidental y las monarquías establecidas. Por esta razón, mi querido hermano, me tomo la libertad de pedir tu apoyo en nombre del partido político del presidente Suárez, ahora en difícil coyuntura; las elecciones municipales se celebrarán dentro de seis meses y será ahí más que nada donde pondremos nuestro futuro en la balanza. Por eso me tomo la libertad, con todos mis respetos, de someter a tu generosa consideración la posibilidad de conceder diez millones de dólares como tu contribución personal al fortalecimiento de la monarquía española. En caso de que mi petición merezca tu aprobación, me tomo la libertad de recomendar la visita a Teherán de mi amigo personal Alexis Mardas, que tomará nota de tus instrucciones. Con todo mi respeto y amistad.

Tu hermano,

Juan Carlos[308]

308. Esta misiva se publicó en el libro de Asadollah Alam, 1991, antiguo primer ministro de Persia (actual Irán). La recoge la tesis doctoral de Luis Fernando Ramos Fernández, 2014.

El sah prometió estudiar el caso, pero no sabemos si finalmente apoquinó el dinero que se le pedía.

Tampoco sabemos si Juan Carlos envió cartas parecidas a otros mandatarios que pudieran simpatizar con su caso. Se sospecha que sí, los Emiratos Árabes estaban llenos de colegas suyos inundados de petrodólares.

CAPÍTULO 60

El caso de los petrodólares que facilitaron la Transición

Año 1975. Imaginemos la escena en el despacho oval de la Casa Blanca. El presidente Gerald Ford despacha con su secretario de Estado.

—Una cosa más, presidente —dice Kissinger—. Franco agoniza y en España surge con fuerza el marxismo. Tenemos allí varias bases militares que son imprescindibles para nuestra defensa frente a la Unión Soviética.

—Que una comisión estudie el caso.

Gerald Ford lo arregla todo aplazándolo. Menos mal que el avispado Kissinger lo tiene todo previsto. «Vamos a tutelar el camino de España hacia la democracia para asegurarnos de que seguirá en la órbita de Estados Unidos», el Gran Hermano que la apadrina desde los acuerdos de 1953.[309]

309. En plena Guerra Fría, Franco, campeón del anticomunismo, se había alineado claramente con las potencias occidentales contra la Unión Soviética. En ese contexto surgieron los Pactos de Madrid con Estados Unidos (1953). Franco deseaba elevarlos al rango de tratado, pero el presidente de Estados Unidos los rebajó a pactos ejecutivos *(agreement)*, dado que no contaba con la aprobación del Senado estadounidense. Por estos pactos, Franco cedía parcelas importantes de soberanía al admitir la instalación de bases militares americanas en Torrejón, Morón, Zaragoza y Rota. A cambio, Madrid recibió 625 millones de dólares entre 1954-1957, si bien el 41 % de esa cantidad se destinó a la construcción de las bases americanas. El Gobierno español también disfrutó de créditos (a tipos de interés del 5,25-5,75 %) para la adquisición de productos estadounidenses y proyectos industriales. Grandes empresas estadounidenses se asentaron en España. La ayuda militar fue de 450 millones de dólares en material de segunda mano procedente de la guerra de Corea,

La comisión, que llamaremos Gran Hermano, acordó:

1. Proteger al rey Juan Carlos, aunque sea el heredero designado por Franco. Una monarquía siempre será más estable que una república.
2. Financiar el tránsito de España de la dictadura a la democracia.
3. Domesticar a los partidos de izquierdas, especialmente al socialista, más joven y manejable.[310]

El plan requería inversiones importantes que Estados Unidos no podía aportar directamente sin someterlos a una publicidad indeseada que quizá provocaría el rechazo por parte de los beneficiarios de la izquierda española.

—¿Cómo lo hacemos entonces?

—Los dólares que se los entreguen nuestros amigos árabes y la organización que se la presten nuestros amigos alemanes.[311]

El Gran Hermano americano acudió a su protegida la casa de Saúd, el clan propietario de Arabia Saudí, que aportó millones de petrodólares para financiar a los partidos, a los sindicatos y a la casa del rey.

¿Cómo llegó el reino saudí a convertirse en socio preferente de Estados Unidos?

---

condicionada a que solo se usaría con permiso de Estados Unidos (que no lo concedieron para la guerra de Ifni, 1957). Estados Unidos siempre favorece los intereses de Marruecos en los conflictos con España.

310. «Acuciosidad en llegar a tocar moqueta» llama a ese ánimo conciliador el disidente Pablo Castellano, 1995 («¿Cómo neutralizar el búnker?», p. 88). Después añade: «No era aún llegada la hora de la avalancha de carreristas. Era aún la hora de los luchadores. Pronto vendría la de los políticos. Y la de los corruptos».

311. La fundación alemana Friedrich Ebert, y por extensión el socialismo alemán, jugó un gran papel en el meteórico ascenso del PSOE entre 1975 y 1982. Siete años en los que pasó de ser un partido «con muy pocos miembros, apenas infraestructura y tan solo dos oficiales a tiempo completo» a convertirse en el «partido en el Gobierno» (Barnes, 2016).

El reino saudí, que ocupa casi toda la península arábiga, con una extensión que casi triplica la de la ibérica, era, en tiempos de nuestros abuelos, un desierto que solo producía dátiles y camellos.

Pero en 1938 se descubrió que el subsuelo ocultaba un mar de petróleo de buena calidad. El país en el que las finanzas del Estado se confunden con las de la familia Saúd, se ha desarrollado con arreglo a sus propias leyes (que ignoran los derechos humanos), siempre bajo la tutela de Estados Unidos.

> Las anotaciones del general Manglano, director del CESID, muestran que el rey saudí realizó al menos dos transferencias millonarias: por un lado, 36 millones de dólares a fondo perdido para la Transición; por otro, un crédito a don Juan Carlos de 50 millones de dólares a interés cero que renovó luego en 30 millones. Posteriormente, llegarían otros créditos pues en 1995 el montante total que había que devolver ascendía a 100 millones de dólares.[312]

Ese fue el comienzo de la estrecha amistad entre el rey Juan Carlos y la familia real saudí, prolongada durante los sucesivos reinados de «los Tres Magníficos»: Fahd (1982-2005),[313] Abdalá (2005-2015) y Salmán, el rey felizmente reinante desde 2015 cuando se escriben estas líneas.[314]

312. Fernández-Miranda y Chicote Lerena, 2021, pp. 57-58.

313. Fahd se construyó en Marbella un enorme palacio en el que veraneaba con su séquito de tres mil personas y costeó la construcción de la gran mezquita de Madrid (12 millones de euros), desde la que se divulga la versión salafista del islam que profesa su país y familia.

314. ¿Cómo compensa el Campechano la protección de los Saúd? Desviviéndose por ellos. En 2007 concedió el preciado Toisón de Oro al rey Abdalá; un año después, la Gran Cruz de la Orden de Carlos III al ministro Abdelaziz al-Saúd. También ha contribuido al lavado de imagen de Arabia Saudí, considerada en Occidente una tiranía sangrienta, organizando en Madrid una Conferencia Mundial para el Diálogo Interreligioso auspiciado por los saudíes (Olmo y Fernández, 2023, p. 212). No mencionaremos cuestiones más delicadas, como la presunta violación de una joven modelo de veinte años por un nieto del rey Fahd en su yate fondeado en Ibi-

Ese fue también el comienzo de su incalculable fortuna, luego acrecentada cuando se convirtió en el comisionista imprescindible del petróleo que España adquiría a los saudíes, siempre con la atenta colaboración de su íntimo amigo y administrador privado Manuel Prado y Colón de Carvajal.

Santiago Carrillo se considera el líder principal de la izquierda española. Muchos esperan (o temen) que, a la muerte de Franco, Carrillo se convierta en árbitro del futuro político español.

Al Gran Hermano le interesaba desunir a las izquierdas españolas; para ello, nada mejor que tutelar al partido más domesticable, el socialista, en detrimento del Partido Comunista (que, por otra parte, es su enemigo natural).[315]

Cuando los policías hacen una redada de rojos, el mando los avisa: «A Felipe González no lo toquéis».[316]

Al propio que debilitaba al Partido Comunista, el Gran Hermano americano ponía en marcha un plan para domesticar a Santiago Carrillo y atraerlo a la prediseñada democracia.[317] Carrillo, que

---

za, caso al que se dio carpetazo, dado que el barco se consideró amparado por el Convenio de Viena de 1961 sobre «inmunidad penal para los agentes diplomáticos» (*ibidem*, p. 215).

315. Después se ha sabido que, en julio de 1975, Felipe González pactó con el Servicio Central de Documentación (CESED) de la Presidencia del Gobierno, es decir, el servicio secreto de Carrero Blanco, «para romper con la Platajunta y desprestigiar a algunos de sus líderes». En julio de 1975 se saca de la manga (el PSOE, no la CIA, creo) la Plataforma de Convergencia Democrática, olla podrida donde pastan democristianos e izquierdistas moderados (Herrera y Durán, 1994, p. 100).

316. Es revelador que a Emilio Romero, director de *Pueblo*, lo abronquen desde el Gobierno por haberse ocupado de Felipe en su periódico.

317. El trato lo hizo Juan Carlos por medio de su embajador *in pectore* Manuel Prado y Colón de Carvajal, que se entrevistó con el dictador rumano Ceaucescu, protector de Carrillo. Es el caso que la CIA utilizaba a Ceaucescu para erosionar la autoridad de la Unión Soviética sobre los países socialistas. Solo tras la disolución del bloque soviético airearon la criminalidad del «vampiro de los Cárpatos». Santiago Carrillo, tan perspicaz para tantas cosas, parece que nunca descubrió que su amigo, el que le costeaba los veraneos, era bastante peor que el detestado Franco.

ya estaba un poco harto de circular por España de incógnito, maldurmiendo en modestas viviendas de militantes, acogió el proyecto con satisfacción. «Tienes ya sesenta años y muchos tiros dados (dicho sea sin segundas): se te pasó la edad de liderar revoluciones. Arrímate al pesebre, hombre, y déjate de exilios y de criar mala sangre».

Regresemos ahora a las finanzas de Juan Carlos tan generosamente impulsadas por la casa real saudí.

¿Se contentó Juan Carlos con esas cantidades o procuró acrecentarlas?

Cedo ahora la palabra a Roberto Centeno, para que nos cuente su experiencia.

> En 1979 y como consecuencia de la crisis de los ayatolás en Irán, España estuvo durante muchos meses bordeando el desabastecimiento de petróleo. Yo era consejero delegado de Campsa, que como monopolio de petróleos, dependía de Hacienda, por lo que el vicepresidente Fernando Abril me nombró responsable de garantizar nuestro abastecimiento, dándome carta blanca para buscar suministros adicionales donde fuera. El entonces embajador de España en Kuwait, Fernando Schwartz, un embajador de los de verdad, no como la chusma nombrada a dedo que hoy nos representa, me dijo que tenía una gran amistad con la familia Al-Sabah reinante en Kuwait, y que podría conseguirnos petróleo adicional. Volé inmediatamente a Kuwait y, gracias a este gran embajador que hacía su trabajo, pude contratar un primer cargamento de ciento cincuenta mil toneladas. Al volver tenía varias llamadas de mi jefe, Fernández Ordoñez, pidiendo que fuera a verle de inmediato. Fui encantado, pensando en una efusiva felicitación. Nada más lejos. Al llegar a su despacho de la calle de Alcalá, Fernández Ordóñez se puso en pie, levantó los brazos al cielo y me dijo: «La que has liado, Roberto, me vas a buscar la ruina». Me quedé atónito, «¿pero de qué me hablas, si acabo de contratar un cargamento en Kuwait que nos garantiza el abastecimiento dos o tres semanas?». «Mira —me dijo—, ha estado aquí Manolo Prado —senador, diplomático y administrador privado del rey Juan Carlos durante dos décadas—, que se ha enterado que estabas en

Kuwait y me ha montado un pollo que no puedes imaginar, me ha dicho que Arabia Saudí y los Emiratos son exclusivamente suyos y nadie más que él puede negociar ni un barril, así que ni se te ocurra volver a hacer nada parecido.» Mi sorpresa se tornó en ira, así que, con la confianza y el cariño que siempre tuve por Fernández Ordóñez, le dije: «No tengo ni idea quién es ese tío, pero el responsable de garantizar los suministros soy yo y no ese tal Manolo, que ni siquiera sé quién es». Entonces fue Fernández Ordóñez quien se quedó atónito: «Pero vamos a ver, Roberto, ¿tú en qué mundo vives?, ¿es que no sabes a quién representa Manolo Prado?». Realmente no lo sabía y resultaba que la altísima instancia a la que representaba tenía el monopolio de nuestros suministros extras durante la crisis. Y, por cierto, nadie hablaba de precios: Hacienda pagaba por el petróleo lo que ponía en la factura, sin entrar en averiguación alguna, y menos cometer la ordinariez de decir que se podía comprar más barato cuando el conseguidor era Prado. Así que, cuando se conoce la realidad de primera mano y se ve a la clase política corrupta y cortesana deshacerse en elogios al rey como el otro día en la farsa que llaman Parlamento, a uno le dan ganas de marcharse de España.[318]

Tal parece que desde sus menesterosos inicios, Juan Carlos nunca dejó de preocuparse por hacer caja con sus corretajes.

«El monarca escondió durante años en bancos extranjeros millones de euros procedentes de comisiones ilegales y regalos de empresarios y otros mandatarios. Esos fondos en cuentas fuera de España entraban en el circuito legal en pequeñas cantidades para evitar que saltaran las alarmas. Siempre en efectivo, para que las transacciones no dejaran rastro.»[319] Según las declaraciones de Corinna Larsen al comisario Villarejo: «Desde la base de Torrejón, el dinero llegaba a Zarzuela, donde tenía una máquina de contar billetes: "Yo le he visto contar el dinero con mis propios ojos. Se pone como un niño.

318. Centeno, 2014.
319. Olmo y Fernández, 2023, pp. 92-93.

A lo mejor es porque no ha tenido dinero de joven, [...] no distingue lo legal de lo ilegal"».[320]

«En otras ocasiones, el dinero que tenía escondido en Suiza era transferido a cuentas opacas de Andorra y allí era retirado en ventanilla para introducirlo por carretera en España.»[321]

Otras veces, sus emisarios lo traían de Suiza en vuelos privados que utilizaban el aeródromo de Torrejón.

El Campechano y su séquito.

El prestigioso e informado periódico estadounidense *The New York Times* coincide con la lista Forbes de los ricos al cifrar la fortuna del rey Juan Carlos en 2012 en unos 2.000 millones de euros.

Eso en cuanto a la guita propiamente dicha. No se cuentan los regalos procedentes de la generosidad de sus súbditos.

320. *Ibidem,* p. 223. Véase también <https://www.niusdiario.es/nacional/tribunales/corinna-conto-villarejo-rey-emerito-juan-carlos-i-contaba-dinero-maquina-zarzuela-como-un-nino_18_2978595098.html>.

321. Olmo y Fernández, 2023, p. 93.

Juan Carlos nunca ha tenido que comprar el vino que bebe ni los habanos que fuma ni los coches que conduce. Todo se lo regalan amigos o concesionarios de las marcas.[322]

> Los mariscadores gallegos colmaban la Zarzuela con sus mejores percebes, ostras y nécoras. Sin olvidar los numerosos jamones de bellota, troncos de *foie* y latas de caviar beluga. Y de postre, uno de los preferidos del rey: los *marron glacé*, aunque para la reina tampoco faltaban las exquisitas variedades de chocolates. Todo un homenaje para los más exigentes paladares regios.[323]

Sin mencionar los sucesivos yates que esta familia tan aficionada al mar ha disfrutado. El primer Fortuna fue un velero modestito que le regaló doña Sofía cuando eran príncipes. El segundo fue el anterior restaurado y modernizado por unos amigos del rey (sesenta mil euros costó la reforma). El tercero, un imponente yate de treinta metros de eslora fue un regalo del rey Fahd en 1979. Años después, fue puesto a la venta «debido a las necesidades protocolarias de un buque de mayores dimensiones». El cuarto, de más de cuarenta metros de eslora, valorado en 20 millones de euros, fue un obsequio de veintidós empresarios del sector turístico de Mallorca, componentes de la Fundación Turística y Cultural de las Islas Baleares (Fundatur) en agradecimiento por «sus continuas pruebas de aprecio a Mallorca y a sus habitantes». Cuando el Campechano lo consideró obsoleto, lo donó a Patrimonio Nacional, que a su vez lo restituyó a los donantes.

322. Su tinto favorito es Castillo Ygay, un reserva de las bodegas Marqués de Murrieta. En los sótanos de la Zarzuela existe una bodega de diez mil botellas de vinos escogidos. El piso es arena de playa traída del Índico porque mantiene mejor la humedad.

323. Zavala, 2023.

CAPÍTULO 61

El caso Nóos

Empecemos por una historia de amor, o mejor, dos historias de amor.

La infanta Cristina está enamorada de un rubio y guapo doncel, Álvaro Bultó, pero después de dos años de intimidad y deleite, él no acaba de ver claro su futuro. Si se casa con Cristina tendrá que asumir el pesado fardo de las obligaciones que comporta ser miembro de la familia real. Compromisos, *paparazzi*, cenas oficiales, posados veraniegos en Marivent..., un fastidio.

Prefiere la libertad, la independencia, la aventura...

—Fue bello mientras duró. Adiós, Cristina, mejor lo dejamos ahora. Nunca te olvidaré.

«La infanta estaba destrozada. Fue un durísimo golpe para su naturaleza obstinada y decidida.»[324]

Como dice la copla, la mancha de una mora con otra verde se quita. Vamos por la segunda historia de amor. Se inicia en el marco incomparable del restaurante El Pou de Sitges, donde la parroquia disfruta de un imaginativo maridaje de las cocinas catalana, japonesa y peruana, platos para compartir, productos de proximidad, cuidada ambientación.

324. Morton, 2013, p. 133. Alvaro Bultó dedicó su vida a la práctica de deportes de riesgo: saltar en paracaídas desde rascacielos, volar sobre el Polo Norte en traje de alas *(wingsuit)*, escalar la pared más alta del Ártico, y se sumergió en una jaula entre tiburones blancos en Sudáfrica. En 2013 se estrelló contra un saliente cuando volaba en traje de alas en Lauterbrunnen (Alpes suizos). Tenía cincuenta y un años y dejó un rastro de afligidas novias.

El equipo olímpico español de waterpolo celebra su brillante actuación en los Juegos de Atlanta. El capitán del equipo ha invitado a la infanta Cristina y le presenta a un mocetón vasco de 1,90, rubio, atlético: Iñaki Urdangarin, jugador del equipo de balonmano del Fútbol Club Barcelona, que ha ganado la medalla de bronce en la reciente Olimpiada.

—Es un honor conocerla —murmura el mocetón y tiende su mano grande como pala de panadero mientras clava en la pupila de la infanta la pupila azul de sus ojos un poco encuevados y neandertales.

Flechazo de Cupido, el travieso arquero.

La infanta queda prendada del atleta, un chico simpático, serio y un punto tímido (la sangre real siempre intimida).

—Está buenísimo —escucha comentar a una de las invitadas a la celebración.

Y lleva razón, es un pibón de tío. Aunque la naturaleza, que gusta de compensar cuando reparte sus dones, ha sido más generosa en lo físico que en lo intelectual: sus compañeros lo llaman Iñaki Suspensitos (la envidia, que es muy mala). Ahora bien, tonto no es. Se libró de hacer el servicio militar haciéndose el sordo.

La prestigiosa Universidad de Navarra, del Opus Dei, le denegó el ingreso, a pesar de que en la solicitud había escrito con torpe astucia: «Si Dios quiere, seré ingeniero y llegaré a jugar en la selección absoluta». Finalmente, rebajó sus pretensiones y se matriculó en la Universidad de Barcelona para cursar Administración de Empresas, aunque las matemáticas se le resistían.

Cuando conoció a Cristina, Iñaki llevaba cuatro años saliendo, y entrando, con una novia, Carmen Camí Solsona, con la que pasaba los fines de semana, aunque el picaflor no desaprovechaba otros idilios transeúntes.[325]

325. También los aprovechó cuando estaba casado con la infanta. Al parecer, cuando estaba ella embarazada del primer hijo, lo sorprendió homenajeando a una joven en la cocina de su casa. «Déjalo, es como yo», le aconsejaba el Campechano.

Cristina e Iñaki intercambiaron llamadas de teléfono, *mails*, SMS, durante un tiempo prudencial. Para aproximar posturas, se veían en un romántico y apartado chalecito del pueblo de Ger, en la Baja Cerdaña, de cuatrocientos habitantes.

—¿Crees que estoy loco? Estoy enamorado de la infanta —le confesó Iñaki a un amigo.

—Alucino. Estoy colada por un jugador de balonmano —le confesó Cristina a una amiga.[326]

La cosa iba en serio.

El 30 de abril de 1997, aniversario de la aparición del conejito Bugs Bunny, la casa real anuncia oficialmente el compromiso de la infanta Cristina con el jugador Iñaki Urdangarin. Todo muy formal: presentación de las respectivas familias, petición de mano e intercambio de regalos: un anillo para la infanta; un reloj de pulsera para el atleta.

«Carmen Camí, la novia abandonada, se enteró por la tele. Sin poder dar crédito a lo que oía, echó un vistazo a su dormitorio, a la cama con las sábanas todavía arrugadas tras la última visita de Iñaki un par de días atrás.»[327]

Fue una gran decepción, a la que siguió otra más pequeñita cuando fue al banco y comprobó que Iñaki había retirado los cerca de cinco mil euros que tenían en una cuenta conjunta.

La boda real se celebró con gran pompa en la catedral de Barcelona el 4 de octubre de 1997. Pilar Miró anduvo atenta a la coreografía, sin que faltara un coro que entonó canciones en catalán y en euskera.

Todo discurría como en un cuento de hadas, con Cristina ilusionadísima e Iñaki, un poco como despistado, aprendiendo a poner el cazo.

El rey otorgó a los contrayentes el título de duques de Palma. Ellos instalaron su nido de amor en un piso cómodo, pero nada osten-

326. Molina, 1997, p. 229. Citado por Morton, 2013, p. 137.
327. Morton, 2013, p. 119.

toso, del barrio de Sarrià, en Barcelona. Cuando el rey lo visitó, en uno de sus viajes de incógnito a Barcelona, torció el gesto: demasiado modesto para su hija.[328]

Iñaki siguió jugando profesionalmente hasta el año 2000 (un sueldo de unos ciento veinte mil euros anuales), mientras Cristina continuaba con su trabajo en La Caixa (noventa mil anuales).

Después de los Juegos Olímpicos de Sídney (2000), Iñaki aspiró a la presidencia del Comité Olímpico Español. No pudo ser. Un simple jugador de balonmano no daba la talla, aunque estuviera casado con una hija del rey.

Necesitaba un título académico, qué menos. Credenciales que le permitieran encarar una carrera profesional, papeles. Dispuesto a obtenerlos, se matriculó en la prestigiosa Escuela Superior de Administración y Dirección de Empresas (Esade) de Barcelona, en la que se graduó con parabienes y aplausos de la familia real el 29 de julio de 2001.

El joven licenciado se incorporó a la empresa Octagon, un agencia internacional de mercadotecnia, rama deportes, en la que le encomendaron lo relativo al fútbol sala.

No era gran cosa.

Deseoso de explorar más amplios horizontes, Iñaki fundó, un año después, su propia empresa: Namasté 97 (palabra nepalí que significa «los caminos de la vida» y equivale a nuestro *hola*). Namasté 97, filial de Octagon, salió al mundo con un capital de tres mil euros.

Iñaki había trabado amistad con uno de sus profesores de Esade, Diego Torres, solo tres años mayor que él.

—¿Qué te parece si montamos una empresa juntos?

328. El rey visitaba Barcelona hasta dos veces al mes para asistir a fiestas privadas en las que «le presentaban mujeres de la alta sociedad catalana» (Olmo y Fernández, 2023, p. 85), y para internarse en la clínica Planas, donde se sometía a pequeños retoques estéticos y a tratamientos *antiaging* con inyecciones de bótox y ácido hialurónico. Los sucesivos veleros que mantuvo bajo el nombre de Bribón, esponsorizados por La Caixa, pertenecían al Real Club Náutico de Barcelona.

Parecía una excelente idea. Torres ponía su habilidad para los negocios y Urdangarin su nombre y su prestigio como miembro de la familia real, una llave que, ya lo estaba viendo, abría todas las puertas.

La empresa fue el Instituto Nóos de Estudios Estratégicos de Patrocinio y Mecenazgo, una consultora sin ánimo de lucro.

—¿En qué consiste nuestro trabajo?

—Básicamente, en encontrar patrocinadores para eventos relacionados con el deporte, el turismo y la cultura.

Aquello funcionaba. En su papel de «asesor de gestión» el flamante duque de Palma, bien trajeado, imponente, visitaba a los directivos de las grandes empresas, Telefónica, Air Europa, Repsol, Motor Ibérica, para proponer una colaboración. En los altos despachos donde lo recibían exageraba su sintonía con el rey, su suegro, y obtenía contratos de patrocinio, «con un mínimo de cien mil euros».

El dinero fluía abundante. Iñaki llegó a cobrar sesenta mil euros por un simple comunicado de prensa. Para cubrir las apariencias, inventaba empresas que competían con Nóos por la adjudicación de los proyectos.

Sus mejores clientes, los Gobiernos de Baleares y Valencia, le pagaban generosamente imaginarios estudios perfectamente inútiles que él sacaba de internet mediante el procedimiento de copia y pega y presentaba como propios. Nombres anglosonoros y huecos como una zambomba se agregaron a la empresa: Nóos Consultory, Virtual Strategies... Recibos falsos por servicios inexistentes, todo en el aire.

La picaresca española de toda la vida en la era de los ordenadores.

Como no había mucho trabajo, exageraron el número de empleados y nóminas a fin de escapar a las confiscaciones de la Agencia Tributaria. La mujer de la limpieza figurante como secretaria, en ese plan.

«Por el primer Fòrum Illes Balears, una reunión de tres días para examinar el deporte como producto turístico, Nóos se embolsó 1,2 millones de euros, aproximadamente dieciocho mil euros por cada hora de congreso.»[329]

En su momento, el rey Juan Carlos había expresado su disconformidad con que su hija viviera en un discreto piso del barrio de Sarrià. Urdangarin, ya montado en el dólar, se lanzó en plancha y adquirió un palacete en Pedralbes, la zona noble de la gran burguesía catalana; seis millones de euros, restauración aparte, otro millón.

Se acabaron las economías. Ninguno tocaba el piano, pero para la nueva mansión adquirieron dos.

En tres años de actuación, Nóos percibió hasta nueve millones de euros de empresas privadas y otros siete de Gobiernos regionales.

En 2005, la casa real supo que Iñaki estaba vendiendo humo a precios desaforados. El rey lo llamó a capítulo. Le ordenó que dimitiera como presidente de Nóos y que dejara de colaborar con Diego Torres.

Iñaki dimitió de sus cargos en 2006. En lo sucesivo, adoptó un perfil bajo, pero continuó trabajando en sus lucrativos negocios hasta que el rey, informado de su desobediencia, se puso como una hidra y lo obligó a marchar a Washington, océano por medio.

Demasiado tarde. En 2010 el juez José Castro del Juzgado 3 de Palma de Mallorca investigaba el caso Palma Arena que implicaba a Jaume Matas, antiguo presidente de Baleares, cuando encontró cuatro facturas de trescientos mil euros cada una remitidas por el instituto Nóos.

Como no estaba claro el concepto de las facturas, «honorarios correspondientes al acuerdo firmado», abrió un nuevo caso, que llamó operación Babel.

Un año después, Diego Torres, director de Nóos, era acusado de fraude a Hacienda y apropiación de fondos públicos.

Un registro policial de la sede de Nóos reveló nuevas pruebas de precios desorbitados cobrados por servicios ficticios. La trama de corrupción implicaba también a Iñaki Urdangarin.

329. Morton, 2013, p. 156.

Una patata caliente para la familia real. Un portavoz de la Zarzuela se apresuró a declarar el «respeto de la institución a las decisiones judiciales».

Iñaki compareció en la Zarzuela para «defender mi honor y mi inocencia». Se produjo una tensa escena cuando el iracundo Juan Carlos le preguntó por qué había continuado con sus negocios después de que le ordenara abandonarlos.

Iñaki, un tanto confuso, vino a responder que solo hacía lo que todo el mundo en aquella casa, aprovechar su posición para hacer caja. Con lo que de modo indirecto indicaba también que el rey era el menos adecuado para reprocharle un comportamiento irregular.

Era demasiado. El Campechano lo expulsó de palacio e hizo borrar de la página web de la casa real la página de Urdangarin. En el Museo de Cera quitaron su imagen de la escena real y la trasladaron al área deportiva vestida de chándal. El consistorio de Palma le rogó que no profanara el nombre de la ciudad después de conocer que algunos correos los firmaba como «el duque em... Palma...do».

«Empalmado», ¿no es gracioso?

—Aquí todo el mundo hace negocios de esa forma —defendía Cristina a su marido—. Iñaki no va a ser el único que pague el pato.

Después, pasado un tiempo y mejor aconsejado, Juan Carlos atemperó su ira y decidió que un razonable control de daños pasaba por prestar ayuda jurídica a su yerno. La infanta seguía fiel a su marido y no estaba dispuesta a abandonarlo en los malos tiempos.

El 25 de febrero de 2012, Iñaki hizo su «paseo de la vergüenza» bajando la cuesta de los juzgados de Palma ante una nube de fotógrafos. Lucía en la muñeca un reloj barato que había añadido a su colección de pelucos caros y exclusivos, una afición que compartía con su suegro.

Durante día y medio, Urdangarin declaró ante el juez Castro. Estaba acusado de malversación, corrupción, tráfico de influencias y falsedad en documento público.

—Rompí toda relación con Torres cuando comprendí que sus cuentas no eran transparentes —declaró.

Iñaki Urdangarin en los juzgados de Palma.

Pero Torres, precavido, había guardado documentos, *mails* y grabaciones que probaban todo lo contrario. Incluso filtró determinados correos de Urdangarin más personales que podrían amenazar su matrimonio si no fuera porque Cristina estaba tan enamorada de él que solo veía a través de sus ojos. Reprochaba a la casa real que no estaba haciendo lo suficiente por salvar a su marido y a ella misma, porque el juez Castro se empeñaba en imputarla contra el parecer del fiscal anticorrupción Pedro Horrach.

Iñaki fue condenado a cinco años y diez meses de prisión por los delitos de prevaricación continuada y malversación (ambos en concurso), tráfico de influencias, fraude a la Administración y dos delitos fiscales. Pasados unos meses, se le concedió el régimen abierto. Su socio Torres, a cinco años y ocho meses.

La infanta quedó absuelta y escapó con solo una multa.

Durante todo el proceso, Cristina permaneció ejemplarmente unida a su marido, incluso cuando ello le supuso el distanciamiento del resto de la familia real. Solo solicitó el divorcio cuando Iñaki comenzó a salir con una compañera de trabajo, Ainhoa Armentia.

CAPÍTULO 62

El caso de la rubia Corinna

Febrero de 2004. Los jornaleros de boina, talega y motorcilla que podan los olivos en Alcudia de Ciudad Real silencian sus motosierras y se incorporan para ver pasar una caravana de flamantes vehículos todoterreno de alta gama y al corriente de la inspección técnica de vehículos (ITV), que enfilan la carretera particular que conduce a la finca La Garganta, el mayor coto de caza de Europa, quince mil hectáreas de bosque y monte bajo poblado de perdices, conejos, ciervos, jabalíes.

La finca pertenece a lord Cavendish, duque de Westminster, la mayor fortuna de Gran Bretaña, que un par de veces al año organiza partidas de caza a las que concurren banqueros, políticos, industriales y aristócratas... *La escopeta nacional.*[330]

El más ilustre invitado es el rey don Juan Carlos. Desciende del coche y después de saludar efusivamente al duque anfitrión que acude a recibirlo pasa por el aburrido trámite de que le presenten a la veintena de obsequiosos invitados. Su ojo experto de inveterado picaflor detecta la presencia de una mujer alta, rubia y atractiva cuyos pantalones de caza están lo suficientemente entallados para sugerir unos muslos suculentos.

330. El duque posee una de las mayores fortunas del mundo, pero es muy depresivo, lo que demuestra, querido lector, que el dinero no da la felicidad, aunque ayude a conseguirla.

Quizá me quede corto en la descripción. Pilar Eyre pinta el encuentro con más poesía: «El rey se detuvo de pronto y se llevó la mano al corazón. Al lado del fuego, resplandeciente como una antorcha, estaba una mujer alta, rubia, de labios sensuales, sonriente y seductora. En aquel ambiente tan masculino, su femineidad resultaba casi obscena [...], suéter marrón de cuello alto y unos ajustados pantalones de cuero».[331]

Un trueno de señora.

Las endorfinas del monarca rebotan en el empedrado del patio como si el helicóptero que los sobrevuela hubiese liberado un contenedor de bolas de cojinetes.

El más cualificado *tombeur de femmes* español, al que la biógrafa Pilar Eyre calcula que ha celebrado la vida con unas mil quinientas amantes,[332] goza de un sexto sentido que lo alerta sobre toda hembra de su especie abatible.

—Corinna zu Sayn-Wittgenstein —la presenta el duque. Ella hace una linda reverencia y sonríe graciosamente.

Si el Campechano fuese aficionado a la lectura, que no lo es, a lo mejor conocía el pasaje en que san Agustín, otro lancero de cuidado, aunque reformado, achaca a la concupiscencia la esencia misma del pecado original.

Llegan criados de librea con tacitas de caldo de pollo y copitas de jerez añejo, mientras se designan los puestos. El Campechano atiende a los inevitables moscones mientras avizora a lo lejos a la beldad rubia. La germanodanesa parece una valkiria extraviada del Valhala.

Aquí sería oportuno citar a Esaú vendiendo su progenitura por un plato de lentejas y a Ricardo III cambiando su reino por un ca-

331. Eyre, 2006, p. 450.

332. No está claro quién se lleva la palma, si el Campechano o Julio Iglesias. Todavía les gana, o eso parece, el novelista belga Georges Simenon, creador del comisario Maigret, que al parecer intimó con unas tres mil, sin contar las putas. Recuerde el abrumado lector que lo que realmente importa es la calidad, no la cantidad, y considere, por otra parte, que el sexo está sobrevalorado, como bien sabemos los que ya hemos cumplido los setenta y cinco.

ballo. El Campechano daría su reino o lo que hiciera falta por tener a la rubia entre sus brazos.

Lo que sea para conseguirla. En tiempos feudales bastaba con decir a los ballesteros de maza de la escolta real: «Me la lleváis a mis aposentos».

Así, en crudo.

Hoy, con la decadencia del *Ancien Régime* hay que perder el tiempo en cortejos y zarandajas.

Se informa sobre ella.

—Es la directora gerente de la agencia de caza Boss & Co. Sporting Agency, que organiza cacerías de alto *standing* en todo el mundo. Actualmente está divorciada.

Armado de su irresistible mismidad, el Campechano se hace el encontradizo.

—Tenemos que intercambiar los teléfonos —le dice disimulando el ansia viva que lo devora—. La caza me interesa mucho.

Es probable que Corinna sospeche que la pieza que anhela cobrar el rey de España sea ella misma. Es una mujer de mundo y, además de muchos tiros dados (por algo se dedica a la caza mayor), tiene referencias del gusto del monarca español por las rubias y espigadas.

Puestos a sospechar, hasta es posible que el encuentro entre la lagarta y su presa no haya sido del todo fortuito.

Corinna ha matrimoniado dos veces, siempre ventajosamente, la primera con Philip Adkins, banquero de inversiones en Citigroup, del que tuvo una hija que no se habla con la madre. La segunda con Casimir zu Sayn-Wittgenstein-Sayn, príncipe alemán gerente de una potente multinacional británica dedicada a la compra y explotación de fincas en todo el mundo. El primer matrimonio duró tres años; el segundo, cuatro, con muchas intermitencias debidas al trabajo.

La afición a las mujeres no distrae el pensamiento del monarca de la otra meritoria pasión de su vida, el ahorro, el aumento del patrimonio tacita a tacita.

Un mes después de la cacería de marras, Juan Carlos deposita 14,9 millones de euros en el fideicomiso JRM 2004 Trust en el paraíso fiscal de la Isla de Jersey. Un año antes, Álvaro de Orleans-Borbón, primo lejano y testaferro del Campechano, cabeza del llamado Clan de Jerez, había constituido en Liechtenstein la Fundación Zagatka.

El 31 de julio de 2008, dos testaferros suizos, Arturo Fasana y Dante Canonica, inscriben la Fundación Lucum en el paraíso fiscal de Panamá y a continuación le abren la cuenta cifrada 505523 en el banco suizo Mirabaud para recibir el cuantioso donativo de 100 millones de dólares (64,8 millones de euros), que Arabia Saudí hace a don Juan Carlos tres días después.

Regresemos a Corinna. Juan Carlos, fiel a su *modus operandi* cuando se topa con una rubia deseable, corteja a Corinna y alcanza sus favores. A diferencia de otras que pasan por su lecho sin pena ni gloria, esta vez queda tan prendado de ella (vulgo, encoñado) que incluso la agrega a su séquito cuando visita Arabia Saudí con un grupo de industriales españoles en 2006.

¿Está el monarca enamorado de Corinna?

Eso parece. Y debe estarlo hasta las trancas cuando está dispuesto a agasajarla con regalos caros, dinero principalmente, con lo agarrado que es. Según ella, en enero de 2009 le propone matrimonio, previo divorcio de la reina Sofía, con la que hace tiempo que el Campechano no se habla (en público disimulan y de vez en cuando bisbisean sin decirse nada). Incluso incurre en la ridiculez de entrevistarse con el padre de Corinna para pedir formalmente su mano.[333]

No son solo palabras. Para mostrar que va en serio, este enchochado se sobrepone a su consustancial tacañería y entrega millón y medio de euros a la bella rubia como ayuda a la compra de un chalet

333. «Mi padre me llamó y me dijo que el rey había ido a verlo y le había dicho que estaba muy enamorado de mí y que tenía la intención de casarse conmigo. [...] Pero preví que sería muy difícil porque podría desestabilizar la monarquía. Por eso nunca lo alenté. Simplemente lo tome como una muestra de la seriedad de la relación» (Olmo y Fernández, 2023, p. 71).

de lujo en los Alpes suizos.[334] En enero de 2011 le regala dos enormes esmeraldas colombianas que más adelante intentará recuperar. También le hace regalos y cariñitos al muchachito de Corinna, Alexander, que lo llama «tío rey» (*uncle king*, supongamos).

«He visto al rey enamorado muchas veces, pero nunca había estado con ninguna como con Corinna —confesaba un íntimo del Campechano—. Estaba lo que vulgarmente se dice encoñado. Estaba obsesionado con ella como no lo había estado nunca. Perdió completamente la cabeza.»[335]

Los amantes.

Finalmente, instaló a su amante en un chalecito cercano a la Zarzuela, la Angorrilla, un pabellón de caza construido por Franco para sus jornadas cinegéticas.

334. No parece que esta fuera la primera muestra de generosidad del monarca. En noviembre de 2010, Corinna recibió 4,4 millones de euros del Gobierno de Kuwait en concepto de honorarios por corretajes entre Kuwait y España (*ibidem*, pp. 16 y 146).

335. *Ibid.*, p. 155.

Aquello era un arreglo provisional. Al propio tiempo, el Campechano buscaba casa en Londres, a donde pensaba trasladarse para estar cerca de Corinna, que en octubre de 2011 había adquirido una lujosa mansión (5,8 millones de euros) en el barrio de Belgravia. Su enamorado español le entregó dos millones de euros para contribuir al pago. Por las mismas fechas donó a su amante de toda la vida, la mallorquina Marta Gayá, un millón de euros (de la cuenta de Lucum).[336]

¿Y estas alegrías? Es que chochea o es que de pronto se ha vuelto espléndido, pródigo, manirroto...

Circula la especie de que gracias a su intermediación, Arabia Saudí ha adjudicado a un consorcio de empresas españolas el contrato del tren AVE, evaluado en 6.736 millones de euros, que unirá las ciudades de La Meca y Medina.

En abril de 2012 cumplía diez años Alexander, el hijo de Corinna al que el Campechano adoraba, porque lo había visto crecer.

—¿Qué te parece si le regalamos un safari en Botsuana?

Botsuana es un país situado al norte de Sudáfrica. Tiene un tamaño ligeramente superior al de España, pero en un 70 % está ocupado por el desierto de Kalahari.

El delta del Okavango es un paraíso cinegético para turistas pudientes, incluso millonarios, que quieren hacerse la ilusión de explorar los lugares más inexplorados de África sin por ello renunciar a todas las comodidades a las que por su nivel económico están acostumbrados.

Estás en medio de la selva con leones, elefantes, jirafas y cebras, pero siempre tienes a mano una bebida refrescante y puedes dormir en cabañas con techo de paja, pero comodidades de un hotel de cinco estrellas, aire acondicionado, cama enorme y comodísima. Y luego está la posibilidad de cazar uno de los cinco grandes: búfalo, elefante, leopardo, rinoceronte y león.

336. *Ibid.*, p. 17. Marta Gayá abrió una cuenta en la banca suiza Mirabaud para recibir esa cantidad.

España padecía la crisis económica más grave de la democracia. Cientos de miles de españoles perdieron el empleo.[337] A la escalada de precios acompañaron drásticas medidas gubernativas como reformar la Constitución para garantizar el pago de la deuda, congelar pensiones, reducir el gasto público y rebajar el salario de los funcionarios. El agobio de la ciudadanía se manifestó en el dramático aumento de desahucios (cuatrocientos mil entre 2007 y 2012).

En su discurso de Navidad, el rey había encomendado a los españoles «el ejercicio de grandes valores y virtudes, como el sacrificio y la honradez». En el del año de Urdangarin, había dicho: «La justicia es igual para todos. Las conductas censurables deben ser sancionadas [...]. Necesitamos rigor, seriedad y ejemplaridad en todos los sentidos. Todos, sobre todo las personas con responsabilidades públicas, tenemos el deber de observar un comportamiento adecuado, un comportamiento ejemplar».[338]

El mismo día en que la prensa se hacía eco de la cantidad de personas que hacían cola en los comedores de beneficencia y del incremento de suicidios, el monarca que supuestamente debía velar por su pueblo cometió la irresponsabilidad de ausentarse para un safari en el resort africano de Botsuana, al otro extremo del mundo, en compañía de su amante, el hijo de esta ¡y el exmarido de la amante!

Un quinto miembro se une a la expedición, cuando están sobre el terreno, Mohamed Eyad Kayali, millonario hispanosirio, asesor del rey Fahd, gestor de quince sociedades *offshore* panameñas, amigo del Campechano, que correrá con los cincuenta mil euros de la factura.

Los cazadores han contratado la empresa de safaris de Johan Calitz, un intrépido cazador que tiene por norma colocarse al lado del

337. Un máximo histórico en el primer trimestre de 2013 con más de 6.200.000 parados (un 27,16 %), con un paro juvenil (desempleados menores de veinticinco años) de más de 960.000 personas (57,2 %).

338. Véase <https://www.rtve.es/noticias/20111224/texto-integro-del-discurso-navidad-del-rey/484717.shtml>.

cliente y, si este falla el tiro, él tumba la presa de un disparo certero entre los ojos y salva la situación.

El resort de safaris Joverega ofrece a sus huéspedes todas las comodidades deseables, lujosas cabañas individuales con los servicios de un hotel de seis estrellas y *catering* comparable al de cualquier restaurante de cuatro tenedores.

Todo discurre como estaba previsto. De día, tras un desayuno fuerte, expedición de caza; al caer la tarde, cena reparadora seguida de larga conversación nocturna en el porche, rodeados de los sonidos de la selva, mientras se degustan exquisitas bebidas.

El suministro de piezas es tan seguro como cuando Franco pescaba salmones en un río preparado al efecto. Al día siguiente de la llegada, el Campechano y Kayali abaten sendos elefantes.

El Campechano goza de la vida mientras su pueblo las pasa canutas. Nunca se hubiera conocido esta irresponsabilidad suya si en la noche del 12 al 13 no hubiera ocurrido un accidente que lo destapó todo.

Sobre las cinco de la mañana, el Campechano se levanta para ir al baño, tropieza, cae al suelo y se fractura la cadera (o quizá se fractura la cadera y en consecuencia cae). Postrado, pide auxilio. Acude el servicio y lo ayuda a regresar a la cama, pero los dolores son tan intensos que sus alarmados escoltas deciden suspender la aventura y que el Campechano regrese a Madrid para hospitalizarse.

El augusto indispuesto, su amante y el pequeño Alexander aterrizan discretamente con una aeronave privada de la compañía VistaJet en el aeropuerto militar de Torrejón de Ardoz.

Discreción ante todo. En la lista de pasajeros, el CNI hace constar al campechano bajo el nombre ficticio de José García Gómez.

Como toda precaución es poca para evitar el escándalo, el general Sanz Roldán, jefe del CNI, de acuerdo con la casa del rey, decide que Corinna regrese inmediatamente a Londres. Aquella noche la hospedan en el hotel Villamagna y al día siguiente la fuerzan, quizá poco delicadamente, a continuar el viaje. Al contrario que otras veces, nadie acude a despedirla al aeropuerto.

Avisan del accidente a la reina, que está en Grecia, asistiendo a la Pascua ortodoxa. Ella se toma su tiempo y solo regresa a los tres días para visitar al aborrecido esposo brevemente, unos treinta minutos de cara a la prensa.

La nota oficial emitida por la Zarzuela habla de una intervención quirúrgica por la fractura de tres fragmentos de la cadera derecha del monarca y de la colocación de una prótesis de cadera, pero a lo largo del día se filtra a la prensa la noticia del safari en Botsuana y una fotografía (del año 2006) en la que aparece el Campechano fusil en mano junto a un elefante difunto.[339]

El Campechano y su elefante.

339. En la fotografía, el Campechano aparece en compañía del experto cazador Jeff Rann, director propietario de la empresa Jeff Rann Safaris, cuya publicidad explica que «un safari es un viaje y cuando se acompaña con las personas adecuadas resulta una experiencia satisfactoria para todos. He establecido vínculos de estrecha amistad que durará toda la vida con muchos clientes míos. Compartir una experiencia tan emocionante crea un vínculo perdurable». Aquel safari lo pagó Alberto Alcocer.

¿El rey derrochando el dinero que nos extirpa Hacienda en un safari de lujo mientras los empresarios despiden a sus empleados y el país se sitúa al borde de la quiebra?

La noticia hace el efecto de un torpedo bajo la línea de flotación de la nave juancarlista.

¿De dónde procede la filtración? ¿Será de la propia casa real para escarmentar/derrocar al irresponsable?

El Campechano se ve obligado a comparecer, lastimoso, con dos muletas, ante las cámaras de televisión para balbucear con gesto vergonzante:

—Lo siento mucho. Me he equivocado. No volverá a ocurrir.

Un texto posiblemente preparado que suena a insincero. El fervor juancarlista de los españoles decrece notablemente.

Una semana después, Corinna recibe en su móvil el aviso de que «unos amigos de Madrid» han contratado a una empresa de seguridad para su protección.

—¿De quién hay que protegerme? —se pregunta Corinna, alarmada—. ¿Es que estoy en peligro? ¿Es para mi protección o para espiarme?

Telefonea al Campechano para aclararlo, pero las evasivas respuestas del egregio amante la intranquilizan aún más.

—Es para que no te molesten los *paparazzi*.

Será para algo más, sospecha Corinna. Especialmente cuando la compañía de seguridad privada Algiz Security, subcontratada por el CNI, allana su mansión monegasca y las oficinas de su empresa y le confisca veinticuatro cajas de documentos y fotografías relacionados con el Campechano.

Corinna entra en pánico. El 5 de mayo de 2012, el general Félix Sanz Roldán, director del Centro Nacional de Inteligencia (CNI), vuela a Londres para tranquilizarla y de paso le solicita cualquier documento que tenga susceptible de perjudicar al Campechano.

El escándalo de la cacería de Botsuana alcanza Suiza. La banca Mirabaud teme que el caso del Campechano y su amante le atraiga una inspección de la Fiscalía suiza, dado que su depósito secreto de 65 millones de euros incumple la normativa helvética sobre blanqueo de capitales.

—Tiene que liquidar la cuenta —advierten al Campechano—. Tan pronto como sea posible, señor.

El Campechano sale del paso transfiriendo la fortuna a una cuenta de Corinna,[340] un arreglo provisional hasta que, con más reposo, encuentre una nueva entidad a la que confiar la fortuna. Corinna acepta, pero solo como donación bien documentada para que no puedan acusarla de fraude a Hacienda.

A la rotura de la cadera suceden otras intervenciones quirúrgicas que deprimen al Campechano.[341]

Bajo de ánimo, intenta refugiarse en Corinna. En agosto de 2013, la solicita nuevamente en matrimonio, pero ella está menos entusiasmada con la idea, superada la pasajera tentación de convertirse en Corinna de Borbón.

El Campechano pasa la Nochevieja con Corinna en Omán. Días antes, en su tradicional discurso de Navidad, habla del «compromiso ético que la sociedad española reclamaba a sus políticos» y menciona «los casos de falta de ejemplaridad en la vida pública», como si el asunto no fuera con él.

En España, la tormenta de descrédito no amaina. Forzado por las circunstancias, el cansado y deprimido Campechano tira la toalla, abdica, y cede la corona a su hijo y heredero, el príncipe Felipe (19 de junio de 2014).

En estos meses, el Campechano le ha endosado a Corinna algunas facturas a cuenta de los 65 millones de euros. Al principio, ella las paga sin rechistar, pero un día decide que no pagará más, que el dinero es suyo, como consta documentalmente.

340. Son 52.749.390 euros; 3.778.983 francos suizos y 14.493.993 dólares (Olmo y Fernández, 2023, p. 18).

341. Lo operaron de la cadera izquierda en noviembre de 2012; de hernia discal, en marzo de 2013, y nuevamente de la cadera, en septiembre de 2013.

Escamado por esa actitud, el 16 de septiembre 2014, el Campechano requiere de Corinna la devolución del dinero que le entregó dos años atrás.

Ella le responde con el equivalente germánico de «santa Rita, Rita, lo que se da no se quita».

En ese punto termina bruscamente el idilio. Recuerden el dicho argentino, «en acabándose la plata, el amor se desbarata». En lo sucesivo todo serán desavenencias, sospechas y desencuentros.

El CNI ha aumentado la presión sobre Corinna con detalles tan feos como penetrar subrepticiamente en su apartamento y dejarle sobre la cama un libro que relata la muerte supuestamente provocada de la princesa Diana de Gales.

Asustada, Corinna confía sus miedos a su íntima amiga Vanessa von Zitzewitz, la esposa de Juan Villalonga, el que fuera presidente de Telefónica. La pareja le aconseja contraatacar y la pone en contacto con el inefable excomisario José Manuel Villarejo.

¡Villarejo! Bajo su anodina apariencia externa, este hombrecillo encorvado por problemas de columna y tocado por una sempiterna gorra que le da aspecto de tratante rural esconde a un antiguo policía marrullero y astuto que ha amasado una fortuna con su empresa de servicios privados parapoliciales.

Villarejo se reúne con Corinna en Londres en dos ocasiones (en junio, acompañado por Villalonga, y en octubre de 2015, esta vez a solas). El expolicía graba la conversación con un micrófono oculto, una vieja costumbre suya.

La asustada Corinna desembucha cuanto sabe del Campechano. Le confirma que cobró los 65 millones de euros como comisión por la concesión del AVE de La Meca a empresas españolas y otros datos no menos sabrosos sobre los tejemanejes financieros del Campechano con su primo Álvaro de Orleans.

La grabación recoge que cada vez que el Campechano viajaba a Oriente Próximo «regresaba con tres, cuatro o cinco millones de dólares y que tenía en Zarzuela una máquina de contar dinero. El dinero es para él como una adicción. Cada vez que cuenta el dinero se pone como un niño. Se muere por el dinero. Está obsesionado con el oro, los diamantes y los relojes. Un día le dije en broma: "Eres Ceaucescu", y se enfadó mucho conmigo».[342]

—Si tú quieres te llevas la monarquía por delante —le asegura Villarejo a la vista de aquellas revelaciones.[343]

—No quiero hacer daño, solo que dejen de acosarme.

El excomisario se ha convertido en una molesta piedra en el zapato del CNI. En el pasado había intervenido en casos tan sonados como la financiación fraudulenta del clan Pujol (expresidente de Cataluña) y los papeles de Bárcenas incriminatorios del Gobierno del PP. La información acumulada por el polizonte en esos años es potencialmente perjudicial para el Estado. Lo tratado con Corinna es de gran interés para la casa real, el CNI, la Fiscalía y hasta para el nuevo e incordiante partido Podemos.

El 3 de noviembre de 2017, el CNI, en combinación con los Asuntos Internos de la Policía, consigue incriminar a Villarejo ante la justicia. Lo detienen y registran su domicilio de Boadilla del Monte, así como sus inmuebles y oficinas «para incautarse de todo tipo de pruebas».

Los policías se llevan decenas de ordenadores, memorias portátiles y otros soportes informáticos. Allá van los miles de audios que Villarejo grabó durante décadas, y también los de Corinna.[344]

El asunto parece resuelto y el peligro neutralizado cuando el 11 de junio de 2018 estalla la bomba: los periódicos *El Español* y *OKdiario* comienzan a publicar las grabaciones de Villarejo con Corinna. Al parecer, Villarejo había conservado otras copias en lugares seguros.

¿Qué ha ocurrido? Que el truhan de Villarejo, viéndose perdido, suelta lastre para salir a flote y se revuelve como un jabalí herido contra la augusta persona hasta entonces intocable.

342. Olmo y Fernández, 2023, pp. 183 y 273.
343. *Ibidem,* p. 180.
344. *Ibid.,* p. 190.

Las grabaciones revelan «la doble vida del jefe del Estado, que no guardaba ningún parecido con lo que la casa del rey había trasladado a los españoles desde la Transición, [...] que el Campechano atesoraba decenas de millones de euros de origen dudoso en sus cuentas de Suiza y que su matrimonio con la reina Sofía era una farsa desde hacía cuatro décadas».[345]

En octubre de 2018, el fiscal del cantón suizo de Ginebra Yves Bertossa sospecha que las supuestas comisiones de las que habla Corinna pueden haber acabado en bancos de su país. Investiga las dos fundaciones instrumentales del Campechano en Panamá (Lucum) y Suiza (Zagatka).

Corinna declara que los 65 millones de euros que recibió del Campechano «fueron una donación por gratitud, por amor, porque quería recuperarme, no porque quisiera deshacerse del dinero».[346] La Fiscalía suiza no consigue demostrar que los 65 millones no fueran una donación de Arabia Saudí y cierra el caso con una multa al banco Mirabaud.

El 5 de marzo de 2019, los abogados de Corinna piden al rey Felipe VI mediante carta formal que cese el acoso al que la está sometiendo su padre. Lo culpan de haber intentado implicarla en el caso Nóos (Iñaki Urdangarin) y en el cobro de comisiones por el AVE a La Meca.

Preocupado por el cariz que toma el caso, diez días después, el 15 de marzo de 2019, el Campechano vuela a Londres y se entrevista con Corinna en su casa de Eaton Square.

Ella le reprocha que vaya diciendo por ahí que le ha robado 65 millones de euros cuando él sabe que se los regaló.

El objeto de la visita era acordar las paces, pero no llegan a ningún acuerdo. Unos días después, los abogados de Corinna envían una segunda carta a Felipe VI dando cuenta de la visita del emérito.

345. *Ibid.*, p. 195.
346. *Ibid.*, p. 21.

Paralelamente, en junio, noviembre y diciembre de 2020, la Fiscalía General del Estado española abre tres investigaciones sobre el presunto patrimonio oculto del Campechano:

1. Los 65 millones de euros, regalo de Arabia Saudí, que se sospecha que son el corretaje por el AVE a La Meca.
2. La fortuna descubierta en el paraíso fiscal de Jersey.
3. Una cuenta de dinero opaco con el que se financia la familia real al completo.

El caso es que normalmente las comisiones las paga el que recibe el contrato, no el que lo concede. Por otra parte, el Campechano recibió los presuntos 65 millones de euros tres años antes de que las empresas españolas concurrieran en el concurso para la construcción del AVE a La Meca.

Conclusión: esos 65 millones de euros no responden al corretaje del AVE. Probablemente, son la recompensa que recibe el Campechano por ayudar a lavar la deteriorada imagen saudí en los foros internacionales.

Anticipándose a las acciones de la Fiscalía, el Campechano realiza dos regularizaciones ante la Agencia Tributaria, la primera de 678.393 euros (diciembre de 2020); la segunda por 4,4 millones de euros (febrero de 2021).[347]

Guardando las apariencias, el Campechano recurre a sus fieles vasallos para cubrir esta deuda. Algunos se inhiben, puesto que en su nueva condición de emérito «ya no les era útil para el *business*»,[348] pero otros contribuyen, entre ellos Alicia Koplowitz, que por algo es marquesa del Real Socorro.

347. Pagó 4.416.757 euros para evitar incurrir en delito fiscal, importe de los gastos no declarados entre 2014 y 2018. Los anteriores habían prescrito (*ibid.*, p. 24).

348. *Ibid.*, p. 124. Entre estos se cuentan los Albertos, Juan Abelló y José Manuel Entrecanales.

A raíz de estas regularizaciones, la Fiscalía General del Estado se da por satisfecha y archiva las investigaciones sobre el patrimonio oculto del Campechano (2 de marzo de 2022).

En diciembre de 2022, Corinna demanda al Campechano ante la justicia británica por supuesto acoso continuado. La despechada ricahembra pide ¡146 millones de euros!, como indemnización por los supuestos daños, «tanto de salud mental como de reputación, que le habrían ocasionado el acoso y el espionaje a los que fue sometida desde 2012», supuestamente por orden del Campechano, como presión para que le devolviera los casi 65 millones de euros transferidos «por gratitud y amor».

También hace constar los cuantiosos gastos que le ha ocasionado la «instalación de medidas de seguridad personal y servicios diarios de protección», así como la contratación de «exdiplomáticos y exfuncionarios del Gobierno» para terminar con el citado acoso.

El 6 de diciembre de 2022 el Tribunal de Apelaciones de Inglaterra y Gales establece que don Juan Carlos gozaba de inmunidad en el periodo anterior a su abdicación (2014). Si, según la demandante Corinna, el presunto acoso había ocurrido entre 2012 y 2020, solo sería punible partir de 2014.[349]

Finalmente, el rey Juan Carlos ha ganado la batalla judicial a Corinna en su demanda por presunto acoso.

El Campechano reside desde agosto de 2020 en la isla Zaya Nurai, perteneciente a Abu Dabi, uno de los siete Emiratos Árabes Unidos situados bajo la tutela de la familia saudí, un retiro dorado donde, según confesión propia: «He encontrado tranquilidad para este periodo de mi vida». En el comunicado de su despedida justifica su residencia fuera de España en «el convencimiento de prestar mejor servicio a los españoles, a sus instituciones y a su hijo como rey».

349. La demanda denunciaba hechos menudos, como que un sujeto «de apariencia mediterránea» (o sea, español) la abordara por la calle el 11 de noviembre de 2020 y le espetara: «*Hi, you must stop*» («Hola, debes detenerte»).

En Abu Dabi, el Campechano puede disfrutar de un clima ideal, lejos de los rigores invernales de Madrid, en una lujosa residencia que consta de «seis habitaciones, siete baños, amplio patio, playa privada, sala de juegos, *jacuzzi*, billar, futbolín, cine, despacho, enfermería y piscina con temperatura regulable».[350]

El servicio de la casa está formado por dos criados filipinos y un mayordomo (en realidad, tres ayudantes de cámara o mayordomos pagados por Patrimonio Nacional que se turnan).

En Abu Dabi, el Campechano observa la vida tranquila de cualquier jubilado: hace gimnasia, se desplaza en un estupendo SUV Cadillac blanco y cuida su alimentación con frecuentes visitas a los restaurantes vips de la isla, aunque en la despensa de su mansión no falte el jamón serrano y ni en su bodega los vinos españoles. «Su risa de niño, franca, dulce, ilumina de tanto en tanto la estancia», escribe la biógrafa Laurence Debray.[351]

Se especula que la residencia en Abu Dabi, de fiscalidad impenetrable y a cubierto de la Agencia Tributaria, «puede servirle al Campechano para preparar la más conveniente ingeniería patrimonial para dejar el día de mañana a sus herederos un patrimonio que no les acarree responsabilidades de tipo fiscal».[352]

350. *Ibid.*, pp. 285-286.

351. Si no fuera porque la edad provecta del monarca no consiente ciertas alegrías, sospecharíamos que también le ha dado el salto.

352. Véase <https://www.elmundo.es/loc/casa-real/2023/02/05/63dce18521efa0011c8b45a6.html>.

CAPÍTULO 63

El caso de los árbitros sobornados

Que el Barça es una de las *senyals d'identitat* catalanas está fuera de toda duda, como lo muestran las ardientes manifestaciones patrióticas del Camp Nou y el extensivo uso de su camiseta entre los fieles independentistas, unas veces con los colores del club y otros en combinación con los de la *senyera*.[353]

A la luz de esta constatación, resultó especialmente doloroso que el 15 de febrero de 2023, día de santa Ágape, virgen y mártir, estallara la noticia de que la justicia españolista se entrometía en ciertos pagos realizados por el Barça a José María Enríquez Negreira, exárbitro de fútbol y vicepresidente del Comité Técnico de Árbitros (CTA) entre 1994 y 2018.

Negreira habría recibido unos siete millones de euros entre 2001 y 2018 que, presuntamente, no obedecían a ningún servicio.

353. En todos ellos, como marca de autenticidad, el rótulo «Qatar», que hoy sustituye al antiguo de «Unicef» y remite al patrocinio del club (30 millones de euros anuales) por la progresista fundación islámica («los valores de Qatar son los valores del Barça», dijo el presidente en el acto que solemnizó la firma del acuerdo). ¿Idénticos valores? Es el caso que en el paisito petrolero podrido de pasta los tribunales aplican la *sharía*, la ley islámica incompatible con los derechos humanos, y que existen fundadas sospechas (corroboradas por Gerd Müller, el ministro alemán de Cooperación y Desarrollo) de que Qatar esté financiando al Estado Islámico (ISIS). Sin embargo, estas consideraciones extradeportivas no deben empañar la limpia relación del Barça con su patrocinador. La pela es la pela (Libertad Digital, 2014).

Requerido por los inquisidores de la Agencia Tributaria, Negreira sostuvo con gran presencia de ánimo que el Barça lo remuneraba para asegurarse de que los árbitros no perjudicarían al club, tan perseguido por el centralismo estatal a pesar de que, en su tiempo, fue el único club que le regaló dos medallas de oro al Caudillo.[354]

José María Enríquez Negreira,
como árbitro de primera división.

O sea, en el fondo, el inocente Barça era víctima de una mafia arbitral: «Si no pagas, a lo mejor no veo las faltas que comete el equipo contrario».

354. La primera en 1971, en agradecimiento por los 43 millones de pesetas donados por el Estado para la construcción del Palau Blaugrana y el Palacio del Hielo. La segunda en 1974 en conmemoración del 75.º aniversario del club.

Negreira subestimaba a los funcionarios de la Agencia Tributaria. Antes de pergeñar esa explicación debería haber considerado que son gente de carrera, que han superado unas oposiciones difíciles y que están acostumbrados a lidiar cotidianamente con infractores francamente listos que los ponen a prueba.

—No cuela —le dijeron.

¿Qué decía el Barça?

—No consta contrato alguno y, en todo caso, las personas que formalizaron el trato no pertenecen ya al club.

Hacienda no pudo demostrar que los árbitros estuvieran comprados y que ello influyera en los resultados. Aunque sospechaba que los sobresueldos en dinero negro se repartieron entre Negreira y otras personas del mundo del fútbol.[355]

Consta que Negreira invirtió al menos una parte del dinero en obsequios para los árbitros de primera división, entre ellos, jamones patanegra, entradas para partidos de fútbol, sombrillas de playa y bolsas enfriadoras de pícnic. Para los de segunda y tercera división no consta obsequio alguno, aunque en justicia les hubiera correspondido al menos una paletilla de cebo de esos que los supermercados saldan pasada la Navidad..., un detalle, una pequeña compensación, un reconocimiento a una profesión tan bonita como arriesgada y no siempre bien considerada.

El Real Madrid, histórico rival del Barça, acogió la noticia de los sobornos con preocupación y convocó una junta de urgencia para el día siguiente. Después de intensa discusión, emitió un comunicado: «El club reitera su plena confianza en la acción de la justicia y ha acordado que, en defensa de sus legítimos intereses, se personará en el procedimiento en cuanto el juez lo abra a las partes perjudicadas».

355. Los pagos afectaban a siete empresas: Dasnil 95 S. L. (propiedad de Negreira), Nisdal SCP (propiedad de Negreira); Soccercam SLU (propiedad de Negreira); Estudio ATD, Tresep 2014 S. L. (propiedad de Josep Contreras, exdirectivo del Barça), Best Norton S. L. y Radamanto S. L. (ambas propiedad del abogado de Josep Contreras).

Decepcionante actitud del Madrid. En lugar de solidarizarse con el Barça, lo ataca. Ya no hay compañerismo en el deporte, ni caridad entre cristianos.

¿Qué pensar? *Do fuir?* A los buenos aficionados nos consuela saber que la Real Federación Española de Fútbol maneja más del 1 % del PIB español y 137 millones de euros de gestión propia. En cuestiones de transparencia, nos consuela saber que ocupa el puesto cincuenta y seis de sesenta y cinco federaciones deportivas (veintisiete puntos sobre cien), lo que en términos académicos equivaldría a un suspenso clamoroso, pero no cero absoluto, menos mal. Admitamos que esa nota es mejorable (y empeorable). Añadamos que solo catorce de las doscientas nueve federaciones nacionales de fútbol publican sus presupuestos y las retribuciones de sus cargos.

—Porque en lugar de perder el tiempo en papeleos estamos en lo hay que estar: en meter goles. Con un par.

Pruebas no hay de que exista corrupción en el fútbol español. El hecho de que los presidentes de los principales clubs, los que manejan auténticas millonadas, sean todos filántropos de probada moralidad debería tranquilizarnos a los que cada semana asistimos a las vicisitudes de la Liga y a los que hacemos nuestra quiniela con la ilusión de acertar los catorce.

CAPÍTULO 64

El caso de la septicemia del sistema o el entremés de cómo España se convirtió en una cleptocracia

Democracia significa «gobierno del pueblo»; *cleptocracia* significa «gobierno de los ladrones».[356] En páginas anteriores hemos constatado que todos nuestros Gobiernos de la etapa democrática (de la dictadura ni te cuento) se han pringado con prácticas delictivas: comisiones, sobornos, falsificación de documentos, cohecho, etcétera, siempre relacionadas con dinero ilegítimo.

Cuando una democracia legítima cae en manos de partidos que basan su clientelismo político en la corrupción y el nepotismo, podemos asegurar que tenemos una cleptocracia, por mucho que cada cuatro años el ciudadano acuda a las urnas y piense que su voto garantiza la decencia del sistema.

Admitámoslo: España, que empezó su andadura democrática tan ilusionada, se nos ha convertido en una cleptocracia. «Las corporaciones locales, entes regionales, televisiones públicas y demás organismos inútiles que se han creado en la hiperinflada y politizada Administración española se han convertido en auténticas cuevas de ladrones donde el Alí Babá de turno entierra las fechorías de su predecesor bajo la alfombra a cambio de su silencio cómplice durante su legislatura».[357]

356. Del griego δῆμος *(dḗmos)*, «pueblo», κράτος *(krátos)*, «gobierno», y κλέπτης *(cleptés)*, «ladrón».

357. Rufino Aguado y Fernando G. Romanillos (BRS Auditores), entrevistados en el pódcast *El espía en el Congreso*, Radio 3w.com (publicado en internet, 9 de julio de 2015).

No digo que todos los políticos sean corruptos, líbreme Dios de pensar tal cosa. Lo que digo es que todos los partidos, los tradicionales al menos, son corruptos. Y el político que quiere medrar en ellos fatalmente se acaba corrompiendo, sea por comisión (metiendo la mano en la caja para el partido o en provecho propio), sea por omisión (cuando conoce prácticas fraudulentas de sus compañeros y no las denuncia).[358]

De este mismo pecado de omisión no está limpio el ciudadano que sigue votando a políticos imputados e incluso condenados.

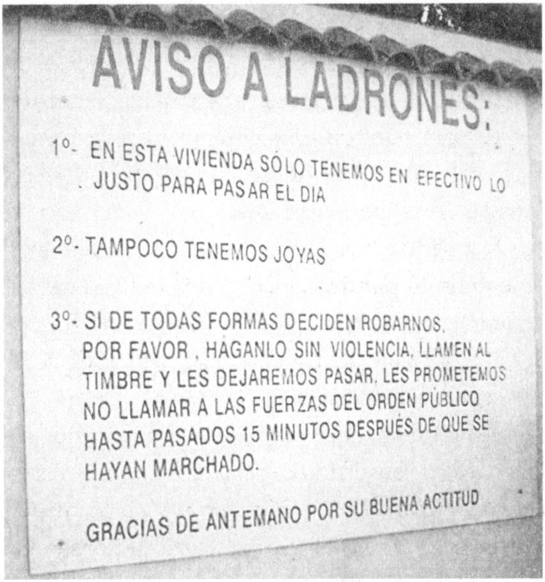

Cartel de aviso para ladrones.

358. En los partidos se practica la *omertà*, la ley del silencio, con mayor severidad que entre los mafiosos sicilianos. Al diputado Jorge Trias Sagnier se le ocurrió denunciar la corrupción imperante en su partido y se vio arrojado a las tinieblas exteriores, con pérdida de amistades y ruina del bufete de abogados en el que trabajaba. «Fue el típico fichaje de personalidad independiente que hacemos en el PP y luego nos sale rana», reconoció un dirigente del partido. El exdiputado es también autor de un libro de poemas de título revelador: *Desde la incertidumbre.*

Epílogo

Terminé el libro y se lo di a leer a mi director espiritual, el padre Fornell S. J. Pasados unos días le pregunté:

—Padre, ¿qué le ha parecido el libro?

—No está mal, pero lo encuentro incompleto. Hablas mucho de la corrupción de los poderosos y casi nada de la de los desgraciados, que si no son corruptos es porque no se les ha presentado la ocasión, no porque sean más honrados que los otros.

Una vez encontré una pintada en la puerta de un retrete: «El que no roba es porque no puede». Aristóteles no lo hubiera explicado mejor. La corrupción, correlato de la avaricia española, es ya sistémica, es un mal social imposible de erradicar. El robo se ha banalizado: el ciudadano que puede vive en la economía sumergida, trabaja con dinero negro y evita pagar el IVA.

Usted, yo, la vecina del quinto, el funcionario del segundo izquierda... Todos. Somos una sociedad corrupta que reelige a políticos manifiestamente corruptos.

—Quizá en mi inconsciente no he querido enemistarme con el lector defraudador, *mon semblable, mon frère!* —reconocí al padre Fornell S. J.

—Además, en tu libro echo a faltar los tres principales negocios en los que se manifiesta la avaricia en todo su esplendor: el petróleo, las armas y la droga, que a su vez incluye los legales, las farmacéuticas, y los ilegales, el narcotráfico.

—Lo sé, padre —reconocí—, pero esta omisión ha sido enteramente voluntaria: es que la luz del entendimiento me hace ser muy comedido.

—Eso es de García Lorca.

—Sí, padre, pero también la Biblia dice: «La prudencia es fuente de vida para el que la tiene» (Proverbios 16, 22). Por eso, padre, porque quiero alargar mi vida, me he guardado de mencionar en este libro los negocios de algún comisionista importante que ha cimentado su avaricia traficando con petróleo o con armas.

El padre Fornell S. J. sonrió mefistofélico antes de proseguir.

—Me estoy acordando de una cita de Mateo 10, 16: «Mirad que yo os envío como ovejas entre lobos; por eso, sed sagaces como serpientes y sencillos como palomas».

—Pues eso, padre.

Conclusión

El español es por naturaleza rumboso y desprendido, solo hay que ver a esos amigos que en los restaurantes se pelean por pagar. Por eso raramente peca de avaricia (afán de poseer muchas riquezas por el solo placer de atesorarlas sin compartirlas con nadie). Sí peca, sin embargo, y mucho, de otro pecado que suele ser el envés de la avaricia: la codicia (afán de acumular bienes). Recordemos las palabras de Lerroux: «Defecto de la raza española cuando se ha padecido pobreza y hambre: codicia y avaricia».[359]

La codicia no conoce colores políticos ni ideologías. En ella incurren tanto Sánchez Gordillo, el famoso demagogo de Marinaleda, como el exministro de Hacienda Rodrigo Rato.

Los españoles adoramos la ganancia fácil y la acumulación de bienes, el pelotazo. Por eso, invertimos más en loterías, quinielas y sucedáneos que en libros y bienes culturales. Por eso, también, caemos fácilmente en los timos que excitan la codicia, el tocomocho, la estampita y esas estafas piramidales inventadas por la mítica doña Baldomera Larra, que de vez en cuando afectan a miles de ahorradores (Sofico, Fórum Filatélico, Nueva Rumasa, burbuja inmobiliaria, cuentas preferentes, etcétera).

De la codicia no se libra ni el caudillo Franco.[360] Aceptemos que

359. Lerroux, 1963, p. 647.

360. Recordemos: «Quiso labrarse un colchón y amasó una fortuna de 34 millones de pesetas, o sea, 388 millones de euros al valor de 2010» (Viñas, 2015, p. 292).

el español no es avaro, pero sí codicioso. La codicia es pecado venial cuando se fundamenta en el esfuerzo y en el trabajo, pero tiene menos disculpa cuando recurre al latrocinio como es el caso de la codicia del gorrón.

¿Quién no ha topado con un gorrón en su vida? Tenía yo un conocido, Artemio se llamaba, que dejaba que los demás pagaran las sucesivas rondas y cuando le tocaba a él pretextaba una urgencia y rápidamente abandonaba el grupo. Eficiente canapero, se colaba en bodas para comer de balde. En la de mi hija se situó estratégicamente junto al cortador del jamón y trasegó, él solo, medio pernil de Jabugo, manjar que, al parecer, sabe mejor cuando es gratis.

Hay gorrones de poca monta, como el descrito, y gorrones eximios como el *molt honorable* Jordi Pujol, que gorronea las bebidas del equipo que ha acudido a entrevistarlo.[361]

El gorroneo hispánico se extiende también a las pequeñas sustracciones en el lugar de trabajo: el militar que se lleva los chuscos a casa, el sanitario que se surte de medicinas para uso personal, la limpiadora que sisa detergente, el cocinero que distrae un solomillo, el oficinista que sustrae folios...

Podría pensar el lector que la avaricia es cosa de ricos, de plutócratas, de los tradicionales explotadores del pueblo sencillo y trabajador. Nada de eso. Esa podredumbre moral también ha inficionado a la parte más noble del cuerpo social, a los parias de la tierra, a la famélica legión, al honrado obrero. Recordemos el chasco de la Casa del Pueblo contado páginas arriba.

Terminemos con un dicho popular que combina orgullo y codicia, dos pecados muy españoles: «A mí no me deis dinero: ponedme donde lo haya». Al que cabe añadir esta reflexión escrita —como ya contaba— por mano anónima en la puerta de un retrete: «El que no roba es porque no puede».

Dejémoslo aquí, dilecto lector, que no quiero robarle más tiempo.

361. Miravitllas, 1992, p. 49.

Bibliografía recomendada

ABC (redacción), «Gustavo Cisneros, una amistad que nació en Galerías Preciados», *ABC*, 20 de julio de 2009.

AGUILAR, Rafael A., «Entrevista a Enrique Miret Magdalena», *Revista del Domingo*, 17 de octubre de 2004, pp. 8-9.

ALAM, Asadollah, *The Shah and I: The Confidential Diary of Iran's Royal Court, 1968-77*, Alinagh Alikhani, Londres, 1991.

ALGORA GORBEA, José, *El hombre, la mujer y el problema sexual*, Heraldo de Aragón, Zaragoza, 1952.

ALMIRALL, Valentí, *España tal como es (la España de la Restauración)*, Seminarios y Ediciones, Madrid, 1972.

AMORÓS, Francesc, *Isla de Pascua: el sueño imposible de Antoni Pujador*, Sirpus, Barcelona, 2006.

ANSON, Luis María, «Integridad y coherencia de Ortega», *El Cultural*, 12 de octubre de 2006.

ARALUCE, Gonzalo, «Pedro Sánchez moviliza el Falcon para ir al concierto de Serrat en Barcelona», *VozPópuli*, 23 de diciembre de 2021, <https://www.vozpopuli.com/espana/pedro-sanchez-moviliza-falcon-concierto-serrat-barcelona.html>.

ARENEROS, Florentino, «*Bárcenas y el estraperlo. El otro caso de los sobres en la II República*», Sol y Moscas, 8 de febrero de 2013, <http://florentinoareneros.blogspot.com/2013/02/barcenas-y-el-estraperlo.html>.

ARRARÁS IRIBARREN, Joaquín, «Las ideas y los hechos. Actualidad española», *Acción Española*, n.º 41, 1933.

AZAÑA, Manuel, *Memorias políticas y de guerra*, Crítica, Barcelona, 2000.

—, *Obras completas*, Oasis, México, 1966.

—, *Obras completas de Manuel Azaña*, 7 vols., Centro de Estudios Políticos y Constitucionales, Madrid, 2007.

Azpiazu, José Antonio, *Esclavos y traficantes: historias ocultas del País Vasco*, Tártalo, San Sebastián, 1997.

Azúa, Félix de, «La verdadera causa de la guerra civil», *El País*, 21 de diciembre de 1986.

Bahamonde, Ángel, y José Cayuela, *Hacer las Américas: las élites coloniales españolas en el siglo xix*, Alianza, Madrid, 1992.

Barnes, Héctor, G., «La fundación alemana que puso en el poder a Felipe González», *El Confidencial*, 28 de febrero de 2016, <https://www.elconfidencial.com/alma-corazon-vida/2016-02-28/como-socialismo-aleman-reinvencion-puso-poder-psoe-felipe-gonzalez_1158700/>.

Baroja, Pío, *Los pilotos de altura*, Caro Raggio, Madrid, 1995.

Basante, Jesús, «Los obispos españoles rompen públicamente con las políticas del PP y piden perdón por primera vez», *elDiario.es*, 27 de abril de 2015.

Bedoya, Juan G., «Las cuentas del catolicismo español», *El País*, 30 de septiembre de 2006, https://elpais.com/diario/2006/09/30/sociedad/1159567201_850215.html.

Benavides, Manuel, *El último pirata del Mediterráneo*, Roca, Madrid, 1976.

Brú, Francisco, *La verdadera vida de Antonio López y López por su cuñado Francisco Brú*, Tipografía de Leodegario Obradors, Barcelona, 1885.

Buñuel, Luis, *Mi último suspiro: memorias*, Plaza y Janés, Barcelona, 1982.

Burdiel, Isabel, *Isabel II: una biografía (1830-1904)*, Taurus, Madrid, 2010.

Bustamante, José Manuel, «¿Qué fue el caso Matesa?», *El Mundo*, 19 de abril de 2007.

Cacho, Jesús, *Asalto al poder: la revolución de Mario Conde*, Temas de Hoy, Madrid, 1988.

—, *El negocio de la libertad*, Foca, Madrid, 2000.

Camba, Julio, *Haciendo de República*, Luca de Tena, Madrid, 2006.

Cambó, Francisco, *Memorias*, Alianza, Madrid, 1987.

Carr, Raymond, *Spain, 1808-1939*, Oxford University Press, Oxford, 1966.

Casanova, Julián, *La Iglesia de Franco*, Crítica, Barcelona, 2009.

—, (coord.), «Una dictadura de cuarenta años», *Morir, matar, sobrevivir: la violencia en la dictadura de Franco*, Crítica, Barcelona, 2002.

Castellà, Santiago, «Luz y tinieblas del Concordato de España con la Santa Sede», s. f., <http://www.radical.es/info/6581/luz-y-tinieblas-del-concordato-de-espana-con-la-santa-sede-santiago-castell>.

Castellano, Pablo, *Yo sí me acuerdo: apuntes e historias*, Temas de Hoy, Madrid, 1994.

Cebrián, Juan Luis, *Primera página: vida de un periodista (1944-1988)*, Debate, Barcelona, 2016.

Celador Angón, Óscar, y José María Contreras Mazarío, «Estatuto de laicidad y acuerdos con la Santa Sede: dos cuestiones a debate», *Documentos de Trabajo (Laboratorio de Alternativas)*, n.º 70, 2005.

Centeno, Roberto, «El juancarlismo deja España al borde del abismo», *El Confidencial*, 16 de junio de 2014, <https://blogs.elconfidencial.com/economia/el-disparate-economico/2014-06-16/el-juancarlismo-deja-espana-al-borde-del-abismo_146855/>.

Cierva, Ricardo de la, *Historias de la corrupción*, Planeta, Barcelona, 1992.

Cortázar, Guillermo, *Alfonso XIII, hombre de negocios: persistencia del Antiguo Régimen, modernización económica y crisis política, 1902-1931*, Alianza, Madrid, 1986.

Costa i Fernández, Lluís, «La Llumanera de Nova York (1874-1881): la veu de la burgesia catalana a favor d'una Cuba española», *Treballs de Comunicació*, n.º 19, septiembre de 2005.

Cózar, Álvaro de, *Los papeles*, El País, Madrid, 2021, <https://elpais.com/especiales/caso-barcenas/podcast-los-papeles/>.

Day, Peter, *Los amigos de Franco*, Tusquets, Barcelona, 2015.

Díaz Herrera, José, e Isabel Durán, *Los secretos del poder. Del legado franquista al ocaso del felipismo*, Ediciones de Hoy, Madrid, 1994.

Díaz Herrera, José, y Ramón Tijeras, *El dinero del poder: la trama económica en la España socialista*, Cambio 16, Madrid, 1991.

Ekaizer, Ernesto, «Las pérdidas minaron la capacidad de "aguante" y el interés del grupo Cisneros en Galerías Preciados», *La Vanguardia*, 14 de octubre de 1987.

Enrique y Tarancón, Vicente (cardenal), *Los obispos ante la nueva etapa política*, PPC, Madrid, 1976.

Eslava Galán, Juan, «Sánchez Gordillo como gato panza arriba», *El Mundo*, 13 de octubre de 1996.

—, *Lujuria*, Planeta, Barcelona, 2015.

Eyre, Pilar, *Secretos y mentiras de la familia real*, La Esfera de los Libros, Madrid, 2006.

Fernández Barbadillo, Pedro, «El chantaje de los bastardos de Alfonso XII a la casa real», *Libertad Digital Historia*, 17 de enero de 2015.

Fernández Clemente, Eloy, «Élites y poderes económicos en la España del siglo xx», *Cuadernos de Historia Contemporánea*, vol. 30, n.º 57, 2008, pp. 57-82.

Fernández Flórez, Wenceslao, *Una isla en el mar Rojo*, Ediciones Españolas, Madrid, 1939.

Fernández-Miranda, Juan, y Javier Chicote Lerena, *El jefe de los espías: el archivo secreto de Emilio A. Manglano, consejero del rey y director del CESID, del 23F a la caída del felipismo*, Roca, Barcelona, 2021.

Ferrer, Pere, *Juan March, el hombre más misterioso del mundo*, Zeta, Barcelona, 2010.

Figuero, Javier, «Centenario de Electra, de Galdós, símbolo anticlerical de la comunicación creativa», *Revista Latina de Comunicación Social*, 43, 2001.

Font, Consuelo, «Queca Campillo, la fotógrafa y amiga leal del poder», *El Mundo*, 6 de mayo de 2015, <https://www.elmundo.es/loc/2015/05/06/5548f38222601d652c8b4572.html>.

Fradera, Josep Maria, «La participació catalana en el tràfic d'esclaus (1789-1845)», *Recerques: Història, economia i cultura*, n.º 16, 1984, pp. 119-139.

—, *Indústria i mercat: les bases comercials de la indústria catalana moderna (1814-1845)*, Crítica, Barcelona, 1987.

—, *Gobernar colonias*, Península, Barcelona, 1999.

Franco-Salgado Araujo, Francisco, *Mis conversaciones privadas con Franco*, Planeta, Barcelona, 1976.

García, Jesús, «Unió admite que se financió ilegalmente con fondos de la Unión Europea», *El País Catalunya*, 9 de enero de 2013.

García Abad, José, *Don Juan, náufrago de su destino*, La Esfera de los Libros, Madrid, 2013.

García Abadillo, Casimiro, y Luis F. FIDALGO, *La rebelión de los Albertos*, Temas de Hoy, Madrid, 1989.

García Bueno, Jesús, «Pujol reconoce que su familia tuvo en el extranjero una fortuna sin declarar», *El País*, 26 de julio de 2014.

García Rodríguez, José Carlos, *El caso Strauss: el escándalo que precipitó el final de la Segunda República*, Akrón, Astorga, 2008.

Garrido Genovés, Vicente, *Psicología y tratamiento penitenciario: una aproximación*, Editoriales de Derecho Reunidas, Madrid, 1982.
Garrido Tortosa, Fernando, *La humanidad y sus progresos o La civilización antigua y moderna*, Salvador Manero, Barcelona, 1867.
Genovès, Maria Dolors, «March, la turbia forja de un magnate», *La Vanguardia*, 8 de octubre de 2003.
Gil, Vicente, *Cuarenta años junto a Franco*, Planeta, Barcelona, 1981.
Giménez Caballero, Ernesto, *Manuel Azaña (profecías españolas)*, La Gaceta Literaria, Madrid, 1932 (reedición con un apéndice de Jean Bécarud, Turner, Madrid, 1975).
Giménez-Arnau, Joaquín, *Yo, Jimmy: mi vida entre los Franco*, Planeta, Barcelona, 1981.
González de Buitrago, Julio, *La cocina de la Moncloa*, Espasa, Madrid, 2014.
Grimaldos, Alfredo, *Esperanza Aguirre: la lidere S.A.*, Foca Ediciones, Madrid, 2009.
Isabel de Jesús, Sor, *Vida admirable de la sierva de Dios Madre Patrocinio, Concepcionistas Franciscanas*, Guadalajara, 1991.
Javaloys, Joaquín, *El ocaso de las autonomías: el libro que ningún partido político quisiera ver publicado*, autoedición, 2012.
Jellinek, Frank, *La Guerra Civil en España,* Júcar, Madrid, 1977.
Juliana, Enric, *La España de los pingüinos*, Destino, Barcelona, 2006.
—, *La deriva de España. Geografía de un país vigoroso y desorientado*, RBA, Barcelona, 2009.
—, *Modesta España. Paisaje después de la austeridad*, RBA, Barcelona, 2012.
Justicia, Francisco, «La corrupción del poder económico y sus amigos», *Dieciocho historias que cambiaron España*, especial de *El Mundo*, 2007, <https://www.elmundo.es/especiales/2007/10/comunicacion/18elmundo/ibercop.html>.
Lamo de Espinosa, Jaime, «Hace quince años...», *ABC*, 15 de junio de 1992.
Lampedusa, Tomasi Giuseppe di, *El Gatopardo*, Cátedra, Madrid, 1991.
Leal, José F., «Los 100 ricos de España», *El Mundo Magazine*, n.º 428, diciembre de 2007.
Lerroux, Alejandro, *Mis memorias*, Aguado Editores, Madrid, 1963.
Libertad Digital (redacción), «Qatar, patrocinador del Barcelona, acusado de financiar al Estado Islámico», *Libertad Digital*, 25 de agosto de 2014.

Llamazares Fernández, Dionisio, *Derecho eclesiástico del Estado, 2003-2004*, Ariel, Barcelona, 2003.

—, «Poder político y poder religioso: claves, cauces y modelos de relación. Acuerdos Iglesia-Estado», *Laicidad y Libertades: Escritos Jurídicos*, n.º 3, 2003.

—, «Concordato, ¿para qué?», *El País*, 4 de marzo de 2007.

Llorente, Macu, «La venganza de las ex», *Tiempo*, n.º 1709, 26 de septiembre de 2014.

Lorenzo, Javier, *La España hortera*, Temas de Hoy, Madrid, 1996.

Maluquer de Motes, Jordi, «La burgesia catalana i l'esclavitud colonial. Modes de producció i pràctica política», *Recerques*, n.º 3, 1974.

Martí, Francisco, y Eduardo Moreno, *Barcelona, ¿a dónde vas?*, Dirosa, Barcelona, 1974.

Martí Gómez, José, *La España del estraperlo (1936-1952)*, Planeta, Barcelona, 1995.

Martín Corrales, Eloy, «La esclavitud en la Cataluña de fines del siglo xviii y primera mitad del xix. Los "amados" sirvientes de indianos y negreros», en Pierre Vilar y Carlos Martínez Shaw (coords.), *Historia moderna, historia en construcción*, vol. 1, Milenio, Lérida, 1999.

Martín Pallín, José Antonio, «Una vela a Dios y otra al diablo», *El País*, 6 de febrero de 2008.

Martínez Inglés, Amadeo, *Juan Carlos I: el último Borbón*, Styria, Madrid, 2008.

Marx, Karl, *Miseria de la filosofía: respuesta a la Filosofía de la Miseria de P. J. Prouhdon*, Siglo XXI, México, 1970.

Mateos, Ricardo, «Don Juan de Borbón en el ojo del huracán: las verdaderas claves de su herencia», *El Confidencial*, extra, año 9, 14 de julio de 2015.

Millás, Juan José, «Luis Roldán, el rostro de la corrupción: "Y sí, delinquí"», *El País*, 17 de noviembre de 2013.

Mir, Sandra, *Mamá, quiero ser politico*, La Esfera de los Libros, Madrid, 2013.

Miravitllas, Ramón, *Jordi Pujol: vidas ejemplares*, Temas de Hoy, Madrid, 1992.

Molina, María, y Consuelo León, *La infanta Cristina, una mujer de su generación*, Plaza y Janés, Barcelona, 1997.

Moral, Joaquín del, *Oligarquía y enchufismo*, Compañía Ibero-Americana de Publicaciones, Buenos Aires, 1933.

Morán, Gregorio, *El maestro en el erial*, Tusquets, Barcelona, 1988.
Morelet, Arthur, *Viaje a América Central (Yucatán y Guatemala)*, Academia de Geografía e Historia de Guatemala, Guatemala, 1990.
Moreno Izquierdo, Rafael, «El soborno británico a España que cambió la historia mundial», *ABC*, Madrid, 27 de mayo de 2013.
Morton, Andrew, *Ladies of Spain, Sofía, Elena, Cristina, Letizia: entre el deber y el amor*, La Esfera de los Libros, Madrid, 2013.
Muray, Joan, *Pirata i negrer, Joan Maristany i Galceran «Tara» (El Masnou, 1832-1914): el genocida de l'Illa de Pasqua*, Katelani, Barcelona, 2009.
Nieto, Alejandro, *Corrupción en la España democrática*, Ariel, Barcelona, 1997.
Núñez, Francisco, «Fugados de lujo», *Tiempo*, noviembre de 1995.
Olaya Morales, Francisco, *La gran estafa de la Guerra Civil: la historia del latrocinio socialista del patrimonio nacional y el abandono de los españoles en el exilio*, Belacqua, Barcelona, 2004.
Olmo, José María, y David Fernández, *Kingcorp: el imperio nunca contado de Juan Carlos I*, Libros del K. O., Madrid, 2023.
Ordóñez, David, *Agitación anarcosindicalista: reflexiones en torno a la alternativa anarcosindicalista en el siglo xxi*, El Grillo Libertario, Cornellá, 2010. Texto en internet <https://rojoynegro.info/articulo/libro-agitacion-anarcosindicalista-de-david-ordonez/>
Ordóñez, Miguel Ángel, *Dos siglos de bribones y algún malandrín*, EDAF, Madrid, 2014.
Ortín, Alberto, «Verstrynge dice haber recibido un maletín con 40 millones de pesetas de una eléctrica para financiar al PP», *Vox Populi*, 3 de julio de 2015.
Ortínez, Manuel, *Una vida entre burgesos: memòries*, Edicions 62, Barcelona, 1993.
Otero, Javier, «Un tranvía llamado ruina», *Tiempo*, n.º 1681, 9 de enero de 2015.
Pagès i Blanch, Pelai, «Els catalans en el tràfic d'esclaus», *El Temps d'Història*, n.º 1030, marzo de 2004.
País, El (redacción), «Guerra usó un Mystère para eludir un atasco de carretera», *El País*, 5 de abril de 1988.
—, «Caixa Catalunya ordenó vender las preferentes como un producto seguro», *El País*, 23 de julio de 2014.

PALACIOS, Jesús, «Los ahorros de Franco en 1961 superaban los 400 millones», *Tiempo*, 7 de diciembre de 1972.
PEASE, Allan y Bárbara, *¿Por qué los hombres quieren sexo y las mujeres necesitan amor?*, Amat, Barcelona, 2009.
PLA, Josep, *El advenimiento de la República*, Alianza de Novelas, Madrid, 1936.
PREGO, Victoria, *Presidentes, veinticinco años de historia narrada por los cuatro jefes de Gobierno de nuestra democracia*, Plaza & Janés, Barcelona, 2000.
PRESTON, Paul, *Franco, caudillo de España*, Grijalbo, Barcelona, 2002.
PUENTE OJEA, Gonzalo, *Mi embajada ante la Santa Sede*, Foca, Madrid, 2002.
PUIG I FERRETER, Joan, *Memòries polítiques*, Proa, Barcelona, 1980.
RAMÍREZ, Pedro J., *Palabra de director. Las memorias del periodista que nunca ha temido a la verdad*, Planeta, Barcelona, 2021.
RAMOS FERNÁNDEZ, Luis Fernando, *Las limitaciones a la libertad de expresión, derivadas de la reinstauración de la monarquía en España*, tesis doctoral, Universidade da Coruña, 2014.
REVUELTA GONZÁLEZ, Manuel, *La exclaustración, 1833-1840*, Edica, Madrid, 1976.
RICO, Eduardo G., *Yo, José de Salamanca, el «Gran Bribón»*, Planeta, Barcelona, 1994.
RIVAS CHERIFF, Cipriano, *Retrato de un desconocido: vida de Manuel Azaña*, Oasis, Ciudad de México, 1961.
RIVASÉS, Jesús, *Los banqueros del PSOE*, Ediciones B, Barcelona, 1988.
RIVERA HERNÁNDEZ, Agustín, *El cortijo andaluz*, La Esfera de los Libros, Madrid, 2012.
ROCAFORT, Guillermo, *SICAV, paraíso fiscal*, Rambla, Barcelona, 2011.
RODRIGO Y ALHARILLA, Martín, *Los marqueses de Comillas 1817-1925*, LID Editorial Empresarial, Madrid, 2000.
—, «La casa de comercio de los marqueses de Comillas (1844-1920): continuidad y cambio en el capitalismo español», en Ricardo Robledo Hernández e Hilario Casado Alonso (coords.), *Fortuna y negocios: formación y gestión de los grandes patrimonios (siglos XVI-XX)*, Universidad de Valladolid, Valladolid, 2002.
ROJAS, Carlos, *Puñeta, la Españeta*, Flor de Viento, Barcelona, 2000.
ROJAS QUINTANA, Felipe Alfonso, *José María Gil-Robles (1898-1980), una biografía política*, tesis doctoral, Universidad Complutense de Madrid, 2000.

ROMERO, M. E., «Barcelona y el comercio negrero», *La Independiente*, n.º 3, 1 de agosto de 2011.

ROS AGUDO, Manuel, *La guerra secreta de Franco*, Crítica, Barcelona, 2002.

ROSAL, Amaro del, *El oro del Banco de España y la historia del Vita*, Grijalbo, Barcelona, 1977.

—, «El tesoro del Vita: ¡Es hora de rendir cuentas!», *Historia 16*, n.º 95, Madrid, 1984.

RUBIO, Antonio, «La verdad última de Roldán: "Tirar de la manta no sirve para nada"», *El Mundo*, 1 de marzo de 2015.

SÁEZ, Flora, «Hembra joven/macho poderoso», *El Mundo Crónica*, n.º 365, 13 de octubre de 2002, p. 7.

SAIZ, Eva, «Demasiados enigmas en el convento», *El País*, 13 de marzo de 2011.

SAIZ VALDIVIELSO, Alfonso Carlos, *Indalecio Prieto: crónica de un corazón*, Planeta, Barcelona, 1984.

SÁNCHEZ, Raquel C., *Antonio López y López, primer marqués de Comillas*, Casar de Periego, Cantabria, 1999.

SÁNCHEZ SOLER, Mariano, *Villaverde, fortuna y caída de la casa Franco*, Planeta, Barcelona, 1990.

—, *Ricos por la patria*, Plaza & Janés, Barcelona, 2001.

—, *Los Franco, S. A.: ascensión y caída de la familia del último dictador de Occidente*, Oberón, Madrid, 2003.

—, *Los banqueros de Franco*, Oberón, Madrid, 2005.

—, *Ricos por la guerra de España: el enriquecimiento de la oligarquía franquista desde 1936 hasta la Transición*, Raíces, Madrid, 2007.

SANMARTÍN SOLANO, Ginés, «La Compañía Española de Minas del Rif (1907-1984)», *Aldaba: Revista del Centro Asociado a la UNED de Melilla*, n.º 5, 1985.

SANSÓN CARRASCO (seudónimo colectivo), *¿Hay Derecho?*, Península, Barcelona, 2014.

SMYTH, Denis, «Les chevaliers de Saint-George: la Grande-Bretagne et la corruption des généraux espagnols (1940-1942)», *Guerres Mondiales et Conflits Contemporains: Revue d'Histoire*, n.º 162, 1991.

THOMAS, Hugh, *La trata de esclavos: historia del tráfico de seres humanos de 1440 a 1870*, Planeta, Barcelona, 1998.

TORRES, Alfonso, *No los dejes caer en la tentación: escándalos, dinero y guerras de poder en la Iglesia española*, La Esfera de los Libros, Madrid, 2004.

Torres, Rafael, «Ricos y bandidos», *El Periódico de Aragón*, 23 de febrero de 2008.

Trias Sagnier, Jorge, «La verdadera causa de la descomposición del PP», *El blog de Jorge Trias Sagnier*, 13 de mayo de 2015.

Uribe, Ramón J. (seudónimo), *Llámame Bolga, como el río*, Barcelona, Planeta, 2008.

Usandizaga, Aránzazu, *Escritoras al frente: intelectuales extranjeras en la Guerra Civil*, Nerea, San Sebastián, 2007.

Varela, R., y T. González (eds.), «Sobre el comercio de esclavos», *El Conservador, Revista Semanal de Política, Ciencias y Literatura*, n.º 18, 16 de enero de 1842.

Vilallonga, José Luis, *Memorias no autorizadas*, vol. I: *Otros mundos, otra vida*, Círculo de Lectores, Barcelona, 2001.

—, vol. IV: *La rosa, la corona y el marqués rojo*, Plaza & Janés, Barcelona, 2003.

Viñas, Ángel, *La otra cara del Caudillo: mitos y realidades en la biografía de Franco*, Crítica, Barcelona, 2015.

VV. AA., *Historia de la democracia. La aventura de la libertad*, Unidad Editorial, Madrid, 1995.

Yáñez, César, «Los negocios ultramarinos de una burguesía cosmopolita. Los catalanes en las primeras fases de la globalización, 1750-1914», *Revista de Indias*, vol. LXVI, n.º 238, 2006.

Ynfante, Jesús, *Las fugas de capitales y los bancos suizos*, Dopesa, Barcelona, 1978.

—, *Los muy ricos: las trescientas grandes fortunas de España*, Grijalbo, Barcelona, 1998.

Zavala, José María, *1939: la cara oculta de los últimos días de la Guerra Civil*, Plaza & Janés, Barcelona, 2009.

—, *El patrimonio de los Borbones*, La Esfera de los libros, Madrid, 2010.

—, «Villa Giralda, amargo paraíso», *La Razón*, 7 de abril de 2013.

—, «Los Borbones, una "vida regalada": los obsequios que ha recibido don Juan Carlos», *La Razón*, 21 de mayo de 2023.

Descubre los secretos más fascinantes de la historia con la serie *Escépticos*

booket